Ulrich Fellmeth
Pecunia non olet

Ulrich Fellmeth

Pecunia non olet

Die Wirtschaft der antiken Welt

Einbandgestaltung: Peter Lohse, Büttelborn
Einbandbild: Die Ladung eines Schiffes wird gelöscht und gewogen.
Römisches Mosaik, 3. Jh. n. Chr. Musée National du Bardo, Tunis.
Foto: TheArtArchive, London.

Die Deutsche Nationalbibliothek verzeichnet diese Publikation
in der Deutschen Nationalbibliografie;
detaillierte bibliografische Daten sind im Internet über
http://dnb.d-nb.de abrufbar

Das Werk ist in allen seinen Teilen urheberrechtlich geschützt.
Jede Verwertung ist ohne Zustimmung des Verlages unzulässig.
Dies gilt insbesondere für Vervielfältigungen,
Übersetzungen, Mikroverfilmungen und die Einspeicherung in
und Verarbeitung durch elektronische Systeme.

© 2008 by WBG (Wissenschaftliche Buchgesellschaft), Darmstadt
Die Herausgabe des Werkes wurde durch die Vereinsmitglieder
der WBG ermöglicht.
Gedruckt auf säurefreiem und alterungsbeständigem Papier
Satz: Janß GmbH, Pfungstadt
Printed in Germany

Besuchen Sie uns im Internet: www.wbg-darmstadt.de

ISBN 978-3-534-20840-1

Inhalt

Einleitung	7
Die Quellen zur antiken Wirtschaft	10
Der moralische Standpunkt der klassischen Philosophen gegenüber der Wirtschaft	13
Archaisches Griechenland	19
Odysseus und die Wirtschaft	19
Die archaische Wirtschaft von unten gesehen: Hesiod	25
Klassisches Griechenland	31
Entstehung der klassischen griechischen *polis*-Wirtschaft aus der archaischen *oikos*-Wirtschaft	31
Perikles und die „attische Ökonomie"	36
Pasion – und die Bankiers in Athen	39
Demosthenes' Vater – und die Geldanlagen der Vermögenden	43
Xenophon – Ansätze zu einer Wirtschaftspolitik in Athen?	47
Hellenismus	59
Staatswirtschaft am Beispiel des ptolemäischen Ägypten	59
Rom – Republik	80
Entwicklung der Wirtschaft in der römischen Republik	80
Wirtschaftsfeindlichkeit und Geschäftstüchtigkeit – Marcus Porcius Cato Censorius	86
Volkswirtschaftliche Probleme + Politik = Wirtschaftspolitik? – Tiberius Gracchus	93
Die Ressourcenflüsse im Römischen Reich – Verres und Rabirius Postumus	102
Die betriebswirtschaftlichen Konzeptionen der Agrarschriftsteller	110
Rom – Kaiserzeit	120
Die kaiserzeitliche Wirtschaft – Blüte und Probleme	120
Selbstdarstellung römischer Handwerker und Händler in Inschriften und Bildern	143

Die Kaiser und die Lebensmittelversorgung der Stadt Rom	152
Das wirtschaftliche Denken beim Hausvater Plinius dem Jüngeren	159
Der Umbruch zur spätantiken Wirtschaft	166

Schluss: Die antike Wirtschaft und der antike *homo oeconomicus* 173

Antike Quellen und Literatur 179
    Inschriftliche Quellen/Monumente 179
    Literarische Quellen 179
    Verwendete und andere nützliche Literatur – eine Auswahl 182
    Literaturauswahl zu den einzelnen Kapiteln 188

Register 190

Abbildungsnachweis

Grafik 1, 3, 4:   Fellmeth
Grafik 2:   Kloft (1992), S. 231
Abb. 1:   Ebert (1984) S. 19
Abb. 2:   Schneider (1997,1) Abb. 16, S. 85
Abb. 3:   Kloft (1992) Abb. 11, S. 106
Abb. 4:   http://www.columbia.edu/cgi-bin/dlo?obj= columbia.apis.p34&size= 12&face=f&tile=0
Abb. 5:   http://www.coinarchives.com/
Abb. 6:   Zimmer (1982) 153, S. 206
Abb. 7:   Zimmer (1982) 59, S. 141
Abb. 8:   Zimmer (1982) 147, S. 202
Abb. 9:   Zimmer (1982) 18, S. 107/bearbeitet von Fellmeth
Abb. 10:   Zimmer (1982) 114, S. 181
Abb. 11:   Fellmeth
Abb. 12:   http://www.coinarchives.com/
Abb. 13:   http://de.wikipedia.org/wiki/Bild:DiocletianusFollis.jpg

Einleitung

Der Titel des vorliegenden Buches nimmt Bezug auf eine Anekdote, die Sueton vom Kaiser Vespasian erzählt: „Als ihm einmal sein Sohn Titus vorhielt, dass er auch noch eine Pissoir-Steuer plane, hielt er ihm das Geld aus der ersten Zahlung unter die Nase und wollte wissen, ob er am Geruch Anstoß nehme. Als jener verneinte, sagte er: 'Und doch kommt es vom Urin'" (Sueton, Vespasian 23.3). Auch wenn es in diesem Falle um eine Steuer ging, so charakterisiert der Spruch „Geld stinkt nicht" in unserem Sprachgebrauch eher eine Nähe zum Gelderwerb, zur von moralischen Bedenken ungetrübten wirtschaftlichen Orientierung. Eine solche Haltung wurde eben auch Kaiser Vespasian unterstellt. Dies ist einigermaßen verwunderlich, denn schlägt man die neuere Literatur zur antiken Wirtschaftsgeschichte auf, so findet man fast einhellig eine Negation des eigentlichen Gegenstandes vor. So paradox dies klingen mag – nahezu jedes Vorwort wirtschaftshistorischer Darstellungen beginnt mit dem folgenden Verdikt: Wirtschaft war in der Antike kein eigenständiger Bereich menschlichen Denkens und Verhaltens.

Die Rahmenbedingungen für die Wirtschaft waren in der Antike allerdings von den modernen sehr verschieden: Es darf nicht übersehen werden, dass die Antike weder Großindustrie, noch Wertpapiere oder Aktien, ja nicht einmal Papiergeld kannte. Außerdem verursachten die hohen Transportkosten eine heute kaum vorstellbare Kleinräumigkeit der Märkte. Diese und noch viele weitere Rahmenbedingungen prägten den antiken Wirtschaftsprozess, verhinderten ihn aber nicht. Dies war auch in der Antike schon klar. Aristoteles etwa schreibt in seiner ›Politik‹ Folgendes: „Denn auch die Staaten sind nicht aus einem, sondern aus vielen Teilen, wie das bereits öfters gesagt wurde. Ein Teil nun ist die Menge (*plethos*), die für Nahrung sorgt, die sogenannten Bauern (*georgoi*). Ein zweiter ist der sogenannte Handwerkerstand (*banausoi*); er besorgt die Künste (*technai*), ohne die ein Staat nicht verwaltet werden kann. Von diesen Künsten müssen die einen mit Notwendigkeit vorliegen, die anderen betreffen die Üppigkeit und das gute Leben. Ein dritter Teil besteht aus Marktleuten (*agoraioi*). Ich meine mit Marktleuten das Geschäft, das sich um Verkauf dreht, um Kauf, um Groß- und Kleinhandel. Ein vierter ist der Lohnarbeiterstand (*thetikon*) und ein fünfter der Stand, der Krieg führen soll (*propolemeson*), der nicht weniger als die genannten vorhanden sein muss" (Aristoteles, pol. 1290b39 ff.).

Klar wird aus diesem Zitat, wie den Einsichtigen in der Antike durchaus bekannt war, dass die ökonomischen Tätigkeiten einzelner Bevölkerungsschichten (Bauern, Handwerker, Dienstleister, Händler etc.) für das Bestehen eines Gemeinwesens unabdingbar sind. Ganz selbstverständlich wird dabei von einem funktionierenden Wirtschaftsprozess ausgegangen.

In einem, dem Aristoteles zugeschriebenen, aber vermutlich erst im 3. Jahrhundert von einem seiner Schüler verfassten Werk mit dem Titel *oikonomia* ist etwa Folgendes zu lesen: „Ökonomie und Politik unterscheiden sich nicht nur ebenso wie Haus und Stadt (diese nämlich liegen ihnen als Objekt zugrunde), sondern auch deswegen, weil die Politik unter dem Einfluß vieler Herrschender steht, während die Ökonomie die Herrschaft eines Einzelnen ist" (Pseudo-Aristoteles, oik. 1,1). Und: „Wer auf gebührende Weise wirtschaften (*oikonomein*) will, muß die Orte erkennen, wo er tätig wird, muß von Natur aus begabt sein sowie aus eigenem Antrieb keine Mühen scheuen und gerecht sein. Wenn ihm von diesen Eigenschaften etwas fehlt, wird er in den Vorhaben, die er in die Hand nimmt, viele Fehler machen" (Pseudo-Aristoteles, oik. 2,1). Es ist in diesem Zusammenhang völlig irrelevant, ob man in dieser Stelle das Verbum *oikonomein* mit ‚verwalten' oder gleich mit ‚wirtschaften' übersetzt – angesprochen ist das planvolle und rationale Verhalten von wirtschaftlich tätigen Menschen. Es gab also auch den Menschen als Gestalter der Wirtschaft, das Wirtschaftssubjekt.

Der Punkt, an dem sich die Geister scheiden, ist die (wissenschaftliche) Analyse der Wirtschaft als umfassenden menschlichen Lebensbereich und die daraus resultierende rationale Steuerung des Wirtschaftsprozesses. Solch ein Denken und Handeln wird den antiken Menschen nach der vorherrschenden Forschungsmeinung sowohl auf der betriebswirtschaftlichen als auch auf der volkswirtschaftlichen Ebene abgesprochen. Ich versuche, die in der Forschung vorherrschende Position mit meinen Worten auszudrücken: Wirtschaft fand in der Antike zwar durchaus statt, sie wurde von den antiken Menschen auch betrieben, jedoch nicht als solche wahrgenommen. Die antike Wirtschaft konnte demzufolge auch nicht auf der Grundlage einer Wirtschaftstheorie rational gesteuert werden. Antike Wirtschaftsgeschichte kann also lediglich mit Hilfe moderner Begrifflichkeit die jeweiligen wirtschaftlichen Rahmenbedingungen, Mechanismen und Tätigkeiten beschreiben, von denen der antike Mensch so überhaupt keine Vorstellung gehabt haben soll.

Wenn ich dieses Problem mit heutigen Volkswirten diskutiere, stoße ich regelmäßig auf großes Unverständnis. Der Wirtschaftsprozess laufe unter den gegebenen Rahmenbedingungen völlig selbständig ab, so höre ich, auch völlig unabhängig davon, ob dieser Wirtschaftsprozess von den Menschen nun verstanden wurde oder nicht. Für einen Nationalökonomen ist es müßig, darüber zu sinnieren, ob und in welchem Ausmaß die Wirtschaftssubjekte verstanden haben, was sie tun, er untersucht die Struktur, die gesellschaftlichen und politischen Spielräume und die Entwicklung der Wirtschaft. Solch eine Herangehensweise mag für den Volkswirt durchaus brauchbare Ergebnisse liefern – der Historiker bleibt dabei aber enttäuscht. Er will ja gerade das intentionale Handeln vergangener Menschen und Gesellschaften untersuchen, er möchte ja gerade verstehen, wie und weshalb Menschen erfolgreich waren oder scheiterten, auch in der Wirtschaft.

Doch wenn in der wirtschaftsgeschichtlichen Forschung zur Antike die Untersuchung weitgehend vermieden wird, wie Menschen mit vorhandenen Rahmenbedingungen und Mechanismen bewusst und steuernd umgegangen sind, wie Unternehmer als Wirtschaftssubjekte aufgrund wirtschaftlicher Entscheidungen Gewinne machten, wie Politiker aufgrund volkswirtschaftlicher Analysen politische Entscheidungen trafen, die absichtlich auf die Wirtschaft zurückwirken sollten – wenn all dies ausgeblendet wird, dann fragt man sich doch unwillkürlich, was dann der Gegenstand der antiken Wirtschafts*geschichte* sein sollte. Es bleibt das kardinale Problem: Wenn sich auf diese Weise das Wirtschaftssubjekt quasi verflüchtigt, wer steuerte dann den unbestritten vorhandenen Wirtschaftsprozess? Und selbst wenn man annehmen wollte, der antike Wirtschaftsprozess sei quasi in einer vorbewussten Dimension ein selbstregulierendes System gewesen, so gab es doch Menschen, die durch absichtsvolles Verhalten vom Wirtschaftsprozess profitierten. Wie planvoll und rational waren solche wirtschaftlichen Entscheidungen im Einzelfall oder in bestimmten wirtschaftlichen Bereichen? Durchdachte ein Getreidehändler in Ostia seine Kaufentscheidung wirklich nur ethisch? Entschied ein Töpfer über die Erweiterung seines Betriebes wirklich nur aufgrund religiöser Einstellungen? Leiteten die Ptolemäer ihre hellenistische Staatswirtschaft etwa nur politisch? Oder war Kaiser Claudius' Entscheidung, bei Rom einen großen Hafen bauen zu lassen, wirklich nur Ausdruck seiner Mentalität?

Genau am Schnittpunkt zwischen Wirtschaftsprozess und Wirtschaftssubjekt verursacht die gegenwärtig praktizierte Haltung der Wirtschaftshistoriker ganz elementare Probleme. Für mich ist dies ein Grund, genau diesen Schnittpunkt etwas genauer zu untersuchen.

Vielleicht liegt das Problem in der Vorstellung, mit der man an Wirtschaft, an wirtschaftliches Handeln und Denken herangeht. Ein Mangel an einer umfassenden ökonomischen Theorie ist für die Antike unbestreitbar. In einem der folgenden Abschnitte wird ein Argument entwickelt werden, das diesen Mangel zu erklären imstande ist, ohne die vollständige Abstinenz antiker Menschen gegenüber der Ökonomie vorauszusetzen. Aber verlangt planvolles und rationales wirtschaftliches Handeln überhaupt eine Theorie? Wer diese Frage uneingeschränkt bejaht, denkt zu sehr in unserem heutigen wissenschaftlichen Paradigma. Ein Methodeninstrumentarium hinsichtlich der vielfältigen wirtschaftlichen Tätigkeiten, ein Arsenal von Möglichkeiten des Erwerbs und der Steigerung des Erwerbs – Jochen Bleicken nennt dies ‚ökonomische Verhaltensmuster' oder Bertram Schefold ‚Wirtschaftsstile' – darf man doch wohl erwarten. Solches muss aber nicht unbedingt theoretisch begründet sein, es kann auf der eigenen und der tradierten Erfahrung beruhen, es kann sogar der Trial-and-error-Methode entspringen. So verstanden wäre antikes ökonomisches Denken also weniger als Wissenschaft (*episteme*) sondern vielmehr als Kunstfertigkeit (*techne*) aufzufassen. Ein Erfahrungswissen, das die einzelnen Wirtschaftssubjekte in die Lage versetzt, gezielt wirtschaftlich tätig zu werden, wird wohl schon nötig sein, will man von planvollem wirtschaftlichem Handeln sprechen. Gelingt es, dies nachzuweisen, so kann die Brücke zwischen dem unbestreitbaren Wirtschaftsprozess und den planvoll wirtschaftenden Subjekten geschlagen werden: Ein selbständiges und von anderen Denkschemata unabhängiges ökonomisches Erfahrungswissen und -bewusstsein kommt dann zum Vorschein.

Die Quellen zur antiken Wirtschaft

Die von der Archäologie erarbeiteten und interpretierten gegenständlichen Quellen (Gerätschaften, Monumente, Bauten, Handwerks- und Handelsbetriebe, Speicherbauten, landwirtschaftliche Betriebe, Straßen, Häfen, Schiffe, Märkte, Wasserleitungen, bildliche Darstellungen, Keramik, Schmuck, erhaltene Reste von Nahrungsmitteln – um nur die für die Wirtschaftsgeschichte wichtigsten zu nennen) sind allesamt Zeugnisse, die zumeist ganz unmittelbar mit wirtschaftlichen Tätigkeiten des Menschen zu tun haben. Als solche sind sie natürlich wichtige Informationsträger für die Wirtschaftsgeschichte der Antike. Solche gegenständliche Quellen liefern uns vorrangig Informationen zu den tatsächlichen wirtschaftlichen Verhältnissen und Strukturen, zum Wirtschaftsprozess also. So ist die Anlage eines landwirtschaftlichen Betriebes mitsamt den speziellen Bereichen (Pressen, Mühlen, Speicher, Ställe, Gesindehäuser, Herrenhaus etc.) gewiss das Ergebnis einer bewussten Planung, vom erhaltenen Zustand auf die tatsächlichen Absichten des jeweiligen Hausherrn zurückzuschließen ist aber ohne die Zuhilfenahme anderer Informationen, das heißt anderer Quellengattungen, kaum möglich. Ähnliches gilt für Werkstätten, städtische Anlagen, Straßen, Häfen, Wasserleitungen und so weiter. Wenn aber auf bemalter Keramik, auf Grabreliefs oder auf Sarkophagen Szenen aus Landwirtschaft, Handwerk und Handel abgebildet sind, so kann daraus gelegentlich das Selbstverständnis der jeweiligen Berufsgruppen oder deren Sozialprestige abgelesen werden. In seltenen Fällen können aus dem archäologischen Befund sogar bewusste ökonomische Entscheidungen erschlossen werden, etwa bezüglich Standortentscheidungen oder der Bevorzugung bestimmter Anbauschwerpunkte in der Landwirtschaft oder bestimmter Arbeitsmethoden im Handwerk.

Inschriften sind Schriftgut, das auf Stein, Ton, Holz oder Metall geschrieben überliefert ist. Die griechischen *poleis*, die hellenistischen Herrscher sowie auch die römischen Magistrate und Kaiser versuchten etwa die Produktion oder den Handel mit Getreide, Öl, Wein und anderen Waren zu regeln – und veröffentlichten diese Regularien in Inschriften: etwa, wenn die Athener im 5. Jahrhundert v. Chr. den Bundesgenossen ihr Geld-, Maß- und Gewichtssystem aufzwingen wollten, wenn die römischen Kaiser im 2. Jahrhundert n. Chr. die Pacht- und Produktionsbedingungen für die Kleinbauern in Nordafrika regelten oder wenn der römische Kaiser Diokletian durch die staatliche Verordnung von Höchstpreisen für Waren und Dienstleistungen die Inflation im Römischen Reich in den Griff bekommen wollte. Aus solchen Inschriften werden dann nicht nur wirtschaftliche Rahmenbedingungen und Charakteristika des Wirtschaftsprozesses deutlich, sondern es spricht auch unmittelbar ökonomisches Denken zu uns. Weihe-,

Ehren- und Grabinschriften geben Auskunft über die Differenzierung von Berufsgruppen, über einzelne – auch wirtschaftliche – Karrieren, über das jeweilige Sozialprestige, das einzelne Berufsgruppen genossen, und auch – wie im Falle von Schenkungen, Vermächtnissen und Stiftungen – über den Reichtum, zu dem man es aufgrund wirtschaftlicher Tätigkeiten bringen konnte, sowie über die Wertvorstellungen bezüglich der Verwendung dieses Reichtums. Die Bauinschriften, die Graffiti (etwa aus Ostia, Herculaneum und Pompeji), die Ziegelstempel und so weiter können einen sehr detaillierten Eindruck von den Tätigkeiten einzelner Gewerbe, dem Lohn- und Preisgefüge oder der wirtschaftlichen Raumordnung verschaffen.

Münzen (einschließlich der prämonetären Geldformen, Medaillons und *tesserae* – Empfangs- oder Eintrittsmarken) bilden für die Wirtschaftsgeschichte naturgemäß eine sehr wichtige Quellengattung. So lässt etwa die Verbreitung der Münzen einzelner Städte, Herrscher oder Staaten Erkenntnisse darüber zu, wie weit deren wirtschaftliche Einflussgebiete reichten (attische Tetradrachme, römischer Denar). Offenbarer Geldmangel lässt Rückschlüsse auf den Mangel an entsprechendem Edelmetall zu. Solche und noch viele weitere Erkenntnisse zum konkreten Wirtschaftsprozess eröffnet die antike Numismatik. Spannender wird es im Zusammenhang mit unserer Fragestellung, wenn etwa zielstrebig der Edelmetallabbau angegangen wird, um größere Geldmengen in Umlauf bringen zu können. Beispiele hierfür wären etwa ab dem 6. Jahrhundert v. Chr. der Silberabbau der Athener im Laureion, als Rohstoffbasis für die Dominanz der athenischen Tetradrachme, oder die Erschließung der Goldvorkommen in der Nubischen Wüste durch die Ptolemäer. Interessant ist auch, wenn bestimmte Münzfüße absichtlich verbreitet werden, um sich wirtschaftliche Einflussgebiete zu sichern, etwa wenn die Ptolemäer eben nicht den verbreiteten attischen, sondern den leichteren phönizischen Münzfuß für ihre Silbertetradrachme wählten und die eigene Münze in ihrem politischen Einflussgebiet als Zahlungsmittel durchsetzten. Und wenn der Edelmetallgehalt weit verbreiteter Nominale reduziert wird, wie dies etwa bei den römischen Gold- und Silbermünzen unter Kaiser Nero geschehen ist, oder wenn der Feingehalt beim Silberdenar im 3. Jahrhundert rasant zurückging, so dürfen wir darin eine reflektierte geldpolitische Maßnahme von staatlicher Seite vermuten. Solche Maßnahmen, die eine bewusste und steuernde Absicht voraussetzen, lassen sich freilich zumeist nicht alleine aus den numismatischen Befunden rekonstruieren, sie lassen sich fast immer nur unter Zuhilfenahme anderer Quellengattungen adäquat beurteilen.

Papyrus, aus dem Mark der ägyptischen Papyrusstaude hergestellt, war das „Papier", der wichtigste beschreibbare Stoff der Antike. Freilich ist das organische Material lange nicht so beständig wie das Material für die Inschriften. Deshalb haben sich Papyri fast ausschließlich in dem trockenen Wüstenklima Ägyptens erhalten, dort aber zu Tausenden. Als solche stellen sie fast unübersehbar viele Mosaiksteinchen dar, die insgesamt ein sehr dichtes Bild vom gesellschaftlichen, wirtschaftlichen und religiösen Leben – insbesondere auch der einfachen Menschen – entstehen lassen: Es finden sich da Steuerquittungen, Pacht-, Lehr- und Arbeitsverträge, Lohnabrechnungen, Kreditverträge, Eheverträge, Briefe, aber auch unzählige Informationen zu Eigentumsverhältnissen, zur Verteilung von Grund und Boden, zur landwirtschaftlichen Produktion, zum Handel, zu Transport und Konsumption. Etwas aus dem ‚alltäglichen' Rahmen fallen die ebenfalls auf Papyri zu findenden staatlichen Erlasse zum Steuer-, Monopol- und Bankwesen. Die Papyri scheinen in der Tat eine für die Wirtschaftsgeschichte und auch für unsere Fragestellung sehr wichtige Quellengattung darzustellen – allerdings mit zwei wichtigen Einschränkungen: Papyri spiegeln hauptsächlich die Verhältnisse in Ägypten wider, besonders seit der Besetzung Ägyptens durch Alexander den Großen (332 v. Chr.). Bis 30 v. Chr. war Ägypten ein hellenistisches Königreich, danach römische Provinz mit Sonderstatus. Vom 4. Jahrhundert bis zur arabischen Eroberung (641 n. Chr.) gehörte Ägypten zum Oströmischen Reich. Danach bricht die Überlieferung über Papyri ab. Die meisten erhaltenen Papyri, vor allem die Aufsehen erregenden Funde aus dem Faijum (eine Oase ca. 70 km südlich von Kairo) und aus der ägyptischen Stadt Oxyrhynchos stammen aus hellenistischer Zeit und aus der römischen Kaiserzeit. Die Frage ist nun: Inwieweit sind die Erkenntnisse aus räumlich und zeitlich so punktuellen Funden verallgemeinerbar auf ganz Ägypten, auf andere Regionen und andere Zeiten? Dem Vorteil, schlaglichtartig eine Lebenswelt in vielen Details abzubilden, steht bei den Papyri der Nachteil gegenüber, dass eine Verallgemeinerung oft nicht möglich sein wird. Papyri sind außerdem mehrheitlich Überrestquellen, das heißt Informationen, die ohne die Absicht, sich der Nachwelt mitzuteilen, gewissermaßen aus dem Tagesgeschäft heraus entstanden sind. Demzufolge sind dort sehr ausführlich Daten und Fakten des täglichen Lebens verzeichnet, der Grad der Reflexion ist in diesen Quellen naturgemäß gering. In unserer Absicht, auch die bewusste Steuerung der Wirtschaft durch einzelne Menschen zu rekonstruieren, stoßen wir bei der Auswertung der Papyri immer wieder an Grenzen: Oft muss von den Daten, Fakten und Strukturen auf die Absichten zurückgeschlossen werden, was nicht immer zuverlässig möglich sein wird. Gleichwohl werden die Papyri in dieser Untersuchung, namentlich bei den Betrachtungen zur ptolemäischen Staatswirtschaft eine wichtige Rolle spielen.

Die literarischen Quellen, die uns überlieferten dichterischen und historiographischen Schriften, die Biographien und Sachbücher sind hier nur kurz anzusprechen. In ihnen ist der Grad der Reflexion deutlich höher als in den oben angesprochenen Quellengattungen. Deshalb dürfen wir dort die meisten und wichtigsten Informationen zum ökonomischen Denken der antiken Menschen erwarten. Freilich sind, bei der schon angesprochenen und noch näher zu behandelnden Distanz der antiken Philosophen zur Ökonomie, nicht eben sehr viele Werke überliefert, die sich unmittelbar dem Gegenstand ‚Wirtschaft' widmen. Andererseits sind vielerlei Gedanken zur Wirtschaft und zu wirtschaftlichem Tun verstreut in der antiken Literatur zu finden. Die literarischen Quellen werden also eine wichtige Basis für diese Untersuchung bilden. Eine ausführlichere Darstellung dieser Quellengattung erübrigt sich an dieser Stelle, weil im weiteren Fortgang der Untersuchung die literarischen Quellen und die mit diesen verbundenen quellenkritischen Probleme jeweils vorgestellt werden.

Der moralische Standpunkt der klassischen Philosophen gegenüber der Wirtschaft

„Sie verwiesen die Bedürftigen auf Landwirtschaft und Großhandel, da sie wußten, daß Müßiggang Armut im Gefolge hat und Armut Übeltaten […]; [sie] zwangen jene, die genügend Mittel besaßen, sich der Reitkunst, dem Sport, der Jagd und der Philosophie zu widmen" (Isokrates 7, 44–45, ähnlich Aristophanes, Ritter 1382 ff.). So schildert der Rhetoriker Isokrates (436–333 v. Chr.) die „gute alte Zeit" Athens hinsichtlich der beruflichen Betätigungen. Wer auch immer es sich leisten konnte, ging nach dieser nostalgischen Vorstellung der wahrhaft vornehmen *apragmosyne*, der Muße und der Körperertüchtigung nach – dies waren dann die *kaloi kagatoi*, die guten, die trefflichen Männer. Die Unterschichten mussten sich, notgedrungen, mit dem Erwerb in Landwirtschaft, Gewerbe und Handel beschäftigen. Die Tatsache, dass diese Fiktion in die ferne Vergangenheit versetzt wurde, lässt daran zweifeln, dass sie in Isokrates' Realität noch irgendeine Gültigkeit hatte. Die Wirklichkeit hat mit Sicherheit ganz anders ausgesehen. In den Köpfen der Menschen freilich war diese Grundeinstellung vom 5. Jahrhundert v. Chr. bis in die Spätantike sehr präsent. Die Entstehung und die Tragweite dieses realitätsfernen und doch so zählebigen Dogmas will ich im Folgenden kurz nachzeichnen.

Dieses Dogma entstand – so lautet meine These – erst mit der sogenannten klassischen Philosophie, namentlich mit Platon und Aristoteles. Die nicht oder nur sehr bruchstückhaft überlieferte vorklassische Philosophie mag darüber ganz anders gedacht haben. Später soll auf diesen Gedanken noch näher eingegangen werden.

Beginnen wir mit einem der berühmtesten Philosophen des klassischen Griechenland, mit Aristoteles (384–322 v. Chr.). Er meint, dass „die Bürger weder ein niedriges Handwerks- (*banausos*) noch Händlerleben führen dürfen; denn ein solches Leben zeugt von niederer Herkunft und ist der Tugend (*arete*) entgegengesetzt. Nun dürfen aber auch nicht die, die Vollbürger sein wollen, Bauern sein. Es ist nämlich die Muße (*schole*) sowohl im Hinblick auf das Entstehen der Tugend als auch im Hinblick auf die staatsbürgerlichen Tätigkeiten vonnöten." Und: „Daher hatten bei einigen in alter Zeit die Handwerker (*demiourgoi*) keinen Anteil an den Ämtern (*arche*), bevor nämlich die äußerste Volksherrschaft aufkam. Die Werktätigkeiten nun derer, die auf diese Weise beherrscht werden, braucht weder ein guter Staatsmann noch ein guter Bürger zu lernen, es sei denn einmal zufolge einer Zwangslage für sich selber. Denn nicht wäre es sonst mehr möglich, daß der eine Herr, der andere Sklave ist" (Aristoteles, pol. 1328b 37 ff.; 1277b 1 ff.).

Hier werden explizit die philosophischen Standpunkte zu Handel, Gewerbe und zur Arbeit überhaupt vorgetragen. Gewerbe und Handel widersprechen den ethischen

Maßstäben, die an einen Polis-Bürger gestellt werden müssen. Deshalb verbieten sich solche Tätigkeiten für Menschen, die am Gemeinwesen politische Rechte und Pflichten wahrnehmen. Sogar die Tätigkeit des Ackerbauern schließt ihn eigentlich von der aktiven Staatsbürgerschaft aus – hier jedoch nicht, weil seine Tätigkeit unedel und mit sittlichen Maßstäben nicht vereinbar wäre, sondern weil sie so mühselig ist, dass die Muße für eine sachgerechte politische Tätigkeit fehlt. Ein schöner aristokratischer Standpunkt. Freilich – wenn alle Bürger sich von Landwirtschaft, Gewerben und Handel fernhalten, wer erwirtschaftet dann die nötigen Mittel des Lebens: Nahrung, Gebrauchsgüter, Luxusgüter und so weiter? Andererseits lässt es sich mit der Vorstellung von der politischen Gleichheit der Bürger kaum vereinbaren, dass es Bürger gibt, die die Mittel besitzen, um am Gemeinwesen politisch teilzunehmen (die *kaloi kagatoi*), andere wiederum ausgeschlossen sind, nur weil sie sich ihren Lebensunterhalt verdienen müssen. Das muss zu politischen und sozialen Unruhen führen – Aristoteles deutet dies an mit seinem Hinweis darauf, in der „äußersten Volksherrschaft" seien *demiourgoi* auch zu Staatsämtern zugelassen worden. Dies ist ein echtes Dilemma für den Vertreter einer solchen aristokratischen Wirtschaftsfeindlichkeit. Der einzige Ausweg, der Aristoteles einfällt, ist, dass den Sklaven – und den hier nicht erwähnten, aber ebenfalls gemeinten Fremden – die wirtschaftlichen Tätigkeiten zugemutet werden können.

Ganz so einfach konnte man sich, auch als athenischer Bürger, freilich nicht vor der Mühsal in Landwirtschaft, Gewerbe und Handel drücken. Dies sehen natürlich auch die Philosophen, was ihrer Verachtung für die wirtschaftlichen Tätigkeiten aber keinen Abbruch tut. Herodot (484 – 424 v. Chr.) etwa beschreibt die Verachtung der gesamten ihm bekannten antiken Welt gegenüber dem Handwerk folgendermaßen: „Auch sie [die ägyptischen Soldaten] dürfen kein Handwerk treiben, sondern widmen sich nur dem Kriegsdienste, wie es der Sohn vom Vater nicht anders weiß. Ob nun die Griechen auch dies von den Ägyptern angenommen haben, muß ich dahingestellt sein lassen, da ja auch die Thraker, die Skythen, die Perser, die Lyder und fast alle fremden Völker die Handwerker und deren Kinder für geringer achten als die übrigen Stände und diejenigen, welche kein Handwerk treiben, besonders aber die, welche sich nur mit dem Kriegsdienst befassen, für vornehmer halten. Und die Griechen, besonders die Lakedaimonier, haben ihnen das ja alle nachgemacht. Am meisten steht das Handwerk noch bei den Korinthern in Ehren" (Herodot 2, 166 f.).

Auch die Begründung hierfür wird, etwa von Xenophon (440/26 – nach 355 v. Chr.) in seinem, in die Form des sokratischen Dialogs gegossenen *oikonomikos* geliefert: „Du hast recht, Kritobulos, bestätigte [Sokrates]. Denn gerade die sogenannten handwerklichen Berufe sind verrufen und werden aus gutem Grund in den Städten besonders verachtet. Sie schädigen nämlich die Körper der Arbeiter und Aufseher, indem sie diese zwingen, zu sitzen und unter einem Dach zu arbeiten; manche nötigen sogar dazu, den ganzen Tag vor dem Feuer zuzubringen. Sind die Körper aber erst verweichlicht, werden auch die Seelen anfälliger für Krankheiten. Auch gewähren die sogenannten handwerklichen Berufe am wenigsten freie Zeit, sich noch um Freunde oder den Staat zu kümmern, so daß solche Leute unbrauchbar zu sein scheinen für geselligen Umgang und zur Verteidigung des Vaterlandes. Folglich ist es in einigen Staaten, besonders aber in denen, die als kriegstüchtig gelten, auch nicht erlaubt, daß ein (freier) Bürger handwerkliche Berufe ausübt" (Xenophon, oik. 4,2 – 3; ähnlich 6, 6 – 9; mem. 4, 2,22.). Sehr schön wird an dieser Stelle deutlich, wie der von mir so genannte philosophische Standpunkt zur Wirtschaft aus politischen und ethischen Erwägungen hergeleitet wird. Maßstäbe sind sittliche Größe, Muße für die Politik und die Bereitschaft zum Engagement für das Gemeinwesen bis hin zur Wehrbereitschaft. Eine entscheidende Einschränkung am aristotelischen Maximalstandpunkt macht Xenophon allerdings: die Rehabilitierung der Bauern. Wer nicht die Gelegenheit hat, im Kriege die Vermögen anderer Völker zu rauben, der findet in der landwirtschaftlichen Tätigkeit immerhin noch ein ehrenvolles Auskommen. Hier erscheint ein Gedanke, der später im römischen Denken ganz entscheidend sein wird: Die landwirtschaftliche Tätigkeit bilde körperlich, geistig und vor allem sittlich gesunde Menschen, die der Heimat und den eigenen Traditionen eng verbunden sind und sich deshalb auch besonders als Soldaten eignen.

Die Handwerker haben also das übelste Image, weil es – nach Aristoteles – vornehm ist, „keine Handwerkstätigkeit auszuüben, denn einem Freien entspricht es nicht, im Dienste eines anderen zu leben", die Stellung des Handwerkers sei die einer „begrenzten Sklaverei" (Aristoteles, rhet. 1367a 30; pol. 1260a 40). Und in der attischen Komödie sind die Handwerker ein Topos für überzogene demokratische Forderungen und für politische Unzuverlässigkeit, etwa die „bleichen und radikalen Schuster" (Aristophanes, Ekkl. 385 – 87.).

Der Handel nimmt eine Mittelstellung ein, wobei man auch hier – bei allem aristokratischen Dünkel – differenzieren muss. Denn während Platon seine Idealgemeinde von jeglichem Handel fernhalten wollte, macht Aristoteles einige Konzessionen an die Realität: „Von der Tatsache nämlich, daß gewisse Menschen, die unter anderen Gesetzen aufgewachsen seien, nun als Fremde ankommen, behauptet man, sie wäre mit Rücksicht auf die gute Gesetzesordnung nicht zuträglich, ebenso nicht der Menschenreichtum. Denn zufolge der Nutzung des Meeres komme es zwar dazu, daß man eine Menge Kaufleute ausschickt und aufnimmt, es stehe dies aber der rechten Staatslenkung entgegen." Dennoch: „Was bei ihnen nicht gerade vorhanden ist, das können sie bekommen und den Überschuß an eigenen Dingen ausführen. Denn ein Staat soll für sich selber Handel treiben, doch nicht für andere. Die jedoch, die sich für alle als Markt zu Verfügung stellen, tun dies um der Einkünfte willen. Ein Staat aber, der nicht an einer derartigen Habsucht teilhaben soll, der darf auch nicht einen solchen Handelsplatz besitzen" (Aristoteles, pol. 1327a 15 ff., 1327a 25 ff.). Die Einfuhr fehlender Güter und die Ausfuhr von eigenen Überschüssen, Fernhandel also, zählte für Aristoteles zu den Aufgaben des Staates und somit zu den Dienstpflichten der Staatsmänner. Zwei Einschränkungen macht er aber sofort wieder: 1. Es sollten nur das im Lande Mangelnde und die Überschüsse gehandelt werden – gewissermaßen, um die Angebots-Bedarfs-Relation in der Balance zu halten. Jeglicher darüber hinausgehende Handel, insbesondere der Zwischenhandel und der mit

Gewinnabsicht betriebene, soll aber unterbleiben. 2. Aus diesem Grunde sei auch kein Handelsplatz bei der idealen Polisgemeinde nötig. Solch eine Argumentation aus dem Munde eines Atheners, der im Piräus einen der größten Warenumschlagplätze seiner Zeit vor Augen hatte, war wohl kaum glaubhaft. Deshalb fügt Aristoteles ein Ersatzargument an. „Weil wir aber auch jetzt sehen, daß vielen Ländern und Städten Ankerplätze zu Gebote stehen, die in geeigneter Entfernung zur Stadt liegen, daß sie weder das Stadtgebiet selber in Anspruch nehmen noch allzuferne wegliegen, sondern durch Mauern und andere derartige Befestigung behauptet werden, ist es offenbar, daß, wenn so ein Positivum der Stadt durch die gemeinsame Verbindung damit erwächst, der Stadt eben dieses Positivum zukommen soll; wenn aber ein Schaden der Stadt widerfahren soll, dann ist es leicht, sich mit Hilfe von Gesetzen davor zu schützen" (Aristoteles, pol. 1327a 32 ff.). Ja natürlich: Den Nutzen eines gut gehenden Handelsumschlagplatzes möchte man schon gerne einheimsen, die vermeintlichen sittlichen und politischen Gefahren, die von solch einem Ort ausgehen, an dem sich fremdes und notorisch unzuverlässiges Volk versammelt, muss man dann aber durch strenge Gesetze von der *polis* selbst fernhalten. Diese Ausflucht des Aristoteles war nötig, denn einen solchen geistigen Spagat zwischen dem reinen Dogma und der Erfahrung der alltäglichen Wirklichkeit hätte wohl auch der wohlmeinendste Athener nicht aushalten können. Die Wirklichkeit sah nämlich eher so aus, wie sie Thukydides (um 455 – um 400 v. Chr.) den Perikles in seiner Rede über die Größe Athens darstellen lässt: „Dank der Größe unserer Stadt strömen aus aller Welt alle Güter bei uns ein – und so haben wir das Glück, ebenso bequem die Erzeugnisse des eigenen Landes zu genießen wie die fremder Völker" (Thukydides 2,38,2).

Der Großhandel erfuhr also partiell bei den Philosophen und erst recht in der Wirklichkeit eine gewisse gesellschaftliche Anerkennung. Anders der Kleinhandel. Obwohl sich im 5. und 4. Jahrhundert v. Chr. ein kräftiger und sehr ausdifferenzierter Kleinhandel entwickelt hatte, so dass Platon – mit dem größten Misstrauen gegenüber den ‚gewinnsüchtigen', ‚betrügerischen', ‚korrupten' und oft fremden Kleinhändlern – diesen einer strengsten staatlichen Kontrolle unterwerfen wollte (Platon, nom. 847d, 849a ff., 914d ff., 920a ff.), wurde der Kleinhändler ans unterste Ende der Skala der sozialen Wertschätzung verbannt. Denn nicht nur Platon – der in dieser Hinsicht radikalste und realitätsfernste Theoretiker – verurteilte den Kleinhandel in dieser Weise, auch im Alltag sparte man nicht mit Vorwürfen an die Kleinhändler: Wolle würde nass gemacht, damit sie schwerer wiegt (Aristophanes, Frösche 1386 f.), schlechte Feigen würden unter gute gemischt (Athenaios 3,76d), Wein würde gepanscht (Athenaios 15,700b), die Fisch- und die Brothändler werden als betrügerisch angegriffen (Athenaios 6,224c; Aristophanes, Wespen 1388 ff.; Frösche 857) und so fort – „Ein Blutwursthändler? Gott, welch ein Gewerbe!" (Aristophanes, Ritter 144).

In der Gesamtschau ergibt sich hinsichtlich des Standpunkts der Philosophen zur Wirtschaft und zum ökonomischen Tun folgendes Bild: Stark von politischen und ethischen Erwägungen geleitet, stehen die – klassischen (!) – Philosophen der wirtschaftlichen Tätigkeit, insbesondere der Erwerbsorientierung sehr distanziert gegenüber. Bei näherem Hinschauen ist aber die eigentliche Intention der Philosophen, eine durchaus in der Realität vorhandene ökonomisches Orientierung, einen Hang zur *chrematistike*, zur Kunst des Gewinnmachens, zurückzudrängen. Und freilich kommen die Philosophen dadurch zu mehr oder weniger realitätsfernen normativen Setzungen.

In der antiken Welt hatten die Philosophen jedoch gewissermaßen das Monopol bezüglich der Theoriebildung. Wenn sich nun eben jene Philosophen darauf verständigt haben, Wirtschaft in ihren vielen Spielarten als etwas politisch Gefährliches, sittlich Verwerfliches und deshalb als etwas eher Abzulehnendes anzusehen, dann darf man sich andererseits nicht wundern, wenn uns keine geschlossene ökonomische Theorie aus der Antike überliefert ist. Nicht einmal von Philosophen darf man erwarten, dass sie durch die Bildung einer ökonomischen Theorie ihre dezidert geäußerten politischen und ethischen Standpunkte Lügen strafen. Die Festlegung auf die ethisch begründete Ablehnung der Erwerbswirtschaft ist eine dogmatische Sackgasse, die eben keine ökonomische Theorie mehr zulässt. Im Übrigen wird in einem der folgenden Abschnitte gezeigt werden, dass es im 5. Jahrhundert v. Chr. – also vor den dann dominierenden klassischen Philosophen – eine durchaus blühende, aber leider nicht überlieferte, ökonomische Literatur gegeben haben mag.

Dass die im klassischen Griechenland entwickelten dogmatischen Vorurteile gegenüber der Wirtschaft aber eine ungeheure Beharrungskraft besaßen, mögen die folgenden Stellen verdeutlichen. Aus der *praefatio* von Columellas (1. Jahrhundert n. Chr.) Landwirtschaftswerk: „Denn alle übrigen Formen [des Erwerbs, außer der Landwirtschaft], [...] stehen mit dem Rechtsempfinden nicht in Einklang. [Könnte es etwa wünschenswert erscheinen], sich dem Glücksspiel der Seefahrt und des Handels auszusetzen, bei dem das landgeborene Wesen Mensch entgegen allen natürlichen Bedingungen der Wut von Wind und Wasser preisgegeben [...]? Oder sollte man den Geldverleih auf Zinsen eher schätzen, der selbst denen verhaßt erscheint, denen er scheinbar aushilft? [...] Wenn also Menschen edler Art dies und dergleichen meiden müssen, so bleibt [...] nur eine redliche und menschenwürdige Art der Mehrung des Besitzes übrig, eben die, die dem Landbau entspringt" (Columella, rust., praef. 7–10). Oder in dem Buch Ciceros (106–43 v. Chr.) vom ‚Pflichtgemäßen Handeln' lesen wir: „Was ferner die handwerklichen Berufe und Erwerbszweige angeht, welche als eines Freien würdig, welche für schmutzig zu gelten haben, so haben wir etwa folgendes mitgeteilt bekommen. Zunächst werden die Erwerbszweige mißbilligt, die sich der Ablehnung der Menschen aussetzen, wie die der Zöllner, der Geldverleiher. Eines Freien unwürdig und schmutzig sind die Erwerbsformen aller Tagelöhner, deren Arbeitsleistung, nicht handwerkliche Geschicklichkeiten erkauft werden. Denn es ist bei ihnen gerade der Lohn ein Handgeld für ihre Dienstleistung. Für schmutzig muß man auch diejenigen halten, die von den Großhändlern Waren erhandeln, um sie sogleich weiterzuverkaufen. Denn sie dürften nichts voranbringen, ohne gründlich zu lügen. [...] Diejenigen Fertigkeiten aber, bei denen entweder größere Klugheit beteiligt ist oder durch die ein nicht mittelmäßiger Nutzen gesucht wird wie bei der Medizin, bei der Architektur und dem Unterricht in ehrenvollen

Gegenständen, sind für die, deren Stand sie zukommen, ehrenvoll. Wenn der Handel im kleinen Rahmen erfolgt, so muß man das für schmutzig erachten; wenn dagegen im großen und umfangreichen Geschäft, indem er vieles von überallher beibringt und es vielen ohne Betrug zur Verfügung stellt, dann darf man ihn durchaus nicht tadeln [...]. Von allen den Erwerbszweigen aber, aus denen irgendein Gewinn gezogen wird, ist nichts besser als Ackerbau, nichts einträglicher, nichts angenehmer, nichts eines Menschen, nichts eines Freien würdiger" (Cicero, off. 1,42).

Die ganze Palette der oben schon angeführten abwertenden Positionen gegenüber wirtschaftlicher Tätigkeit erscheint hier in Rom erneut (vgl. auch: Seneca, epist., 88; Lukian, somnium 9; Dion Chrysostomos, 7,114 ff.) – allerdings mit einigen Einschränkungen: Die Landwirtschaft wird aus dem Kanon der niederen Erwerbstätigkeiten herausgenommen und – altrömischer Tradition entsprechend – als die vornehmste von allen beruflichen Tätigkeiten deklariert. An späterer Stelle wird allerdings noch zu zeigen sein, dass damit weniger die mühselige Arbeit eines Kleinbauern gemeint war, sondern eher das Rentiersdasein eines Großgrundbesitzers. Der Großhandel wird bei Cicero ebenfalls von der moralischen Verurteilung ausgenommen. Freilich ist die Begründung hierfür einigermaßen ‚ungriechisch': Die Höhe des Gewinns wird hier zur Messlatte für Achtung oder Verurteilung. Und wenn es um die Höhe des Gewinns geht, so ist es doch ziemlich blauäugig, den Großhändlern eine Abstinenz von betrügerischen Absichten zu unterstellen. Die generelle Gewinnorientierung in dem Cicerozitat ist allerdings ein neuer Charakterzug, der den Griechen – zumindest in den offiziellen philosophischen Verlautbarungen – fremd geblieben ist. Diese gravierenden Änderungen im Verhältnis zur Wirtschaft sollen in den Kapiteln zur römischen Wirtschaft näher untersucht werden.

Wenn wir also von einem krassen Spannungsverhältnis zwischen dem philosophischen Dogma, das sich allerdings zäh in den Köpfen der antiken Menschen festgesetzt hatte, und der alltäglichen ökonomischen Realität auszugehen haben, so bleibt die Frage, wie die antiken Menschen mit dieser ‚Schere im Kopf' umgegangen sind, und warum überhaupt? Hinsichtlich des Widerspruchs zwischen Konsumansprüchen und Ablehnung der Herstellung von Konsumgütern hat dies etwa Plutarch (um 45–nach 120 n. Chr.) geradezu paradox zugespitzt so formuliert: „Oft freuen wir uns eines Werkes und verachten den, der es geschaffen. So schätzen wir wohlriechende Salben und Purpurkleider, die Färber aber und die Salbenköche bleiben für uns gemeine und niedrige Handwerker. [...] Wer ein niedriges Handwerk betreibt, stellt sich das Zeugnis aus, daß ihm das Gute und Schöne wenig bedeutet, denn er wendet seine Kraft an unnütze Dinge" (Plutarch, Perikles 1–2; vgl. auch bei Lukian, somnium 9). Wenn man es nicht besser wüsste, man würde Plutarch hier Ironie unterstellen wollen.

Archaisches Griechenland

Odysseus und die Wirtschaft

Es ist bis heute in der Forschung umstritten, welche Epoche die Epen Homers abbilden: die Zeit der mykenischen Paläste bis 1200 v. Chr., die sogenannten Dark Ages (12.–9. Jahrhundert v. Chr.) oder die Zeit des Dichters, also die archaische Epoche der griechischen Geschichte (8.–6. Jahrhundert v. Chr.)? Es ist hier nicht der Ort, die entsprechende weit verzweigte Forschungsdiskussion nachzuzeichnen. Folgendes kann jedoch gesagt werden, ohne die in der Forschung vertretenen Positionen grob zu verletzen: In Homers Epen gehören die wirtschaftlichen Details eher in die Zeit des Dichters. Und in der später entstandenen ›Odyssee‹ (um 750 v. Chr.) sind solche Details reichhaltiger zu finden als in der ›Ilias‹ (entstanden um 800 v. Chr.). Somit kann Homers Dichtung durchaus als Quelle für die wirtschaftlichen Verhältnisse im archaischen Griechenland dienen.

Im Mittelpunkt sämtlicher wirtschaftlicher und sozialer Beziehungen stand der *oikos*, der Hausstand, er gab dem archaischen Leben die Ordnung und die Struktur. Dieser Hausstand war zugleich Personalverband, er umfasste die Familie des Hausherrn, die abhängigen Freien und die Sklaven, als auch die Besitz- und Wirtschaftseinheit, sämtlicher immobiler und mobiler Besitz gehörte zum *oikos*. Dies setzt Privateigentum allgemein, insbesondere aber an Grund und Boden voraus. Das Eigentum am Boden scheint sich zu Homers Zeiten schon fest etabliert zu haben. Es mag durchaus noch Formen des Kollektivbesitzes gegeben haben, etwa wenn von Weideflächen die Rede ist. Das Ackerland war jedenfalls privat, denn es war vererb- und veräußerbar und es gab Grenzsteine (Homer, Ilias 12, 421; 21, 405). Als wirtschaftliches Ordnungssystem zeichnete sich der *oikos* durch das Ziel der Autarkie aus: Wirtschaftlicher Kontakt zur Außenwelt sollte so weit wie möglich gemieden werden. Im Inneren war er zugleich Produktions- als auch Verbrauchseinheit, die keinen internen Austausch kennt: Die gesamte Produktion geht an den Herrn, der diese entweder thesauriert oder nach Gutdünken und nach Bedarf innerhalb des *oikos* wieder verteilt. Es ist klar, dass sich unter diesen Bedingungen zunächst keine Märkte, auch nicht neben den *oikoi* entwickeln konnten.

Die wichtigste wirtschaftliche Grundlage eines solchen aristokratischen Hausstandes war die Landwirtschaft:

> „Glaukos, warum doch ehrte man uns so herrlich vor andern
> Immer an [Ehren-]Sitz, an Fleisch und vollgegossenen Bechern,
> Heim im Lykierland, umher wie auf Himmlische blickend?
> Und was [be-]baun wir ein großes Gefield [Landgut] am Ufer des Xanthos,

Abb. 1:
Hirt mit Ziegenherde. Vase,
Anfang 6. Jahrhundert v. Chr.

> Prangend mit Obst und Trauben und weizenbesäeten Äckern?
> Darum gebührt uns jetzt, in der Lykier Vordergetümmel
> Dazustehen und hinein in die brennende Schlacht uns zu stürzen."
> (Homer, Ilias 12, 310 ff.)

Wenn diese Äußerungen des Lykiers Sarpedon in der ›Ilias‹ auch eine Dominanz des Ackerbaus nahelegen, so stehen die vielen Stellen dagegen, die den Reichtum der Herren an ihrem Viehbestand messen, etwa wenn Eumaios den Besitz seines Herrn Odysseus folgendermaßen beschreibt:

> „Rinderherden sind zwölf auf der Feste, der weidenden Schafe
> Ebenso viel, auch der Schweine so viel und der streifenden Ziegen.
> Mietlinge hüten sie teils und teils leibeigene Hirten.
> Hier in Ithaka gehen elf Herden streifender Ziegen
> Auf entlegener Weide, von wackern Männern gehütet."
> (Homer, Odyssee 14, 96 ff.)

Offenbar überwog in der archaischen Oikoswirtschaft der Aristokraten doch die Viehzucht, wenngleich auch von Ackerbau und Obstbau nicht selten die Rede ist (vgl. etwa Homer, Ilias 2, 24–34, Odyssee 9, 116–135). Auch darf man die Größe der aristokratischen Güter nicht überschätzen – lediglich 30–50 Hektar dürften sie umfasst haben, wenngleich das Vieh über diese Besitzgrenzen hinaus auch auf die Fernweide getrieben wurde.

Die Produktion der alltäglichen gewerblichen Güter fand ebenfalls im *oikos* selbst statt. Töpferei, Schmiede- und Holzhandwerk, Textil- und Lederverarbeitung – all das war im *oikos* angesiedelt, dort wurde produziert und intern zum Konsum verteilt. Lediglich speziellere Handwerke und Dienstleistungen wurden eingekauft. So äußert Eumaios in der ›Odyssee‹ sein Misstrauen gegenüber den – letztendlich aber doch nicht entbehrlichen – Fremden im *oikos* folgendermaßen:

> „Denn wer gehet wohl aus und ladet selber den Fremdling,
> Wo er nicht etwa im Volk durch nützliche Künste berühmt ist (*demiurgoi*),
> Als den erleuchteten Seher, den Arzt, den Meister des Baues
> Oder den göttlichen Sänger, der uns durch Lieder erfreuet?
> Diese laden die Menschen in allen Landen der Erde."
> (Homer, Odyssee 17, 382 ff.)

Es gab also schon spezialisierte Gewerbe, die sich aus dem *oikos* losgelöst hatten. Eine Tendenz zur Loslösung vom *oikos* wird in archaischer Zeit auch schon für speziellere Schmiedearbeiten und für die wertvolleren Töpferarbeiten (die prachtvollen attischen und korinthischen Großvasen) angenommen.

Die Arbeit im *oikos*, sowohl die landwirtschaftliche als auch die gewerbliche, wird von Sklaven und freien Lohnarbeitern erledigt. Sklaven zu beschaffen, stellte – glaubt man den Darstellungen Homers – kein Problem dar, wenngleich die Preise für Sklaven nicht gering waren. Nach Auskunft Homers wird eine Sklavin, die in vielen Arbeiten bewandert ist, mit einem Gegenwert von vier bis fünf Rindern angegeben (Homer, Ilias 23, 705). In der Odyssee wird ein Mädchen sogar für 20 Rinder erstanden (Homer, Odyssee 1, 430). Es gab also, neben der Beschaffung durch den Krieg, auch einen regelrechten Sklavenhandel.

Die Hausherren und ihre Familien mussten nicht körperlich arbeiten, gleichwohl war ihnen körperliche Arbeit nicht verwehrt. Odysseus etwa kann Bäume fällen, ein Floß und ein Bett bauen. Die Aristokraten schlachten selbst, ihre Söhne sind Hirten, sogar der greise Laertes beschäftigen sich im Obstgarten. Die Frauen und Töchter der Helden spinnen, weben und waschen. Doch all diese Tätigkeiten der Hausherren und ihrer Familien erscheinen – zumindest bei den Männern – eher als eine aristokratische Freizeitgestaltung. Sobald wirklich Wichtiges zu tun ist – etwa Wettkämpfe oder Kriege –, kann man solche Tätigkeiten sofort liegenlassen. Dennoch ist bemerkenswert, dass körperliche Arbeit auch von den Hausherren nicht prinzipiell abgelehnt worden ist.

Der Grundbesitz und die darauf betriebene Landwirtschaft war also die Haupterwerbsquelle für die homerischen Helden. Neben dieser Erwerbsquelle aus dem *oikos* selbst gab es für die aristokratischen Herren auch noch die Möglichkeit des kriegerischen Erwerbs, wobei die Grenzen zum gewöhnlichen Raub fließend waren. Ein Beispiel für kriegerischen Erwerb aus der ›Odyssee‹:

> „Gleich von Ilion trieb mich der Wind zur Stadt der Kikonen,
> Ismaros, hin. Da verheert ich die Stadt und würgte die Männer.
> Aber die jungen Weiber und Schätze teilten wir alle
> Unter uns gleich, daß keiner leer von der Beute mir ausging."
> (Homer, Odyssee 9, 39 ff.)

Dass Viehraub auch als kriegerische Tat gesehen wurde und als solche hohes Ansehen genoss, zeigt die folgende Stelle aus der ›Ilias‹, in der Nestor an seine Jugend erinnert:

> „Viel und reichliche Beute gewannen wir rings aus den Feldern:
> Fünfzig Herden der Rinder umher, der weidenden Schafe
> Ebensoviel, auch der Schweine so viel und der streifenden Ziegen;
> Auch der bräunlichen Rosse gewannen wir hundertundfünfzig."
> (Homer, Ilias 11, 677 ff.)

Ziel jeder wirtschaftlichen Tätigkeit im *oikos* war, die Überschüsse und die Beute zu thesaurieren, den Schatz im Palast des Herrn zu mehren. Homer beschreibt den *thalamos*, den Lagerraum im Palast des Odysseus folgendermaßen:

> „Aber Telemachos stieg ins hohe weite Gewölbe
> Seines Vaters hinab, wo Gold und Kupfer gehäuft lag,
> Prächtige Kleider in Kasten und Fässer voll duftenden Öles.
> Allda standen auch Tonnen mit altem balsamischem Weine,
> Welche das lautre Getränk, das süße, das göttliche, faßten,
> Nach der Reihe gelehnt an die Mauer, wenn jemals Odysseus
> Wieder zur Heimat kehrte nach seiner unendlichen Trübsal.
> Fest verschloß das Gewölbe die wohleinfugende Türe,
> Mit zween Riegeln verwahrt. Die Schaffnerin schaltete drinnen
> Tag und Nacht und bewachte die Güter mit sorgsamer Klugheit,
> Eurykleia, die Tochter Ops, des Sohnes Peisenors."
> (Homer, Odyssee 2, 338 ff.).

Der Umfang des Schatzes im Herrenpalast war gewissermaßen der Gradmesser des Sozialprestiges eines solchen Herrn. Die häufige Aufzählung von solchen Schätzen zeigt dies sehr deutlich. Auch im Verkehr der Herren untereinander kam es sehr darauf an, welch wertvolle Geschenke einer zu machen imstande war.

Es ist sicher einsichtig, dass solch eine wirtschaftliche Ausrichtung auf Autarkie und auf Thesaurierung der Gewinne ein Wachsen der Produktivkräfte sowohl nach der Qualität (Einsatz technischer Mittel, neue Wirtschaftsmethoden) als auch nach der Quantität (Erweiterung der landwirtschaftlichen Flächen, Aufbau von Produktionsstätten) eher behinderte. Die Kapitalien wurden unproduktiv gehortet, statt mit ihrer Hilfe die Produktion zu steigern. Die wenig entwickelte landwirtschaftliche Produktivität und die nur wenig entwickelte gewerbliche Produktion im aristokratischen *oikos* können so sicher erklärt werden.

Doch bei aller angestrebten Autarkie war eine gänzliche Selbstversorgung des *oikos* natürlich kaum durchzuhalten: Die unerlässlichen Metalle, Sklaven und die im *oikos* nicht zu produzierenden gewerblichen Güter, insbesondere die Pretiosen in den Schatzkammern der Helden waren ohne wirtschaftlichen Kontakt zur Außenwelt nicht zu beschaffen. Neben Raub und Krieg war man deshalb auch auf friedlichen Warentausch angewiesen. Die gängigste Methode des Warentausches ist bei den homerischen Helden der Tausch von Geschenken. In der ›Ilias‹ sagt der Lykier Glaukos zu Diomedes:

> „Wahrlich, so bist du mir Gast aus Väterzeiten schon vormals!
> Öneus, der Held, hat einst den untadligen Bellerophontes
> Gastlich im Hause geehrt und zwanzig Tage geherbergt.
> Jen' auch reichten einander zum Denkmal schöne Geschenke.
> Öneus' Ehrengeschenk war ein Leibgurt, schimmernd von Purpur,
> Aber des Bellerophontes ein goldener Doppelbecher."
> (Homer, Ilias 6, 215 ff.)

Dies ist nun ein schönes Beispiel dafür, wie zum Teil weite Fahrten (Argos – Lykien) unternommen wurden, um im Tauschverfahren an knappe Güter zu gelangen. Dabei konnten solche Geschenke aus mehreren Schiffsladungen bestehen – wie etwa das ‚Weingeschenk' von Euneos aus Lemnos an die Griechen vor Troia (Homer, Ilias 7, 467 ff.). Dieser aristokratische Geschenketausch war jedoch kein Handel! Er unterscheidet sich vom Handel dadurch, dass er gänzlich ohne Gewinnabsichten betrieben wurde. Ein Geschenk erforderte zwar ein Gegengeschenk, das aber an Wert dem Geschenk entsprechend war. Etwas anderes zu hoffen oder gar zu fordern wäre höchst anstößig gewesen. In der ›Odyssee‹ meint etwa Athena, in Gestalt des Mentes, zu Telemachos:

> „Halte nicht länger mich auf; denn dringend sind meine Geschäfte.
> Dein Geschenk, das du mir im Herzen bestimmest, das gib mir,
> Wann ich wiederkomme, damit ich zur Heimat es bringe,
> Und empfange dagegen von mir ein würdiges [entsprechendes] Kleinod."
> (Homer, Odyssee 1, 315 ff.)

Neben diesem archaischen Warenaustausch unter den Helden gab es allerdings auch echten Handel, bei Homer zumeist mit den Phöniziern in Verbindung gebracht.

> „Und die Phöniker weilten ein ganzes Jahr auf der Insel,
> Kauften und schleppten ins Schiff unzählige Güter zusammen.
> Als sie das hohle Schiff zur Heimfahrt hatten befrachtet,
> Sandten sie einen Genossen, dem Weibe die Botschaft zu bringen.
> Dieser listige Mann, der in des Vaters Palast kam,
> Bracht ein goldnes Geschmeide, besetzt mit köstlichem Bernstein,
> Welches die Mägde des Hauses und meine treffliche Mutter

> Mit den Händen befühlten und sehr aufmerksam besahen.
> Als sie über den Preis nun handelten, winkt' er der Sklavin
> [um den Sprecher und Sohn des Hauses zu entführen]
> Heimlich und eilte zurück zum hohlen Schiffe."
> (Homer, Odyssee 15, 454 ff.)

Entscheidend an dieser Stelle ist, dass über einen Preis für das Geschmeide verhandelt wird. Und ebenso wie beim Verkauf des Schmucks werden die Phönizier ihre Schiffsladung in klarer Gewinnabsicht eingekauft haben. Diese, als anstößig empfundene Gewinnabsicht, verbunden mit der phönizischen Seeräuberei und ihrer Angewohnheit, Passagiere einfach in die Sklaverei zu verkaufen, brachte den phönizischen Händlern bei Homer allerdings einen üblen Ruf ein.

> „Siehe, da kam ein phönikischer Mann, ein arger Betrüger
> Und Erzschinder, der viele Menschen ins Elend gestürzt hat."
> (Homer, Odyssee 14, 288 f.)

Dennoch – auch wenn man die phönizischen Händler nicht mochte, sie zugleich fürchtete und verachtete, ihre Waren nahm dann doch gerne. Achills Preis bei den Wettspielen zu Ehren des gefallenen Patroklos hatte jedenfalls folgende Herkunft:

> „Einen silbernen Krug von prangender Kunst; er umfaßte
> Sechs der Maß und besiegt' an Schönheit all auf der Erde
> Weit, denn kunsterfahrne Sidonier schufen ihn sinnreich;
> Aber phönikische Männer, auf finsteren Wogen ihn bringend,
> Boten in Häfen ihn feil und schenkten ihn endlich dem Thoas;
> Drauf für den Priamiden Lykaon gab zur Bezahlung
> Ihn dem Held Patroklos Jasons Sohn Euneos.
> Den nun setzt' Achilleus, den Freund zu ehren, zum Kampfpreis."
> (Homer, Ilias 23, 741 ff.)

Kennzeichnend für die Scham der homerischen Helden, von Phöniziern etwas zu kaufen, ist, dass auch dieser Warenaustausch hier als ‚Geschenk' ausgegeben wird – glaubwürdig ist das jedenfalls nicht. Wie weit sich die Adelsgesellschaft der homerischen Welt vom Handel in Gewinnabsicht distanzierte, mag folgende Stelle aus der ›Odyssee‹ zeigen: Die Phäaken, selbst ein seefahrendes Volk, jedoch – angeblich – vollständig ohne Handelsinteressen, konnten Odysseus nicht schlimmer beleidigen als mit dem Vorwurf, er sei ein Händler (Homer, Odyssee 8, 159 ff.).

Durch Selbstversorgung und, wo diese nicht ausreichte, durch Raub, Krieg, Geschenketausch oder Kauf von fahrenden Händlern – so scheinen sich die homerischen Helden die Güter ihres Lebens beschafft zu haben, wäre da nicht die Stelle in der ›Ilias‹, in der Achill bei den Leichenspielen für Patroklos als Preis für das Weitwerfen einen Barren Eisen aussetzt, und zwar mit folgenden Worten:

> „Kommt hervor, wer begehrt, auch diesen Kampf zu versuchen!
> Wenn er auch weit umher fruchttragende Äcker beherrschet

Hat er daran [an dem Eisenbarren] zu fünf umrollender Jahre Vollendung
Reichen Gebrauch; denn nimmer ihm darf aus Mangel des Eisens
weder Hirt noch Pflüger zur Stadt [*polis*] gehen, sondern er reicht ihm."
(Homer, Ilias 23, 826 ff.)

Da gab es ihn in der homerischen Welt doch schon, den städtischen Markt als Zwischenstation zwischen Fernhandel und regionaler Verteilung (und wohl auch Produktion). Freilich wird die *polis*, speziell in ihrer Funktion als zentraler Markt, in den homerischen Epen so selten erwähnt, dass man diese Form des ständigen Marktes an einem zentralen Ort als erst im Entstehen begriffen ansehen darf.

In der Gesamtsicht werden bei Homers Helden die folgenden strategischen wirtschaftlichen Ziele verfolgt: Auf der Grundlage eines stark landwirtschaftlich geprägten, mit geringfügiger gewerblicher Produktion ausgestatteten *oikos* werden – über die unmittelbare Redistribution zur Bedürfnisbefriedigung hinaus – möglichst viele speicherbare Werte geschaffen, die vom jeweiligen Herrn zur Abstützung seines Sozialprestiges thesauriert werden. Lücken in der Oikosproduktion, insbesondere der Bedarf nach Pretiosen in den Herrenschätzen werden durch die angesehenen Erwerbsarten Krieg und Raub, durch den ebenfalls noch angesehenen Geschenketausch unter den Herren oder schließlich durch Handel mit den wenig angesehenen Fremden ausgeglichen. Die Stadt als Markt zum Absatz der Überschüsse des *oikos* und für die Beschaffung knapper Güter war erst im Entstehen begriffen. Selbst Handel zu treiben verbot sich für die homerischen Helden aus standesethischen Gründen.

Aus allen Zitaten wird jedoch ein ganz wesentlicher Zug der homerischen Helden deutlich: Ihnen war die wirtschaftliche Basis ihres Haushalts als Fundament für ihre gesellschaftliche Stellung durchaus wichtig. Ihr wahres Streben war aber auf Sozialprestige, Ruhm und Kriegserfolg gerichtet. So gesehen war ihre Hauswirtschaft und ihr wirtschaftliches Tun all dem nachgeordnet, war nur Mittel für diese ‚höheren' Zwecke. Mit dieser Einschränkung und mit dem Hinweis auf die standesethische Ablehnung des Warenaustausches mit Gewinnabsichten hatten die homerischen Helden aber ein naives und durchaus nicht ablehnendes Verhältnis zur Wirtschaft. Freilich ließen sich die Aristokraten bei ihrem wirtschaftlichen Handeln offenbar von den tradierten Regeln der Oikoswirtschaft leiten. Sie zeigten jedenfalls wenig Interesse an einer Ausweitung oder Intensivierung der Produktion im *oikos*, eine gewinnbringende Vermarktung war ebenfalls ausgeschlossen. Die einzige Form des Erwerbs, deren Optimierung ihnen am Herzen lag, waren Raub und Krieg.

Die archaische Wirtschaft von unten gesehen: Hesiod

Hesiod, um 700 in Askra in Böotien geboren, war der Sohn eines Kleinbauern. Wahrscheinlich hat er sein Erbteil am väterlichen Kleingut in einer Erbauseinandersetzung an seinen Bruder verloren – und war deshalb auch zum Beruf des Dichters gezwungen –, jedenfalls war ihm die kleinbäuerliche Lebenswelt im archaischen Griechenland sehr vertraut.

Neben seinen anderen epischen und philosophischen Werken ist hier das Epos *erga kai hemerai,* die ›Werke und Tage‹ von besonderem Interesse. Dort werden das Leben und Wirtschaften eines archaischen Kleinbauern, auch seine Wertvorstellungen und Ziele geschildert. Zu Hesiods Lebzeiten sind in Griechenland gewaltige gesellschaftliche und ökonomische Strukturveränderungen im Gange (siehe unten). Dennoch scheint Hesiods Lebenswelt davon noch weitgehend unberührt. Er meidet die städtischen Märkte: „laß nicht die Eris, der Böses gefällt, deinen Sinn von der Arbeit abwenden, daß du bei den Händlern gaffst und Marktgeschwätz anhörst" (Hesiod, erg. 30 ff.). Die Städte selbst sind für ihn fremde Lebenswelten, Orte, an denen „geschenkefressende Könige" (Hesiod, erg. 38) herrschen – sie sind, so gut es geht, zu meiden. Bemerkenswert ist dennoch, dass nun ganz selbstverständlich von Städten als Zentren des Warenaustausches die Rede ist – dies zwei, vielleicht drei Generationen nach Homer. Doch eine begriffliche Differenzierung ist an dieser Stelle nötig: Solche städtische Zentren waren (noch) keine Stadtstaaten. Die Zusammenführung von Stadt und Land in einem Bürgerstaat hat jedenfalls im Böotien Hesiods noch nicht stattgefunden. Die Stadt als lokales Marktzentrum ist noch die Siedlungsagglomeration um die Burgen des oder der aristokratischen Herrscher („geschenkefressende Könige").

Die Wirtschaft eines Kleinbauern bei Hesiod ist zunächst einmal der Oikoswirtschaft der homerischen Helden sehr ähnlich – nur eben viel kleiner. So steht die Maxime der Autarkie und der Ansammlung von thesauriertem Reichtum auch bei Hesiod stark im Vordergrund: „Gut ist es vom Vorrat zu nehmen, doch kränkt es das Herz, zu brauchen, was mangelt, und ich mahne dich, dies zu bedenken" (Hesiod, erg. 365 ff.). Ebenfalls althergebracht ist die Hausproduktion gewerblicher Güter. Sei es, wenn es um die Herstellung von Pflügen und Wagen geht (Hesiod, erg. 425 ff.), wenn es um Schmiedearbeiten geht (Hesiod, erg. 492 ff.), wenn Kleidung hergestellt wird (Hesiod, erg. 535 ff.) – immer wird von einer Produktion innerhalb des *oikos* ausgegangen. Und von Luxusgütern ist bei Hesiod keine Rede.

Einige bemerkenswerte Akzentverschiebungen gegenüber den *oikoi* der homerischen Helden sind bei den wirtschaftlichen Zielsetzungen Hesiods aber doch zu bemerken. Sie rühren einerseits von der so ganz anders gearteten wirtschaftlichen Situation der Kleinbauern her, andererseits sind eben doch auch schon Zugeständnisse an den politischen und ökonomischen Strukturwandel im 7. Jahrhundert v. Chr. erkennbar.

Ganz deutlich wird die Perspektive des Kleinbauern in der Einstellung zu körperlicher Arbeit des Haushaltsvorstandes: „Du aber denke stets an mein Gebot! Arbeite, Perses [das ist Hesiods Bruder], gottvoller Kerl, auf daß der Hunger dich hasse, Demeter aber liebe, die schönbekränzte, hehre, und deine Scheuer mit Nahrung fülle. Hunger ist ja dem Faulen durchaus ein treuer Gefährte. Dem aber zürnen Götter und Menschen, der faul dahinlebt nach Art der stachellosen Drohnen, die faule Prasser sind und den mühsam geernteten Honig der Bienen verfressen; du aber tue mit Lust beizeiten die Feldarbeit, damit

Abb. 2: Bauer mit einem von Ochsen gezogenen Pflug. Terrakotta aus Böotien, 6. Jahrhundert v. Chr.

sich deine Scheuer mit reifem Ertrag fülle. Arbeit macht Männer reich an Herden und Habe, denn wer zupackt, ist Göttern um vieles erwünschter [und auch Menschen, denn Faulpelze hassen sie gründlich]. Arbeit bringt keine Schande, Nichtstun aber ist Schande. Regst du dich nämlich, beneidet dich bald der Faule, weil du reich wirst. Den Reichtum aber begleiten Ehre und Ansehen" (Hesiod, erg. 297 ff.).

Wenn auch in den ›Werken und Tagen‹ an mehreren Stellen von Gesinde die Rede ist (Hesiod, erg. 469, 500 ff., 559 ff., 765), so geht es in einem kleinbäuerlichen Betrieb freilich nicht ohne harte Arbeit, auch des Hausherrn und seiner Familie. Dies unterscheidet die Lebenswelt Hesiods von derjenigen der aristokratischen Herren, die eigene körperliche Arbeit zwar nicht prinzipiell ablehnten, sie aber doch weitgehend mieden. Anders auch als bei den homerischen Helden und ihren diversen Quellen für Reichtum (Ertrag der Ländereien, Raub, Krieg und so weiter) ist bei Hesiod Arbeit die einzige (legitime) Quelle für Wohlstand. Denn die Möglichkeiten des Erwerbs durch Krieg und Raub standen dem Kleinbauern nicht zur Verfügung – im Gegenteil: Er musste Raub und Krieg fürchten. „Nicht geraubte Güter sind großer Segen, sondern nur, was Götter uns schenken. Denn mag einer auch kraft seiner Faust große Güter erraffen oder zungenfertig erschwatzen (wie es oft geschieht, wenn Habgier den Sinn der Menschen verblendet und Frechheit alle Scheu verjagt), so stürzen die Götter leicht diesen Mann, lassen sein Haus schwinden, und kurze Zeit nur bleibt ihm der Wohlstand" (Hesiod, erg. 319 ff.). Wen Hesiod da fürchtet, macht er auch deutlich: Er fürchtet die „verbrecherischen Ratschlüsse der Fürsten" (Hesiod, erg. 219). Gegen die willkürliche Rechtssetzung nach dem Gutdünken der Aristokraten setzt Hesiod das Verlangen nach Rechtssicherheit – das ist die Perspektive von unten: „Nun aber will ich den hohen Herren, die es schon verstehen werden, ein Gleichnis erzählen. So sprach der Habicht zur buntkehligen Nachtigall, die er hoch oben in den Wolken trug und in den Fängen gepackt hielt; die aber klagte erbärmlich, durchbohrt von gebogenen Krallen, während er sie anherrschte: ‚Unselige, was schreist du? Dich hält nun ein viel Stärkerer, und du gehst, wohin ich will, auch wenn du eine Sängerin bist; ich fresse dich ganz nach Wunsch oder lasse dich fliegen. Nur ein Narr aber will gegen Stärkere kämpfen, geht des Sieges verlustig und leidet zur Schande noch Schmerzen.' So sprach der windschnelle Habicht, der flügelspreitende Vogel. Du aber Perses höre das Recht und werde nicht schuldig durch Frevel. [...] Recht nämlich siegt zu guter Letzt über Willkür, und nur ein Tor wird durch Schaden erst weise" (Hesiod, erg. 201 ff.).

In einem Gleichnis versteckt klingen hier doch einigermaßen unerhörte Töne an: Ein Kleinbauer macht Front gegen die Adelsgesellschaft. Ein Sozialrevolutionär war Hesiod deshalb freilich noch nicht. Er selbst ging ja von der Beschäftigung von freien und unfreien Arbeitskräften aus. Hinsichtlich des Umgangs mit seinen Mitmenschen im *oikos* fällt aber eine bemerkenswerte rationale Nüchternheit bei Hesiod auf. So ist es vorteilhaft, nur einen Sohn zu haben (Hesiod, erg. 375 f.), damit nicht durch Erbteilung der Besitz zersplittert wird. So werden beim Pflügen und bei der Aussaat ältere Arbeitskräfte bevorzugt, weil sie mit Erfahrung arbeiten und sich nicht so leicht ablenken lassen (Hesiod, erg. 440 ff.); überhaupt wird auf die Sorgfalt des Personals bei der Feldarbeit und im Haus großer Wert gelegt (Hesiod, erg. 469 ff.). Die Knechte sollen keinen eigenen Hausstand haben und bei Mägden ist auf Kinderlosigkeit zu achten „denn eine, die schon gekalbt hat, ist lästig" (Hesiod, erg. 569 ff.). Im Winter wird weniger gearbeitet, deshalb soll den Ochsen und den Knechten „nur das halbe Futter" zugeteilt werden (Hesiod, erg. 559 ff.).

Hier taucht, erstmals in der Literatur, ein sehr nüchternes, fast hartherziges Verhältnis des Hausherrn eines landwirtschaftlichen Betriebes zu seinem Personal auf. Später, bei den römischen Agrarschriftstellern, werden wir diese kalte Rationalität bei der Ausbeutung der Arbeitskräfte auf die Spitze getrieben sehen. Doch sollte zumindest bei Hesiod im Auge behalten werden, dass hier ein Kleinbauer versuchte, durch rationale Steuerung seines Betriebes das nackte Überleben zu sichern. Dieselbe im Grunde ökonomische Rationalität wird deutlich, wenn Hesiod – gestützt auf den astronomischen Wissensstand seiner Zeit – anhand von auf- und abnehmenden Sternbildern und den diesen Jahreszeiten entsprechenden Witterungsverhältnissen kalenderartig die Abläufe auf dem Hof (Pflügen, Säen, Ernten, Dreschen, Reparatur des Geräts, Anfertigung von Kleidung und Werkzeugen, ja sogar die Handelsschifffahrt [s. u.]) organisiert.

Es ist schwer zu entscheiden, ob Hesiod hier nur mündlich tradiertes Erfahrungswissen niedergeschrieben hat, oder ob von ihm originär die erste uns bekannte Landwirtschaftslehre entwickelt worden ist. Wie es sich auch verhalten mag – deutlich wird dennoch, wie hier ein ökonomisch unter starkem Druck stehender Kleinbauer durch rationale Organisation seines Betriebes und des Personaleinsatzes wirtschaftlich über die Runden kommen will. Hesiod bedient sich dabei zwar keiner ökonomischen Theorie, doch aber eines in sich geschlossenen Systems von Methoden, um die Betriebsergebnisse zu optimieren. Und – bei allem Hang Hesiods zur Mythologie – diese Anweisungen zur Organisation des kleinbäuerlichen Hofes stehen völlig selbständig und frei von anderen Denkschemata, allein auf eine ökonomische Rationalität gegründet.

Die von Hesiod angestrebte Autarkie war freilich nicht rein durchzuhalten. Auch er spricht vom Ausleihen bei Nachbarn (Saatgut, Tiere, Futter, Holz, Arbeitsgeräte, Lebensmittel und so weiter) und von Nachbarschaftshilfe, wobei er davon ausgeht, dass sich die Leistungen langfristig gegenseitig ausgleichen (Hesiod, erga. 349 ff.). Allerdings deutet er auch schon an, dass sich soziale Spannungen aufbauen, wenn diese Gegenseitigkeit verletzt wird. Über diese Nachbarschaftshilfe auf Gegenseitigkeit hinaus ist aber von Geschenketausch oder der Inanspruchnahme von fahrenden Händlern bei Hesiod keine Rede – wohl aber, wenn auch deutlich distanziert, vom städtischen Markt. Es darf wohl angenommen werden, dass die im *oikos* nicht herzustellenden Güter dort gekauft und dass Überschüsse dort auch verkauft wurden.

Ein Ratschlag Hesiods fällt jedoch stark aus dem kleinbäuerlichen Zusammenhang und muss deshalb hier gesondert angesprochen werden: „Du aber, Perses, achte bei jeglicher Arbeit auf rechte Zeit, besonders aber bei Seefahrt. Lobe ein kleines Schiff, doch ins große lege die Ladung. Ist die Fracht nämlich größer, mehrt höherer Gewinn dein Vermögen, wenn nur die Winde sich widrigen Wehens enthalten. Hast du dich aber im Leichtsinn der Kauffahrt verschrieben, willst der Not und schlimmem Hunger entrinnen, dann will ich dich Regeln der Fahrt im vielschäumenden Meer lehren" (Hesiod, erg. 640 ff.). Und: „Du selbst warte ab, bis die rechte Zeit zur Ausfahrt herannaht. Dann erst ziehe das schnelle Schiff in die Salzflut und verstaue darin die passende Fracht, damit du Gewinn heimbringst, wie schon mein Vater und deiner [...] im Drang nach besserem Leben auf Schiffen fuhr" (Hesiod, erg. 629 ff.).

Diese Stellen deuten nun doch auf ein zumindest partielles Eingehen auf die großen gesellschaftlichen Strukturveränderungen hin. Es ist von der Not des Kleinbauern die Rede, der er durch kaufmännische Seefahrt zu entfliehen sucht. Solches wäre den homerischen Helden nie in den Sinn gekommen, galt doch Handel mit Gewinnabsicht als höchst verächtlich. Hesiod hingegen ist beim Seehandel lediglich das Risiko suspekt, nicht aber der Gewinn, den dieser verspricht.

Die Not der Kleinbauern war offenbar weit verbreitet. Die Gefahr, den Grundbesitz und damit den *oikos* zu verlieren, war groß. Trat dies ein, so bedeutete das auch den sozialen Absturz, man wurde dann zum „hauslosen Lohnarbeiter" und war gezwungen, „sich bettelnd auf fremden Höfen herumzutreiben" (Hesiod, erg. 602, 394 f.). Kein Wunder ist es deshalb, dass im 8. Jahrhundert viele bereit waren, in der sogenannten ‚Großen Kolonisation' in der Fremde ihr Glück zu versuchen. Dadurch waren die Probleme aber nicht gelöst: Um 600 v. Chr. musste Solon mit einer Wirtschafts- und Sozialreform die schlimmsten Bürden für die Kleinbauern beseitigen, dennoch zählten Kleinbauern fast regelmäßig zur Anhängerschar der Tyrannen des 7. und 6. Jahrhunderts. War die Not der Bauern also zeittypisch, so könnte die angedeutete Hinwendung zur Seefahrt bei Hesiod ein versteckter Hinweis auf die gerade in Gang gekommene Kolonisationsbewegung sein.

Das neue bäuerliche Interesse an der – speziell kaufmännischen – Seefahrt kann aber auch ein Indiz dafür sein, dass der Handel einen bedeutenderen Umfang und einen neuen gesellschaftlichen Stellenwert erhalten hat: Handel mit Gewinnabsichten ist zumindest schon bei Hesiod gesellschaftsfähig geworden.

Hesiod stellt uns in seinen ›Werken und Tagen‹ also den *oikos* des archaischen Kleinbauern vor, der fern und doch partiell schon abhängig vom städtischen Markt, ausschließlich auf harte Arbeit gegründet die Autarkie und die unproduktive, weil thesaurierende Besitzakkumulation verfolgt. Die Hinweise auf die Not der Kleinbauern lassen allerdings vermuten, dass es kaum zur Ansammlung von Reichtümern auf den kleinen Gütern gekommen ist. Die Ablehnung aller mit Gewalt verbundenen Erwerbsarten und die Forderung nach Rechtssicherheit charakterisiert bei Hesiod die Perspektive des Kleinbauern. Die ausgesprochen rationale ökonomische Steuerung des landwirtschaftlichen Betriebes und die innere Öffnung gegenüber dem Handel – und zwar als aktiver Händler, nicht bloß als passiver Konsument – charakterisieren jedoch eine beachtliche Neuorientierung im ökonomischen Denken und Handeln bei Hesiod.

Klassisches Griechenland

Entstehung der klassischen griechischen *polis*-Wirtschaft aus der archaischen *oikos*-Wirtschaft

Hesiod hat es offenbar werden lassen: Die *oikos*-Organisation von Gesellschaft und Wirtschaft in Griechenland war brüchig geworden. Deutlich spricht Hesiod von der Not der Kleinbauern. Diese war hervorgerufen durch ein starkes Bevölkerungswachstum, mit dem die landwirtschaftliche Produktivität nicht mithalten konnte, und durch eine Ausdehnung des adeligen Großgrundbesitzes. Letzterer war, da freie Flächen in Griechenland nicht mehr verfügbar waren, auf Kosten der Kleinbauern erweitert worden. Eine allgemeine Land- und Nahrungsmittelnot war die Folge dieser Entwicklung.

Diese strukturelle Problematik hatte nun zweierlei Phänomene mit welthistorischen Dimensionen zur Folge: die Kolonisationsbewegung und innere soziale Unruhen, die über die Tyrannis schließlich zu dem Ergebnis der *polis* mit autonomer Staatlichkeit führten.

Seit Mitte des 8. Jahrhunderts v. Chr. wurde in mehreren Wellen im gesamten Mittelmeerraum und im Schwarzmeergebiet eine große Zahl von Kolonien gegründet: Zunächst und hauptsächlich vom griechischen Festland aus im Westen, dann ab dem 7. Jahrhundert v. Chr. stärker und nun auch von der kleinasiatischen Küste aus in Thrakien, im Marmarameer- und Schwarzmeergebiet. Einige Gründungsberichte nennen explizit die Land- und Nahrungsmittelknappheit als Gründe für die Auswanderung (vgl. etwa Herodot 4, 150–159). Und tatsächlich sind bei den meisten Gründungen in Süditalien, Sizilien, Thrakien, der Propontis (Marmarameergebiet) oder in Lybien Gegenden mit ausgedehntem und gutem Ackerland ausgesucht worden. Dies gilt auch für viele Gründungen im Schwarzmeergebiet, zudem bot dort der Fischreichtum des Meeres eine ausreichende wirtschaftliche Grundlage für die Kolonien. Handelsgesichtspunkte scheinen bei den meisten Koloniegründungen keine herausragende Rolle gespielt zu haben – wenngleich der Seehandel quasi unabsichtlich und im Nachhinein durch die große Zahl überseeischer Kolonien einen ungeahnten Aufschwung erhalten hat. Offensichtlich aus Handelsinteressen gegründet worden sind nur Pithekussai (Ischia) und Kymai (Cumae) zur Herstellung von Handelsverbindungen mit den Etruskern (Eisen) sowie die Gründungen Phokaias in Spanien und Südfrankreich, um an spanisches Zinn und Kupfer zu gelangen (die aber außer Massalia [Marseille] nie zu richtigen Städten wurden). Ebenso waren die Gründung von Naukratis in Oberägypten (um 600 v. Chr. durch zwölf Griechenstädte) und das *emporion* an der Mündung des Orontes in Syrien (heute Al Mina) von Anfang an als reine Handelsstützpunkte gedacht.

Eine andere Folge der Landnot waren ständige innere Unruhen (*staseis*). Der Landbedarf der adligen Großgrundbesitzer konkurrierte mit demjenigen der Kleinbauern, deren Existenzgrundlage durch das Bevölkerungswachstum und durch Besitzersplitterung infolge der Erbteilung immer mehr schwand. Viele Bauern mussten Schulden machen, um sich Land, Gerätschaften, Saatgut oder auch nur Nahrung beschaffen zu können. Dadurch gerieten die Kleinbauern in immer stärkere soziale Abhängigkeit von den Gläubigern, die schließlich über die Arbeitskraft und das Land der Kleinbauern verfügen, diese sogar in die Sklaverei verkaufen konnten. Dieses mit dem modernen Begriff ‚Schuldknechtschaft' bezeichnete soziale Problem war einer der Ausgangspunkte für die vielen inneren Unruhen, und die geknechteten Kleinbauern bildeten vielerorts die soziale Basis für die Tyrannenherrschaften (Mitte 7. bis Ende 6. Jahrhundert v. Chr.). Der Tyrann, ein aus der Solidarität der Aristokraten ausgescherter Einzelherrscher, hatte aus politischen Gründen die Aristokraten als Gegner. Auf der Suche nach einer Machtbasis für seine Herrschaft gegen die Aristokraten boten sich die notleidenden Kleinbauern geradezu an – und umgekehrt durften die Kleinbauern vom Tyrannen eine gewisse Linderung ihrer Not erhoffen.

Eng mit der Not der Kleinbauern verbunden war auch deren Verlangen nach Rechtssicherheit, nach Kodifizierung des Rechts, um die Rechtsprechung der aristokratischen Willkür zu entziehen – die obigen Zitate aus Hesiod geben davon ein beredtes Zeugnis. Gegen Ende des 6. Jahrhunderts kommt es eben zu solchen Aufzeichnungen des Rechtes – das Wirken von Drakon (621 v. Chr.) und von Solon von Athen (*archon* 594 v. Chr.) sind dafür die berühmtesten Beispiele. Speziell Solon nahm auch etwas sozialen Zündstoff aus der attischen Gesellschaft, als er etwa die Schulden tilgte und das Institut der Schuldknechtschaft generell aufhob (Solon F 24D; Plutarch, Solon 13, 3–6), sich aber an eine Neuverteilung des Landes nicht herantraute. So bedeutend die solonischen sozialen Reformen waren, folgenreicher waren seine politischen Reformen: Dem Gedanken wurde Geltung verschafft, die inneren Verhältnisse einer *polis* durch Gesetze (*nomoi*) zu regeln. Die Einrichtung der Volksversammlung als Souverän der Gemeinde (*ekklesia*) und des von dieser gewählten Rats (*boule*) und die Einrichtung des Volksgerichts waren die Grundlage für die allmähliche Entwicklung der Bürgergemeinde, weg von der gesellschaftlichen Dominanz des Adels hin zu einem autonomen staatlichen Gebilde. Freilich war die Teilhabe am Gemeinwesen zunächst – gestaffelt – an das Vermögen geknüpft und gewiss wurden die obersten Ämter des Gemeinwesens noch lange von Adligen besetzt – doch der Keim zur klassischen athenischen *polis* war gelegt. In anderen Gemeinwesen – die archaischen Stammesstaaten wie etwa die Makedonen, Thessaler, Phoker, Aitoler, Akarnanen, Achaier, Arkader und Spartaner ausgenommen – fanden ähnliche Entwicklungen statt.

Ganz nebenbei bemerkt, es wird Solon auch die erste wirtschaftspolitische Maßnahme der entstehenden athenischen *polis* zugeschrieben: Die wachsende Bevölkerungszahl, namentlich in den städtischen Zentren, verursachte eine Verknappung an Lebensmitteln. Einfuhr von Nahrungsmitteln statt deren Ausfuhr war das Gebot der Stunde. Folgerichtig verbot Solon die Ausfuhr von landwirtschaftlichen Produkten aus Attika, Olivenöl – von dem es offenbar reichlich gab – ausgenommen. Diese Maßnahme dürfte schlagartig zu einem Fallen der Getreidepreise in Attika geführt haben.

Die *polis*, die zunehmend autonome Bürgergemeinde, begann nun verschiedene politische, kultische, kulturelle und nicht zuletzt auch wirtschaftliche Funktionen zu bündeln. Dies ist aber ein Prozess, der bis ins 6. Jahrhundert andauerte. Eines ist immerhin bemerkenswert: Die Kolonien sind allesamt als *poleis* konzipiert gewesen – wenn die autonome Bürgergemeinde in solch einer Weise zum griechischen ‚Exportschlager' hat werden können, so war ihre Genese im 7. Jahrhundert jedenfalls schon weit fortgeschritten.

Hier ist nicht der Ort, um detaillierter auf die inneren politischen Geschehnisse in den Bürgergemeinden einzugehen, vielmehr sollen generalisierend die wichtigsten wirtschaftlichen Entwicklungen dargestellt werden:

Die wohl wichtigste wirtschaftliche Funktion, die *poleis* von nun an einnahmen, ist die, einen Markt zu bieten. Dies scheint sehr kennzeichnend für die griechischen *poleis* gewesen zu sein, denn Herodot lässt den persischen König Kyros über die Griechen Folgendes sagen: „Ich fürchte mich nicht vor Leuten, die mitten in ihrer Stadt einen Platz haben, wo sie zusammenkommen, um einander zu belügen und falsche Eide zu schwören." Denn, so fügt Herodot sogleich erläuternd hinzu: „Mit diesen Worten wollte er die Griechen überhaupt verhöhnen, bei denen man auf dem Markte kauft und verkauft; denn bei den Persern gibt es keinen Handelsverkehr und überhaupt keinen Marktplatz" (Herodot 1, 153). Diese Anekdote bezieht sich auf das späte 6. Jahrhundert v. Chr. Um 550 v. Chr. scheint sich endgültig die andere, die wirtschaftliche Funktion der *agora*, des zentralen Platzes in der *polis*, in den Vordergrund zu schieben. Jedenfalls sind ab diesem Zeitpunkt auch feste Marktlokale auf der *agora* von Athen archäologisch nachweisbar.

Doch woraus bestanden diese Geschäfte? Zunächst scheint der städtische Markt als lokales Handelszentrum für die Überschüsse aus der landwirtschaftlichen Produktion des Umlandes gedient zu haben. Dieser Umstand ist nicht gering einzuschätzen: Die landwirtschaftlichen Überschüsse wurden nicht mehr thesauriert oder auf eigene Faust vertrieben, sondern fanden im städtischen Markt einen beständigen Abnehmer. Umgekehrt konnte nun der städtische Markt die auf dem Land benötigten gewerblichen Güter anbieten.

Dies setzt natürlich voraus, dass sich in der Stadt auch das Handwerk verselbständigt hat. Und in der Tat lösten sich allmählich einzelne Handwerke (zuerst die Schmiede, Schreiner, Töpfer – zuletzt die Textil- und Lederproduktion) aus der Hausproduktion und siedelten sich in der Stadt an, um dort ihre Produktion durch Spezialisierung zu effektivieren. Schon um 700 v. Chr. kann man an einzelnen Orten sogar von Ansätzen zum Manufakturwesen ausgehen: die Webereien von Milet und Megara, die Metallverarbeitung in Chios, Samos und Korinth, die Keramikherstellung in Athen und Korinth. An der Ausweitung der städtischen Handwerke dürfte eine militärische Strukturverände-

Abb. 3: Eine frühe Darstellung der Hoplitenphalanx. Mitte 7. Jahrhundert v. Chr.

rung nicht geringen Anteil gehabt haben: Im 7. Jahrhundert v. Chr. wird der aristokratische Einzelkampf durch eine bürgerliche Infanterie, die Hoplitenphalanx, verdrängt.

Für die nun zahlreichen Kämpfer waren diverse Ausrüstungsgegenstände (Helm, Brustpanzer, Beinschienen, Lanze, Rundschild) nötig. Diese wurden in der Stadt von Schmieden, Holz- Filz- und Lederhandwerkern hergestellt. Die personelle Basis für die Entstehung des städtischen Handwerks dürften die – trotz der solonischen Reformen – immer größere Zahl der landlosen und in die Stadt strömenden Kleinbauern gebildet haben.

Organisiert wurde der nun einsetzende Warenaustausch innerhalb der Stadt und zwischen Stadt und Land durch einen sich zunehmend spezialisierenden lokalen Kleinhandel. Und der Fernhandel? Einerseits aus den Seefahrten der Heroen zum Raub oder zum Geschenketausch, anderseits aus dem schon lange vorhandenen Fernhandel über See (Phöniker, Karthager, Etrusker), und aus der Notwendigkeit mit den überseeischen Kolonien auch wirtschaftlich Kontakt zu halten, entwickelte sich allmählich auch ein Fernhandel. Dieser Fernhandel übernahm frühzeitig die Funktion, die immer bevölkerungsreicher werdenden städtischen Agglomerationen mit Nahrungsmitteln zu versorgen. Außerdem war die gewerbliche Produktion in der Stadt (sehr früh schon die Waffenproduktion – Hoplitenphalanx) auf die Zufuhr von Metallen und anderen Rohstoffen (so etwa auch Rötel für die Keramikproduktion) angewiesen. Umgekehrt tauchen etwa in Etrurien, Süditalien, Massalia und auf den ägäischen Inseln zunächst korinthische, dann im 6. Jahrhundert auch attische Keramikprodukte in größeren Mengen auf. Dies lässt auf eine Intensivierung des Export-Fernhandels schließen – unabhängig davon, dass man sich bis heute über das daraus resultierende Handelvolumen und dessen gesamtwirtschaftliche Bedeutung streitet.

Der Vorbehalt der Griechen gegen gewinnbringenden Handel war jedoch noch lange wirksam. Deshalb ist es kein Wunder, wenn bis zur klassischen Zeit der Großhandel und auch die Geldgeschäfte zu einem nicht geringen Teil in den Händen von Fremden (*xenoi*, oder ständig in der betreffenden *polis* ansässige Fremde, *metoikoi*) lagen. Diesen Fremden blieben eigentlich nur solche Erwerbsquellen, war ihnen doch der Grundbesitz nicht erlaubt.

Die rasanten Entwicklungen, die sich aus der Entstehung von *poleis* und von Märkten innerhalb derselben ergeben haben, stellen im Grunde eine zumindest partielle Auflösung der *oikos*-Organisation der griechischen Gesellschaft und Wirtschaft dar. Die Autarkie des *oikos* wurde durch die Arbeitsteilung zwischen Stadt und Land, innerhalb der Stadt (spezialisierte Handwerker, Kleinhändler) und durch den überregionalen Warenaustausch allmählich ausgehöhlt. Freilich waren die bäuerlichen Betriebe auch weiterhin als *oikoi* organisiert, doch lange nicht mehr so autark wie ehemals.

Eine weitere Neuerung ist hier zu erwähnen, die zwar nicht sofort, dann aber sukzessive die wirtschaftliche Entwicklung ungeheuer beförderte: die Einführung des Geldwesens. Seit Mitte des 7. Jahrhunderts v. Chr. kommt, aus Lydien übernommen, geprägtes Geld im griechischen Raum vor – zuerst im südwestlichen Kleinasien, dann schnell auch in den Zentren des griechischen Festlandes. Das Geld hatte aber zunächst kaum einen Einfluss auf die Entstehung und Entwicklung des Handels. Anfangs wurden nämlich so große Nominale geprägt, dass bestenfalls Luxusgüter damit bezahlt werden konnten, wahrscheinlich dienten sie nur als Hortgeld oder als Löhnung für Soldaten. Für den lokalen Handel taugten diese Münzen jedenfalls nicht. Außerdem wurden die ersten Münzen fast immer im unmittelbaren Umfeld der Prägestätte gefunden – aus diesem Umstand kann herausgelesen werden, dass sie kaum dem Fernhandel gedient haben. Nein, heute wird angenommen, der Handel (im Kleinen wie im Großen) habe sich unabhängig vom Geldwesen etabliert. Es waren ja auch die *emporia*, die Handelsniederlassungen vor der Einführung tragfähiger Münzsysteme gegründet worden. Erst später habe das Geld seine fördernde Wirkung auf den Handel entfalten können. Mitte bis Ende des 6. Jahrhunderts entwickelte sich allerdings in wichtigen Handelsstädten (Aigina, Korinth, Athen) eine auf Silberwährung fußende Geldwirtschaft, die tatsächlich auch in der Lage war, zu einem ‚Ferment' für die Entwicklung des Handels zu werden.

Perikles und die „attische Ökonomie"

Perikles (495/90 – kurz nach 429), einer der wohl bekanntesten demokratischen Politiker Athens und zugleich einer der bedeutendsten Staatsmänner, durfte in der Sammlung der vergleichenden Biographien des Plutarch (um 45 – nach 120 n. Chr.) selbstverständlich nicht fehlen. Dort finden wir eine Stelle, in der die Fortschrittlichkeit des Perikles – und hier in wirtschaftlicher Hinsicht – hervorgehoben wird:

> „Er wollte nicht, daß ihm sein ererbtes Vermögen aus Unachtsamkeit unter den Händen zerrinne, es sollte ihn aber auch nicht zuviel Zeit rauben und ihn von wichtigeren Geschäften abhalten. Deshalb sorgte er dafür, daß es auf eine, wie er glaubte, möglichst einfache und doch genaue Art verwaltet wurde. Er verkaufte den Jahresertrag seiner Güter als Ganzes und ließ dann alles, was er für den Haushalt brauchte, einzeln auf dem Markt einkaufen. Seine erwachsenen Söhne hatten wenig Freude an diesem Regiment; auch den Frauen gegenüber war er keineswegs freigebig, und sie beklagten sich bitter, daß sie das Haushaltsgeld nur für einen Tag und aufs genaueste berechnet erhielten und nie, wie es einem großen und reichen Haus anstehe, aus dem vollen schöpfen könnten, weil jede Ausgabe und jede Einnahme peinlich abgezählt und abgemessen werde. Obwohl die Rechnung in dieser sorgfältigen Weise geführt wurde, lag sie in Händen eines einzigen Sklaven, des Euangelos, der zur Verwaltung eines Betriebes wie kein zweiter befähigt war oder aber durch Perikles eine besondere Schulung erhalten hatte" (Plutarch, Perikles 16).

Dieses wirtschaftliche Verhalten des Perikles ist nun – kurz gesagt – der vollständige Bruch mit der althergebrachten *oikos*-Wirtschaft – wenigstens auf einen Privathaushalt bezogen. Es wird explizit keine Vorratshaltung betrieben, alle landwirtschaftlichen Erträge werden auf dem Markt verkauft. Die dadurch erwirtschafteten Geldmittel werden rationell zur Beschaffung des für den Haushalt Notwendigen wiederum auf dem Markt eingesetzt. Die Möglichkeiten, die die Geldwirtschaft und der Markt bieten, werden optimal genutzt – unter vollständiger Abkehr vom Autarkiedenken der herkömmlichen *oikos*-Haushalte. Und im Übrigen handelt es sich hierbei auch um eine voll ausgebildete Arbeitsteilung zwischen Stadt und Land.

Dieser dem Perikles zugeschriebene neue Wirtschaftsstil war offenbar so revolutionär, dass Plutarch – immerhin fünf Jahrhunderte später – meinte, ausdrücklich darauf hinweisen zu müssen. Doch diese Art und Weise des Wirtschaftens im Haushalt schien in Athen schnell Schule gemacht zu haben. In der ›Ökonomie‹ eines Schülers von Aristoteles aus dem 3. Jahrhundert v. Chr. erhielt sie sogar einen Namen: „die attische Ökonomie; denn man kauft dort unmittelbar mit dem Verkaufserlös ein, und in den kleineren Haushaltungen wird keine Vorratshaltung getrieben" (Pseudo-Aristoteles, oik. 1344b 33 ff.).

Eines wird aber in der Stelle bei Plutarch auch klar: Auch wenn die Familie des Perikles dies sehr bedauert haben mag, man konnte bei dieser rein geldwirtschaftlichen Haushaltsführung nicht bedenkenlos „aus dem vollen schöpfen", wollte man verhindern, dass einem das „Vermögen unter den Händen zerrinne". Man musste, gestützt durch ein sorgfältiges Rechnungswesen, die Einnahmen und die Ausgaben wenigstens in einer Balance halten. Genaue Rechnungsführung, Planung und Sparsamkeit waren nötig, insbesondere, wenn man das Vermögen mehren wollte. Folgerichtig erhielten die Familienmitglieder ihre Geldmittel „berechnet", „abgezählt" und „abgemessen", überhaupt wurde „die Rechnung sorgfältig geführt".

Die Begründung bei Plutarch, Perikles habe dieses System nur erfunden, um Zeit für Wichtigeres zu gewinnen, darf nicht als eine Distanz des Perikles zu allem Wirtschaftlichen gedeutet werden. Es war doch gerade im herkömmlichen *oikos* eine der wichtigsten Aufgaben des Hausherrn, die Hauswirtschaft zu regieren. Es dürfte vielmehr so sein, dass Perikles tatsächlich bloß den Rücken frei haben wollte für die ihm wichtigere politische Tätigkeit.

Die Verwaltung des Budgets im perikleischen Haushalt lag in den Händen eines Sklaven, Euangelos. Plutarch erwähnt, dieser sei für die Haushaltsführung außerordentlich geeignet gewesen, wenn er nicht sogar von Perikles speziell darauf geschult worden sei. In diesem Zusammenhang erhebt sich eine außerordentlich spannende Frage: Was waren die Inhalte dieser Schulung in ‚attischer Ökonomie'? Gab es einen Kanon von Regeln und Fertigkeiten für die Rechnungsführung und die wirtschaftliche Planung? Wer hat diese Kunstfertigkeit, dieses Wissen entwickelt, wie wurde es tradiert?

Perikles stand bekanntermaßen den Philosophen des 5. Jahrhunderts nahe, die wir uns seit Platon angewöhnt haben Sophisten zu nennen. Um es jedoch gleich vorweg zu sagen: Von diesen Philosophen ist uns so gut wie nichts überliefert, nur Reflexe auf ihre Lehren tauchen bei späteren Philosophen und auch in der attischen Komödie auf. Wir müssen also von diesen sekundären Erwähnungen mit aller Vorsicht auf die Lehren der Sophisten zurückschließen. Nach allem, was wir wissen, bewegten sich die Sophisten zwischen der Naturphilosophie der Vorsokratiker und der späteren ethischen Klassik, wobei sie besonderen Wert auf Rationalität legten – mit ihren paradoxen Beweisen setzten sie sich sogar dem Vorwurf der rationalistischen Beliebigkeit, ja sogar der Destruktion der bestehenden Wertordnung aus. Zwei Züge der Sophistik sind in dem hier behandelten Zusammenhang jedoch von besonderer Bedeutung:

1. Ihre Nähe zum praktischen Handeln und der Versuch, dieses praktische Handeln durch Regeln rational zu steuern.
2. Die Auffassung, eine solche regelrechte rationale Steuerung der Praxis lasse sich vermitteln, könne geschult werden.

Und nun sind wir doch schon sehr nahe bei einer möglichen Schulung des Euangelos durch Perikles. Doch – haben sich die Sophisten überhaupt mit Ökonomie beschäftigt?

Wieder müssen wir von einem Reflex auf die sophistischen Lehren auf deren Inhalte zurückschließen. In der um 405 v. Chr. entstandenen Komödie ›Die Frösche‹ von Aristophanes wird Euripides – er galt als der Dichter der Sophistik – als Lehrer gerade dieser neuen Ökonomie, der *oikonomika pragmata* vorgestellt: „Ich brachte Berechnung und Überlegung (*logismon kai skepsin*) in die Kunst (*techne*) und deshalb können sie jetzt alles fassen und unterscheiden. Vor allem bei sich zu Hause können sie jetzt viel besser als vordem wirtschaften" (Aristophanes, Frösche 971 ff.).

Es ist zwar kaum anzunehmen, dass Euripides in seinen Tragödien ökonomische Themen aufgegriffen hat. Was Aristophanes hier andeutet, ist vielmehr, dass die *oikeia pragmata* ein Thema bei den Sophisten gewesen ist. Zwei der Euripides in den Mund gelegten Aussagen möchte ich besonders hervorheben:

1. Auch wenn erst ab Aristoteles begrifflich streng zwischen *techne* im Sinne von Kunst, Kunstfertigkeit beziehungsweise (praktischer) Kenntnis und *episteme* im Sinne von reiner Wissenschaft unterschieden wird, trug die *techne* schon immer eher den Zug des praktischen Wissens, die *episteme* dagegen war eher die Theorie. Aristophanes lässt Euripides hier explizit von einer *techne* reden. Gemeint ist damit wohl ein geordnetes Wissen um Regeln, die es erleichterten, die alltägliche Praxis zu meistern – etwa dem beruflichen Wissen eines Schmiedes oder eines Bildhauers vergleichbar.
2. Auf dieser, eher vortheoretischen Ebene wird von Euripides in dieser Stelle aber durchaus der Anspruch erhoben, eine der alten Haushaltsführung überlegene und ganz neue *techne* vorzustellen.

Wir dürfen also schon davon ausgehen, dass die Sophisten ökonomische Themen behandelt haben – dafür gibt es auch noch andere Indizien. Wir dürfen sogar annehmen, dass die sophistische Ökonomie, oder besser Ökonomik, weitere Verbreitung gefunden hat. Wie sollte Aristophanes' Publikum – und das sind die breiten Massen gewesen – die Anspielung in der Aussage des Euripides verstehen, wenn ihnen diese neue wirtschaftliche *techne* nicht bekannt gewesen wäre?

Um noch einmal Perikles zu Wort kommen zu lassen – bei Thukydides wird ihm in der berühmten Leichenrede folgende Aussage in den Mund gelegt: „Mit derselben Sorgfalt widmen wir uns dem Haus- wie dem Staatswesen." Wird hier ein Zusammenhang zwischen Hauswirtschaft und Volkswirtschaft hergestellt – allerdings in dem sehr eingeschränkten Sinne der Verwaltung der Wirtschaft und Finanzen einer *polis*? Der Gedanke ist nicht ganz abwegig, denn bei Platon bezeichnet Protagoras – ein prominenter Sophist – als Ziel seines Unterrichts: „Diese Kenntnis aber ist die Klugheit in seinen eigenen Angelegenheiten, wie er sein Hauswesen am besten verwalten, und dann auch in den Angelegenheiten des Staats, wie er am geschicktesten sein wird, diese sowohl zu führen als auch darüber zu reden" (Platon, Protagoras 318e f.).

Man muss sich in diesem Zusammenhang vor Augen führen, dass das öffentliche

Finanzwesen in der zweiten Hälfte des 5. Jahrhunderts eine ungeheure Ausdehnung erfahren hat. Speziell in Athen war eine sorgfältige Verwaltung der staatlichen Einkünfte und Ausgaben vonnöten. In der Demokratie verlangt das von den Bürgern etwa im Rat oder in der Volksversammlung Kenntnisse im haushälterischen Umgang mit den Finanzen, ebenso Planungskompetenz, etwa wenn es um die Versorgung der Stadt Athen geht. Vielleicht waren die Lehren der Sophisten auch tatsächlich so gemeint, die Bürger nicht nur in der Verwaltung ihrer privaten häuslichen Wirtschaft zu schulen, sondern eben auch zu befähigen, wenigstens in fiskal- und versorgungspolitischen Dingen sachkundig Entscheidungen treffen zu können.

Pasion – und die Bankiers in Athen

Die Beschäftigung als Bankier setzt ja das Vorhandensein von Geld voraus. Deshalb dürfen wir mit Bankiers in Griechenland erst ab dem Ende des 7. Jahrhunderts v. Chr. rechnen. Im 5. Jahrhundert jedenfalls war das Leben der Menschen, zumindest in den Städten, vollständig auf die Geldwirtschaft ausgerichtet. Spätestens dann haben auch Bankgeschäfte einen Sinn. Jedenfalls sind aus 33 griechischen *poleis* Bankhäuser bekannt, und allein in Athen kennen wir anfangs des 4. Jahrhunderts 8 Privatbanken.

Nach allem, was wir wissen, war die ursprüngliche Aufgabe des Bankiers (*trapezites*, nach *trapeza* [Wechseltisch] benannt), bei den diversen umlaufenden Währungen den Geldwechsel durchzuführen. Er prüfte den Feingehalt und die Echtheit der Münzen, was bei den umlaufenden privaten und in einem Falle auch staatlichen Fälschungen geraten war. Sodann rechnete er die Werte der diversen Münzen um und tauschte etwa aiginetische oder korinthische Münzen gegen eine bestimmte Zahl von attischen – dies wohl nicht ohne sich seine Tätigkeit bezahlen zu lassen: Es ist von 5 % und mehr Agio die Rede. In dem Maße, in dem sich aber wichtige Kurantmünzen herausbildeten und sich stabile Wechselkurse zwischen den einzelnen Münzsystemen einpendelten, war die Funktion des Geldwechslers nicht mehr so gefragt. Olbia, eine Stadt am Schwarzen Meer, hatte sogar ein System des festen Wechselkurses festgelegt: Der Wechselkurs für die ausländische in die eigene Währung wurde staatlich festgelegt, ausländische Währung durfte ein- und ausgeführt werden, innerhalb des Stadtgebietes galt aber nur die eigene Währung.

Andere, möglicherweise schon immer geübte Aufgaben der Bankleute traten nun stärker in den Vordergrund. Man konnte in der Bank etwa Wertgegenstände, Geld und wichtige Dokumente hinterlegen. Bei bloßer Einlage durfte der Anleger keinen Zins erwarten, wohl aber musste er eine Gebühr für die Einlage bezahlen. Durfte die Einlage aber von der Bank weiterverwendet werden, so konnte er sich eines Habenzinses von 10 bis 12 % erfreuen.

Die Banken verliehen auch Geld gegen Zins, der natürlich höher lag als die an den Anleger zu zahlenden Habenzinsen. Er lag, je nach der Höhe des mit dem Darlehen verbundenen Risikos, bei 12 bis 36 (!) %. Als Sicherheiten für Darlehen akzeptierte man vorzugsweise Grund-, aber auch Immobilienbesitz, ja sogar ganze Gewerbebetriebe und Sklaven. Diese Kombination aus Depositen- und Kreditgeschäft machte nun die Hauptaufgabe der Bankiers aus – und barg natürlich eine ganze Menge von Möglichkeiten zur Unredlichkeit (siehe unten). Doch nicht nur Unredlichkeit, auch gravierende Mängel im System machten das Bankgeschäft zu einem riskanten Unternehmen. Denn die Depositen waren jederzeit zurückforderbar, sodass längerfristige Darlehen im Zweifelsfalle nicht abgesichert waren. Wir wissen von einem wahren ‚Bankensterben' in Athen, als nach der Schlacht von Leuktra 371 v. Chr. die politische Lage krisenhaft war und viele Anleger ihre Depositen zurückforderten. Ein generelles Problem beim Kreditgeschäft sind säumige oder gar zahlungsunfähige Schuldner. Wenn aber Bankiers, durch keinerlei Regelung beschränkt, Kredite bis an die Grenze der Einlagenhöhe oder sogar darüber hinaus geben konnten, so konnte schon ein einziger säumiger Schuldner zur Zahlungsunfähigkeit der Bank führen. Die fehlende Schriftlichkeit im Vertragswesen zusammengenommen mit einer unübersichtlichen Prozessordnung behinderten ebenfalls zunächst die Geschäfte der Bankiers. Hier wurde in Athen im vierten Jahrhundert v. Chr. Abhilfe geschaffen. Dort bildete sich allmählich ein, auf Schriftlichkeit beruhendes, öffentliches Handelsrecht heraus. Doch dies war nur das Recht eines einzigen, eines im vierten Jahrhundert international gar nicht mehr so gewichtigen Staates. Wenn es keine bilateralen Abkommen zwischen Staaten gab, war ein Darlehensgeber hinsichtlich der ins Ausland gegebenen Darlehen praktisch rechtlos, er musste auf die Redlichkeit seiner Schuldner vertrauen. Dass die Rechtssicherheit ein wesentlicher Gesichtspunkt bei der Kreditvergabe war, zeigt folgender Umstand: Als die Tempelbank in Delos noch unter athenischer Verwaltung stand (bis 314 v. Chr.), vergab sie auch Kredite an verschiedene Kykladeninseln, in einem Raum also, in dem die Macht Athens Rechtssicherheit versprach. Nach 314 erhielten nur noch die Stadt Delos und deren Bürger Kredite. Das Bankgewerbe war also ein riskantes Geschäft, das aber bei Zinsen zwischen 12 und 18 %, bei Risikodarlehen sogar bis 36 %, auch große Gewinne versprach.

Ein solcher Bankier der klassischen Zeit soll nun vorgestellt werden. In der 36. Rede des dem Demosthenes zugeschriebenen Redenkorpus wird ein gewisser Phormion in einer Erbschaftsauseinandersetzung verteidigt. Ich will hier nicht auf die Einzelheiten des Falles eingehen. Interessant ist in diesem Zusammenhang jedoch, dass es um die Erbmasse des athenischen Bankiers Pasion ging und wir aus der Rede einiges über Pasion, sein Leben und seine Geschäfte erfahren. Er war Sklave der Bankiers Archestratos und Antisthenes. Als solcher war er im Bankgeschäft tätig und offenbar sehr tüchtig und zugleich redlich, was ihm große Anerkennung verschaffte. Demosthenes sagt: „In der Geschäftswelt und auf dem Geldmarkt gilt es als bewundernswert, wenn ein und derselbe Mann sich als redlich und fleißig zugleich erweist" (Demosthenes 36, 43 f.). Erhebliche Zweifel an der Redlichkeit der Geld-Geschäftswelt waren also verbreitet, weshalb sonst müsste diese Eigenschaft besonders erwähnt werden. Wie auch immer, im Alter von ca. 30 Jahren wurde Pasion um 394–391 freigelassen. Als Freigelassener im Status eines ‚ständig anwesenden Fremden' (*metoikos*) übernahm er die Bank seines ehemaligen

Herrn und dessen Geschäftspartnern, betrieb außerdem noch eine rentable Schildfabrik – und hatte fast alle Freiheiten, diese Geschäfte ungehindert zu betreiben.

Die Entgegennahme von Einlagen in Geld oder in Wertgegenständen ermöglichte also die Vergabe von Darlehen jeglicher Art gegen Zins. Der Schuldzins dürfte – wie schon erwähnt – bei normalen Darlehen bei 12 bis 18 % gelegen haben. Pasion und seine Kollegen verliehen zu solchen Konditionen das Geld ihrer Anleger. Freilich machte die Mehrzahl der Bankkredite kleinere Kredite an Privatpersonen aus (Tilgung anderer Schulden, Repräsentation, soziale Absicherung, Finanzierung von politischen Aufgaben, Spenden an die Gemeinden und so weiter). Kein einziger Fall ist bekannt, dass eine Bank etwa ein Seedarlehen vergeben hätte. Bei Seedarlehen wurde Händlern Kapital für eine bestimmte Kauffahrt vorgestreckt. Sicherheit für das Darlehen waren in der Regel das Schiff und die Ladung. Fiel das Schiff jedoch Seeräubern, einem Sturm oder kriegerischen Auseinandersetzungen zum Opfer, so war weder mit einer Rückzahlung des Kredits noch mit einer Liquidierung der Sicherheiten zu rechnen. Da das Risiko bei solchen Seedarlehen so hoch war, wurde auch der exorbitant hohe Zins von bis zu 33 % verlangt. Es darf angenommen werden, dass die griechischen Bankiers sich auch deshalb von solch risikoreichen Geschäften fernhielten, weil sie andernfalls um das Vertrauen ihrer Anleger fürchten mussten.

Ein prominentes Beispiel dafür, dass das in Banken gesammelte Kapital zur Finanzierung gewerblicher Unternehmungen verwendet wurde, ist uns bekannt: Der Philosoph Aischines kam im 4. Jahrhundert in Athen auf die wunderliche Idee, einen Parfümerieladen zu eröffnen. Da ihm das hierfür erforderliche Kapital fehlte, besorgte er sich einen Kredit bei einer Bank. Und da er überdies als schlechter Zahler bekannt war, kostete ihn der Kredit 36 % Zins (Lysias, frg. 38,1–4; vgl. auch: Demosthenes 40, 52). Man darf annehmen, dass Aischines trotz allen philosophischen Vorgehens mit seinem Parfümerieladen kaum so viel erwirtschaftet hat, um die 36 % Zins bezahlen zu können. Generell ist fraglich, ob kleinere Gewerbe- oder Handelsbetriebe so rentabel waren, dass sie auch die normalen Schuldzinssätze von 12 bis 18 % hätten tragen können. Vielleicht ist auch dies ein Grund, weshalb wir aus den Quellen so wenig über das Engagement der Banken im Bereich Handel und Gewerbe erfahren. Ob größere industrielle Unternehmungen oder gar landwirtschaftliche Unternehmungen von Banken finanziert wurden, entzieht sich – mangels Quellen – unserer Kenntnis. Es fehlt bemerkenswerterweise aber auch ein Hinweis darauf, dass dies nicht stattgefunden hat. Dennoch: Die schmale Überlieferung lässt vermuten, dass sich Pasion und seine Kollegen von ‚produktiven' Krediten in Handel und Gewerbe eher fernhielten.

Die Frage, wer denn dann die Seedarlehen und eventuell Darlehen zur Errichtung von Gewerbe- und Handelsbetrieben oder für landwirtschaftliche Betriebe vergab, führt uns zu einem weiteren Problem. Es wird allgemein angenommen, dass der größte Teil der Kredite solche waren, die von Privatleuten an Privatleute gegeben wurden. Zumeist waren Gläubiger und Schuldner Bekannte, Freunde, ja sogar Verwandte. Solche Kreditgeschäfte geschahen dann selbstverständlich in aller Verschwiegenheit und ohne schriftliche Fixierung. Dies ist der Grund, weshalb wir so wenig über diese Privatdarlehen wissen. Wenn das Volumen solcher Kreditgeschäfte ‚von privat an privat' so hoch war, wie dies in der Forschung angenommen wird, so werden dort einige der ‚produktiven' Kredite zu suchen sein, über die wir so dringlich mehr wissen möchten.

In Ansätzen ist auch die Funktion der Bank als Institut des bargeldlosen Giroverkehrs, wenigstens zwischen Anlegern in derselben Bank oder innerhalb desselben Stadtstaates, bekannt. Freilich hätte angesichts der weitgespannten Handelsbeziehungen der griechischen Welt und namentlich Athens der bargeldlose Zahlungsverkehr wenigstens innerhalb eines Wirtschaftsraumes den Handel ungeheuer befördern können. Doch leider ist über die bescheidenen Ansätze im ‚internen Zahlungsverkehr' hinaus nichts Genaues über ein zwischenstaatliches Girosystem bekannt (vgl. etwa Demosthenes 50,56 oder Isokrates 17,35).

Ein weiterer, für das Bankwesen typischer Umstand wird in der Demosthenesrede deutlich: Dauerhaft anwesenden Fremden und Freigelassenen, den Metöken, und den Sklaven war es in Athen (bis auf wenige Ausnahmen) nicht erlaubt, Grund und Boden zu erwerben oder zu besitzen. Demzufolge war ein Metöke oder Sklave auch nicht in der Lage, Aktiva aus Anlagen in Grundbesitz oder Mietshäusern abzurufen, geschweige denn die Anlagen zu verkaufen. Dummerweise waren aber die Anlagen in Grundbesitz sehr beliebt, sie bildeten begreiflicherweise auch die begehrteste Sicherheit. Diese Anlagen in Grundbesitz nicht nutzen zu können, schränkte die Spielräume für Sklaven und Metöken als Bankiers – insbesondere bei der Vergabe von größeren Krediten – erheblich ein. Der größte Teil der uns bekannten griechischen Bankiers gehörte aber gerade zu diesen Kategorien von Nicht-Bürgern.

Pasion wurde jedoch eine besondere Ehre zuteil: 386 v. Chr. wurde der ehemalige Sklave mit dem Bürgerrecht Athens ausgezeichnet. Hatte er sich zuvor schon durch Großzügigkeit gegenüber einflussreichen Männern Athens ausgezeichnet – sicher mit ein Grund für die Bürgerrechtsverleihung –, so zeigte er sich nun als Bürger gegenüber der *polis* als ebenso großzügig. So übernahm er etwa das kostspielige Amt des Trierarchen, stiftete Kriegsschiffe, Armeeausrüstung und so weiter. Er konnte sich solches auch leisten, denn als Pasion sich um 372 v. Chr. aus Gesundheitsgründen aus dem Geschäft zurückzog, hatte er ein Vermögen von 70 Talenten, 20 in Grundbesitz und 50 in Form von Aktiva aus laufenden Darlehen, angesammelt. Damit gehörte er zu den reichsten Männer Athens, wie etwa Kallias oder Nikias.

Ein Problem tauchte mit der Bürgerrechtsverleihung an Pasion allerdings auf: Nach dem – im Wesentlichen politisch geprägten – offiziellen Selbstverständnis der athenischen Bürger (man erinnere sich an die Äußerungen des Aristoteles in seiner ›Politik‹) war es Pasion eigentlich nicht möglich, weiterhin seinen Geldgeschäften nachzugehen. Dieses Problem spricht Demosthenes auch an: „Für euch, Männer von Athen, die ihr von Geburt an Bürger seid, wäre es eine Schande, wenn ihr Reichtum, wie groß er auch sei, einer unehrenhaften Herkunft vorziehen wolltet; doch diejenigen Personen, die entweder von euch oder von anderen das Bürgerrecht als Geschenk erhielten und diese Ehre ursprünglich ihrem Glück, ihren Erfolgen im Geschäftsleben und dem Umstand verdankten, daß sie mehr Geld verdienten als die anderen und deshalb viel gelten, müssen sich diese Vorteile bewahren" (Demosthenes 36,30). Mit anderen Worten: Die Distanz des athenischen Bürgers zu allen Gelderwerbsquellen außer Landbesitz gilt zwar grundsätzlich immer noch, wird aber außer Kraft gesetzt, wenn ein reicher Bankier das Bürgerrecht erhält. Hier scheinen die Grenzen, die die ideologischen Sonntagsreden so klar aufzeigten, etwas zu verschwimmen.

Demosthenes' Vater – und die Geldanlagen der Vermögenden

Ein nicht geringer Teil des vorhandenen Kapitals floss also nicht in die Banken, sondern verblieb in Privathand. Wurde es im *oikos* thesauriert, nach der traditionellen Methode, Reichtum zu speichern? Ein solcher ‚Sparstrumpf' hat aber bekanntlich den Nachteil, dass das Vermögen dann nicht arbeitet, keine Vermehrung erfährt. Wenn auch ein solches Verhalten den philosophisch-moralischen Forderungen von Platon und Aristoteles sehr entgegengekommen wäre, so dachten die Reichen in der Realität nicht daran, auf Vermögenszuwachs durch Verzinsung ihres Vermögens zu verzichten. Pasion, der Bankier im vorhergehenden Abschnitt, hatte sein Vermögen zu knapp 30 % in (gewiss nicht unrentablem) Grundbesitz angelegt, den Rest gegen Zins verliehen, verdient hat er sich dieses Vermögen durch den Betrieb einer Bank und einer Schildfabrik. Nun wird man einwenden, Pasion, der Metöke und Bankier, sei ein Sonderfall, den man nicht verallgemeinern sollte. Untersuchen wir deshalb die Vermögensanlagen anderer reicher Leute.

Demosthenes (384–322 v. Chr.) richtete eine um 360 v. Chr. gehaltene Rede gegen seine Vormünder, die ihn nach dem Tode seines Vaters (um 380 v. Chr.) anscheinend übervorteilt hatten. Der Vater war athenischer Bürger und hatte es zu einem bescheidenen Wohlstand gebracht. Um seine Ansprüche gegen die Vormünder zu begründen, zählt Demosthenes das Vermögen des Vaters und auch die Anlageformen detailliert auf:

> „Mein Vater nämlich, Männer des Gerichts, hinterließ zwei Fabriken mit ziemlich lebhaftem Betrieb, die eine mit dreißig Messerschmieden, von denen zwei oder drei zu fünf bis sechs, die übrigen nicht geringer als zu drei Minen jeder zu veranschlagen waren und von denen er jährlich dreißig Minen reinen Gewinn bezog, die andere mit zwanzig Schreinern, die Betten herstellten, ihm für vierzig Minen verpfändet waren und einen Reingewinn von zwölf Minen brachten; sodann an barem Gelde ein Talent zu einer Drachme [pro Mine + pro Monat] ausgeliehen, das jährlich über sieben Minen Zinsen trug. Dies hinterließ er an ertragbringend angelegtem Vermögen, [...]. Es ergibt dies ein Stammkapital von vier Talenten und fünftausend Drachmen und einen Zins von jährlich fünfzig Minen. Außerdem hinterließ er Elfenbein und Eisen zur Verarbeitung und Holz zu Bettgestellen im Wert von etwa achtzig Minen und Galläpfel und Kupfer um siebzig Minen eingekauft, sodann ein Haus im Wert von dreitausend Drachmen und Hausrat, Trinkgeschirr und Geschmeide nebst Kleidern für meine Mutter, alles zusammen gegen zehntausend Drachmen wert, und achtzig Minen an barem Geldvorrat. Dies alles hinterließ er bei sich zu Hause, an Außenständen aber auf Seezins an

Xouthos ausgeliehen siebzig Minen, zweitausendvierhundert Drachmen in der Bank des Pasion, sechshundert in der des Pylades, und bei des Demon Sohne Demomeles sechzehnhundert, endlich in Beträgen von jeweils zweihundert oder dreihundert ausgeliehen nahezu noch ein Talent. Diese Gelder bilden wiederum ein Kapital von mehr als acht Talenten und dreißig Minen. Alles in allem ergeben sich also, wenn ihr nachrechnen wollt, etwa vierzehn Talente als Betrag der Hinterlassenschaft" (Demosthenes, Gegen Aphobos, 1,9 ff.).

Es lohnt, sich die Mühe zu machen, die verstreuten Angaben im Text einmal übersichtlich in einer Tabelle aufzulisten.

	Anlageform	Personal	Wert[1]	Rendite (absolut/%)	Anteil am Vermögen
1	Messerschmiede	30 Sklaven	190 Minen[2]	30 Minen/16 %	24,2 %
2	Bettenfabrik	20 Sklaven	40 Minen[3]	12 Minen/30 %	5,1 %
3	Lagerbestände: Elfenbein, Eisen, Holz		80 Minen	0	10,2 %
4	Lagerbestände: Kupfer, Galläpfel		70 Minen	0	8,9 %
5	Ausgeliehenes Bargeld zu 12 % Zins		1 Talent	7,2 Minen/12 %	7,6 %
6	Haus, Möbel, Tafelgeschirr, Schmuck		100 Minen	0	12,7 %
7	Bargeld im Hause		80 Minen	0	10,2 %
8	Seedarlehen		70 Minen	Geschätzt: 23–24 Minen/33 %	8,9 %
9	Bankeinlagen		36 Minen	Geschätzt: 3–4 Minen/10 %	4,6 %
10	Freundschaftsdarlehen (?)		1 Talent	0–7, 2 Minen/ 0–12 %[4]	7,6 %
	Gesamt	50 Sklaven	786 Minen	ca. 80 Minen/ 10,2 %	

1 1 Talent = 60 Minen; 1 Mine = 100 Drachmen.

2 Die Preise für die Sklaven in der Messerschmiede ergeben aber zusammengerechnet nicht deren Wert, denn wenn die Positionen 1, 2 und 5 zusammen 4 Talente und 5000 Drachmen (also 290 Minen) Wert hatten, so musste die Messerschmiede einen Wert von 190 Minen haben.

3 Die Bettenfabrik war als Sicherheit, das heißt als Faustpfand für einen Kredit, übereignet worden. Die Frage ist nun, ob der Wert der Sicherheit mit dem tatsächlichen Wert der Bettenfabrik übereinstimmt. In Ermangelung eines anderen Anhaltspunktes müssen wir uns an die von Demosthenes genannte Zahl halten, wenn auch der jährliche Gewinn aus dieser Manufaktur – 12 Minen – als ziemlich hoch erscheint.

4 In kleinen Beträgen waren Gelder in einem Gesamtwert von 1 Talent ausgeliehen. Die geringe Höhe der Einzelbeträge lässt an Darlehen an Freunde und enge Bekannte denken, denen aus einer akuten Geldnot geholfen wurde. Dies war ganz und gar nicht unüblich. Doch ob solche persönlichen Darlehen überhaupt verzinst wurden und in welcher Höhe, entzieht sich unserer Kenntnis. Möglich ist, dass sie zinslos gegeben wurden, möglich ist aber auch, dass sie, wie andere Kredite auch, mit 12 % verzinst wurden – wir wissen es eben nicht.

Aus der Übersicht werden einige bemerkenswerte Tatsachen deutlich:

- Demosthenes hat nicht so genau gerechnet: 1 Talent zu 12 % verliehen ergibt 7,2, nicht 7 Minen jährlich; die Einnahmen aus den Positionen 1, 2 und 5 ergeben 49,2 Minen, nicht wie von Demosthenes angegeben 50 Minen; das Gesamtvermögen beläuft sich – wie immer man auch rechnet – nicht auf 14 Talente; oft sind die Angaben also nicht genau. Deshalb sollte man sich hüten, die Werte in obiger Tabelle als exakte Zahlen zu nehmen. Als Anhaltspunkt für die Größenordnungen der Vermögensverteilung und der Anlageformen kann sie freilich ohne weiteres dienen.
- Nur ein geringer Teil des Vermögens lag in Banken, hier waren es nur 4,6 % des Gesamtvermögens.
- Die Anlagen in Gewerbebetrieben waren ziemlich rentabel. Selbst, wenn man die Lagerbestände zu den Investitionen in die beiden Betriebe hinzurechnet, rentierten sie sich mit ca. 11 % auf das investierte Kapital. Dies ist angesichts der relativen Sicherheit des Einkommens keine schlechte Rendite.
- Die Zahl der Beschäftigten in den einzelnen Betrieben war überschaubar. Es ist nirgends von Maschinen oder sonstigen Produktivkräften die Rede. Es ist wohl auch in diesen Betrieben sämtliche Arbeit durch menschliche Arbeitskraft verrichtet worden, diese sicher aber arbeitsteilig. Deshalb spreche ich hier von manufakturähnlichen Verhältnissen.
- Die in Geldgeschäfte investierten Kapitalien (Positionen 5, 8, 9, 10) rentierten sich – je nachdem, welchen Zins man bei den hier so genannten Freundschaftsdarlehen ansetzt – insgesamt mit 11 bis 14 %. Allerdings ist hierbei auch das hochriskante Seedarlehen inbegriffen, das knapp ein Drittel der in Geldgeschäfte investierten Vermögensanteile ausmacht.
- Interessant ist auch die Verteilung des Gesamtvermögens auf verschiedene Anlageformen: 77 % des Vermögens waren rentabel angelegt; fast die Hälfte des Vermögens war produktiv in Gewerbebetrieben angelegt; abgesehen vom Wohnhaus und dem Hausrat war nur ein Zehntel des Vermögens unproduktiv und nicht rentabel thesauriert.
- Wiederum abgesehen vom Wohnhaus, das nur knapp 4 % des Gesamtvermögens ausmachte, und den nicht quantifizierbaren Liegenschaften im Zusammenhang mit den Gewerbebetrieben, war keinerlei Grundbesitz vorhanden.

War diese Vermögensverteilung nun abermals ein Sonderfall? Bei der schmalen Überlieferung zu den Verhältnissen der Vermögenden im klassischen Athen kann dies nicht vollständig ausgeschlossen werden. Die Familie des Demosthenes war aber keineswegs dafür

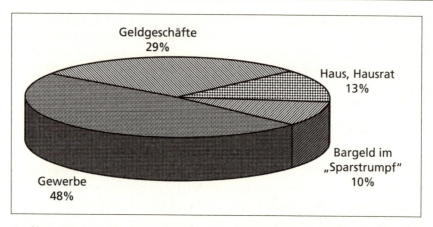

Grafik 1: Die Vermögensverteilung von Demosthenes' Vater – nach Anlageformen

bekannt, dem Wirtschaftlichen nun besonders zugetan gewesen zu sein. Dennoch scheint auch der Vater von Demosthenes sein Geld ähnlich wie ein ausgesprochener *homo oeconomicus* vom Schlage eines Pasion angelegt zu haben.

Einen eher konservativen Zuschnitt der Vermögensanlagen können wir aus einer Rede des Isaios herauslesen (Isaios, 11, 41 ff.). Isaios verteidigte den Sohn des um 360 in Athen gestorbenen Bürgers Stratokles in einer Erbschaftsauseinandersetzung. Dabei wird – zwar leider nur bruchstückhaft – das Vermögen des Stratokles angesprochen. Die dort gegebenen Hinweise reichen jedoch aus, um ein ungefähres Bild entstehen zu lassen. Das Gesamtvermögen des Stratokles wird mit 5,5 Talenten angegeben. Davon war der Grundbesitz 2,5 Talente wert und erbrachte 1200 Drachmen jährlich (das entspricht 8 %). Vermietete Häuser im Wert von 3500 Drachmen erbrachten 300 Drachmen jährlich. Bares Geld war verliehen in der Höhe von 4000 Drachmen und erbrachte bei 18 % (!) Zins 720 Drachmen jährlich. Dann werden noch Mobiliar, Vieh, Vorräte und Bargeld genannt, leider aber nicht deren Gesamtwert. Ich will versuchen, durch Rekonstruktion diese Lücke zu füllen: Wenn das Gesamtvermögen 5,5 Talente betragen hat, so waren Mobiliar, Vieh Vorräte und der Inhalt des Sparstrumpfs ca. 9600 Drachmen wert. Wiederum nur, um die Größenordnungen abschätzen zu können, zeigt die folgende Tabelle die sich daraus ergebende Vermögensverteilung.

Gewiss – Stratokles war ein auf Sicherheit bedachter Anleger. Knapp die Hälfte seines Vermögens war in Grundbesitz angelegt. Auch die Anlage in Immobilien war moralisch in Ordnung und versprach ein zwar bescheidenes, aber doch einigermaßen sicheres Einkommen. Die knapp 30 % Vermögensanteile, die in Vieh, Mobiliar, Vorräten oder als Geld im Sparstrumpf angelegt waren, lassen sich nicht beurteilen. Circa 12 % seines Vermögens hat aber sogar Stratokles in offenbar ziemlich riskanten Geldgeschäften angelegt, wie sonst könnte der vergleichsweise hohe Zinssatz gerechtfertigt werden.

Wenn man die ‚sicheren' und außerdem eines athenischen Bürgers würdigen An-

	Anlageform	Wert	Rendite (absolut/%)	Anteil am Vermögen
1	Grundbesitz	2,5 Talente (=15 000 Drachmen)	1200 Drachmen/8 %	45,5 %
2	Vermietete Häuser	3500 Drachmen	300 Drachmen/8,6 %	10,6 %
3	Verliehenes Geld	4000 Drachmen	720 Drachmen/18 %	12,1 %
4	Mobiliar, Vieh, Vorräte, thesauriertes Geld	? (geschätzt ca. 10 500 Drachmen)	?	31,8 %
	Gesamt	5,5 Talente (= 33 000 Drachmen)	Mindestens: 2220 Drachmen/6,7 %	

Das Vermögen des Stratokles

lageformen zusammenzählt, so sind es aber doch 88 % des Vermögens, die bei Stratokles in Grund, Hausbesitz, Mobiliar, Vieh und so weiter angelegt waren.

Das Resümee aus den beiden zitierten Stellen: Es gab eben beides, den konservativen auf moralisch einwandfreie und sichere Anlagen bedachten Vermögenden (Stratokles) und den risikobereiteren Anleger, der zugunsten einer höheren Rendite die Vermögenswerte in Gewerbe, Handel und Geldgeschäfte investierte (Demosthenes' Vater und Pasion). Mehr noch: Wie Demosthenes' Vater die Anlagen gestreut hat, wie er Risiken im Interesse einer höheren Rendite zwar nicht gescheut, Risikoanlagen aber im Verhältnis zum Gesamtvermögen überschaubar gehalten hat – all dies könnte auch das Ergebnis einer heutigen Anlageberatung gewesen sein. Auch hier wird deutlich: So klar man sich der Form nach von der alltäglichen Ökonomie distanzierte, so nahe war man ihr gelegentlich in der alltäglichen Praxis.

Xenophon – Ansätze zu einer Wirtschaftspolitik in Athen?

Um das Jahr 400 v. Chr. ergab der zweiprozentige Zoll auf alle im Piräus ein- und ausgehenden Waren für die Stadt ca. 30 Talente jährlich. Da die Steuerpächter dabei noch einen Gewinn von 6 Talenten einstrichen (Andokides, Myst. 133 f.), lässt dies auf einen Umsatz von ca. 1800 Talenten im Jahr schließen – eine stolze Summe, die die Bedeutung Athens als Warenumschlagplatz unterstreicht. Freilich wissen wir zu wenig über das Verhältnis von Ein- und Ausfuhr. Wir dürfen aber davon ausgehen, dass – bei dieser Höhe des Handelsvolumens – die Athener langfristig sehr vom Handel profitiert haben. Es erhebt sich dann aber die Frage, ob der Staat auf diesen Handel Einfluss genommen hat, und wenn ja, wie.

Zwei Themen standen in der athenischen Volksversammlung regelmäßig und ohne konkreten Anlass auf der Tagesordnung: die Verteidigung des Staatsgebietes und die Getreideversorgung (Aristoteles, ath. 43,4) – beides waren offenbar ganz existenzielle Themen. Wo lebenswichtige Interessen der Bürgerschaft berührt waren, dort griff man allerdings auch dirigistisch in den Handel ein. Im 4. Jahrhundert v. Chr. mussten zwei Drittel von allem im Piräus ankommenden Getreide in Athen verkauft werden; kein in Athen ansässiger Schiffseigentümer durfte Getreide anderswohin handeln als nach Athen; niemand (gemeint sind die athenischen Kleinhändler) durfte mehr als 50 Körbe Getreide gleichzeitig einkaufen (um betrügerische Spekulation zu verhindern); Zuwiderhandlungen bei all diesen Vorschriften wurden mit dem Tode bestraft. Diese und noch viele weitere Bestimmungen setzte der ständige Beamtenstab der zehn Getreideaufseher (*sitophylakes*) und der zehn Hafenaufseher (*epimeletai*) durch und überwachte sie.

Athen bezog aus diversen Überschussgebieten Getreide: aus Euböa, Ägypten, Thrakien, im 4. Jahrhundert auch aus Sizilien. Gut die Hälfte allen Importgetreides kam aber von der Nordküste des Schwarzen Meeres. Es ist kein Wunder, dass Athen gerade diese nördliche Handelsroute über die Ägäis durch die Meerengen ins Schwarze Meer mit der größten Sorgfalt politisch und militärisch überwachte sowie durch mehrere Staatsverträge mit den südrussischen Überschussgebieten absicherte. Nach dem Ende des Peloponnesischen Krieges war Athen freilich seiner Hegemonie im Ägäisraum beraubt, was nicht selten zu Versorgungsengpässen und starken Getreidepreissteigerungen geführt hat. Diese Lücken in der Versorgung zwangen die Politik dann noch stärker als bisher, ihre Aktivitäten auf eine möglichst ununterbrochene und ausreichende Versorgung der Stadt zu richten.

Andere, gewissermaßen ebenso überlebenswichtige Lieferungen nach Athen versuchte man in ähnlicher Weise zu kontrollieren. Die Seemacht Athen verfügte eigenartigerweise im eigenen Staatsgebiet über fast keine der für den Schiffsbau notwendigen Materialien: Bauholz, Leinen, Pech, Mennige. Auch die Einfuhr dieser Güter musste deshalb staatlich gesichert werden. Dies geschah auf vielfältige Art und Weise: Im 5. Jahrhundert v. Chr. nutzte Athen seine hegemoniale Stellung im Ägäisraum um die Zufuhr zu sichern. Teilweise gab es auch Versuche, in rohstoffreichen Gegenden, wie etwa an der thrakischen Küste oder in Makedonien, Handelsstützpunkte zu gründen (etwa Amphipolis am Strymon, 437/36 v. Chr.). Manchmal wurde auch durch direktes militärisches Eingreifen die Zufuhr rüstungsrelevanter Güter gesichert, oder man erreichte durch langfristige Liefer- und Bündnisverträge (etwa mit den makedonischen Königen Archelaos und Perdikkas II.) einen kontinuierlichen Zufluss der Waren. Also auch in diesem Bereich der Zufuhr war man politisch außerordentlich bemüht, den Wirtschaftsprozess zu kontrollieren und zu steuern.

So weitreichend diese dargestellten politischen Einflussnahmen auf den Wirtschaftsprozess gewesen sein mögen, in der Forschung werden immer wieder die folgenden Einwände gegen eine ‚athenische Handelspolitik' gemacht:

- Es wurde staatlicherseits hauptsächlich für die Einfuhr von Lebensmitteln und von Rüstungsrohstoffen gesorgt. Wenig ist darüber bekannt, dass die Zufuhr anderer

Rohstoffe oder Fertigwaren staatlich gesteuert wurde. Noch schwerer wiegt, dass wir keine Nachrichten über eine staatliche Kontrolle oder Steuerung des Exports haben. Es hätte doch wirklich nahegelegen, die politische Vormachtstellung zu nutzen, um der eigenen gewerblichen Produktion ergiebige Absatzmärkte zu erschließen und den eigenen Fernhändlern Vorteile im Exporthandel zu verschaffen – doch zu alldem schweigen die Quellen. Das Urteil in der Forschung lautet deshalb unisono: Lediglich die unerlässlichen Konsumansprüche des Bürgerverbandes wurden politisch gesichert – mit Handels- oder gar Wirtschaftspolitik habe dies nichts zu tun.

- Sowohl die Gewerbe als auch der Handel seien personell doch überwiegend von Sklaven (in der handwerklichen Produktion, in Bergwerken und in landwirtschaftlichen Großbetrieben) oder Fremden (in Handel und Banken) getragen worden – auch wenn Bürger gelegentlich die Eigentümer solcher Betriebe gewesen sein mögen. Mit anderen Worten: Diejenigen, die ein Interesse an einer politischen Förderung der Wirtschaft gehabt hätten, seien von jeglicher politischer Teilhabe in der *polis* ausgeschlossen gewesen. Bei den politisch berechtigten Bürgern hingegen habe eine so ausgesprochene Rentenmentalität vorgeherrscht, dass eine politische Initiative zur Förderung bestimmter Wirtschaftszweige geradezu undenkbar gewesen sei.
- Selbst ein in der griechischen Welt so ungeheurer Vorgang wie das athenische Münzgesetz von 450/46 v. Chr., das den *poleis* im Gebiet des gesamten von Athen dominierten Seebundes die Ausprägung von eigenen Münzen (nach allgemeiner Auffassung ein Ausdruck der Souveränität einer *polis*) verbot und im ganzen Gebiet die athenische Münze vorschrieb, sei eher ein Ausdruck von Herrschaftsansprüchen Athens und weniger ein gezielter wirtschaftspolitischer Vorstoß gewesen, wenngleich all diese Maßnahmen den Athenern zugegebenermaßen wirtschaftliche Vorteile brachten.

Ein zweiter Bereich, in dem eine staatliche Einflussnahme möglich wäre, ist die Fiskalpolitik. Verglichen mit heutigen Staatshaushalten waren die Haushalte antiker *poleis* hinsichtlich des Volumens und der Zahl der Einnahmen- und Ausgabentitel einigermaßen überschaubar. Gleichwohl erforderte die Orientierung am Münzgeld – und zwar ohne die Institution des Staatskredits – eine solide Deckung der Ausgaben durch die Einnahmen.

Die staatlichen Ausgaben einer griechischen *polis* sind in der Tat kaum vergleichbar mit denen eines modernen Industriestaates. Weder musste eine Verwaltung besoldet werden, noch waren Ausgaben für eine öffentliche Erziehung, ein Gesundheitswesen oder für Verkehr vonnöten – weil es all dies nicht gab. Die Rüstungen der Bürgerheere wurden privat bezahlt, die Unterhaltung der Kriegsschiffe und der Sold für deren Mannschaften zum größten Teil. Sogar für die religiösen Feste und die aufwendigen Theateraufführungen kamen Privatleute auf.

Allerdings traten im 4. Jahrhundert v. Chr. Söldnerheere zunehmend an die Stelle der Bürgerheere. Dies war dann ein Ausgabenposten, der vom Staat zu bezahlen war. Doch auch schon zuvor waren die Kriegsschiffe von Privatleuten zwar unterhalten worden, deren Bau jedoch wurde vom Staat finanziert. Bei 200 bis 300 Trieren im Einsatz des athenischen Staates ergaben alleine die Herstellungskosten, ca. 1 Talent pro Triere, einen ganz ordentlichen Betrag. Ansonsten waren öffentliche Bauten eine Last für den Staatshaushalt – man denke an die geschätzten 500 Talente Baukosten für den Parthenon oder die ebenfalls geschätzten 200 Talente für die Propyläen. Da waren außerdem die immer wiederkehrenden Zuteilungen von Geld und Getreide an die Bürger üblich (etwa Plutarch, Perikles 37,4), ebenso Entschädigungen für die Teilnahme am Volksgericht, Tagegelder für die Teilnahme an der Volksversammlung (erst ab Anfang 4. Jahrhundert v. Chr.), Entschädigungen für die Ausübung öffentlicher Ämter und die Zahlungen an arme Bürger, um ihnen die Teilnahme an religiösen Festen zu ermöglichen (vgl. Demosthenes, Über die Organisation 1 ff.; 4. Philippika 35 ff.), sowie die Unterstützung von Kriegsinvaliden und der Familien von im Krieg Gefallenen – alles in allem wohl so um die 200 Talente im Jahr. Diese Aufzählung lässt leicht den Eindruck entstehen, es habe eine umfassende staatliche Alimentierung der Bürger Athens gegeben. Dem war sicher nicht so. Die Tagessätze waren vergleichsweise niedrig, je nach Amt wurden 3 bis 6 Obolen gegeben. Davon konnte eine Familie zwar knapp leben, doch waren die Teilnehmer am Volksgericht und an der Volksversammlung nur einen Bruchteil des Jahres empfangsberechtigt. Auch während der Blüte der Demokratie in Athen hatte wohl der größte Teil der Bürger wirtschaftlich für sich selbst zu sorgen, die staatlichen Zuteilungen waren gewissermaßen nur ein willkommenes Zubrot. Gleichwohl stellten diese staatlichen Zuteilungen einen der größten Ausgabenposten innerhalb der *polis* dar.

All diese Ausgaben mussten durch entsprechende Einnahmen gedeckt werden. Direkte Steuern vermied man bei Bürgern zumeist, dauernd anwesende Fremde hatten in Athen allerdings eine Kopfsteuer in Höhe von 12 Drachmen pro Jahr zu zahlen – bei geschätzten 20 000 Metöken ergab dies immerhin ca. 40 Talente pro Jahr. Außerdem gab es eine Dirnensteuer und eine Abgabe für die Freilassung von Sklaven. Neben den eher unbedeutenden Marktabgaben und Landzöllen bildeten die Hafenzölle, wie oben schon geschildert, einen nicht unwichtigen Einnahmeposten: um 400 v. Chr. immerhin 30 bis 36 Talente pro Jahr, im 5. Jahrhundert mögen die Zahlen höher gelegen haben. Zwar unregelmäßig, aber gelegentlich von beträchtlicher Höhe waren Einnahmen aus Strafen. 479 v. Chr. war etwa Miltiades zur Zahlung von 50 Talenten verurteilt worden.

Dies waren bislang die Einnahmen, mit denen – im Prinzip – jede *polis* rechnen konnte, je nachdem, wie stark der Anteil der Fremden, das Handelsvolumen oder die Höhe der Strafgelder gewesen ist. Speziell Athen hatte aber noch zwei wichtige andere Einnahmequellen. Da waren zum einen die Tribute der Mitgliedsstaaten des Delisch-Attischen Seebundes, die sich Athen angewöhnt hatte als athenische Staatseinnahmen aufzufassen. Die Gesamthöhe dieser Tribute schwankte stark, von 2000 Talenten um 422 v. Chr. – das war mitten im Peloponnesischen Krieg – bis 130 Talente um 355 v. Chr. Gemeinhin wird sie auf durchschnittlich 400 Talente im Jahr geschätzt. Eine zweite Sondereinnahme floss den Athenern aus den reichen Silbervorkommen im Laureiongebirge, ca. 40 km südöstlich der Stadt gelegen, zu. Die im Staatsbesitz befindlichen Minen wurden an Grubenunternehmer verpachtet, was Einnahmen in Höhe von ca. 100 Talenten pro Jahr und mehr erbrachte. Alles in allem erweckt diese Gegenüberstellung von Einnahmen und Ausgaben speziell für Athen mit seinen bedeutenden Sondereinnahmen aus Tributen und Bergwerken den Eindruck, dass tatsächlich der Staatshaushalt ohne größere Anstrengungen ausgeglichen gehalten werden konnte. Dass dieser Eindruck zumindest für das 4. Jahrhundert v. Chr. täuscht, dies zeigt die im Folgenden ausführlich dargestellte Schrift des Xenophon über die Staatseinkünfte. Und andere, nicht so begünstigte *poleis* mussten zu noch ganz anderen Finanzierungsmitteln greifen. Wenn nämlich die öffentlichen Finanzen in Gefahr waren, dann war man – wie etwa in Byzantion – bereit, so manche heilige Kuh zu schlachten: Öffentlicher Landbesitz wurde ‚versilbert', auf Ländereien von Kultgemeinschaften wurde die Hand gelegt, so etwas Ähnliches wie Monopole wurde für den Fischfang, den Salzhandel und das Münztauschwesen eingerichtet, die direkten Steuern auf Dirnen wurden auch auf Zauberer, Seher, Ärzte und ähnliche Berufe ausgedehnt, sogar das heilige Bürgerrecht wurde verkauft und – noch unglaublicher – an Metöken wurde das Recht auf Grundbesitz verhökert, und wenn größte Not war, dann schreckte man auch vor der Beschlagnahme im Hafen liegender Schiffe nicht zurück (vgl. Pseudo-Aristoteles, oik. 2,2,3). – Welch ein Unterschied zum vergleichsweise wohlhabenden Athen!

Doch auch in Athen war man gezwungen, einige öffentliche Aufgaben von reichen Privatleuten bezahlen zu lassen: Da wären zunächst einmal die *leitourgia*, die – mehr oder weniger – freiwilligen Leistungen reicher Mitbürger und Metöken zu nennen. Einem Wohlhabenden blieb es nicht erspart, wenigstens einmal die Trierarchie, die Unterhaltung einer Triere (das klassische athenische Kriegsschiff) inklusive Sold für die Rudermannschaft für ein Jahr zu übernehmen – immerhin ein Aufwand von ca. einem Talent. Noch etwas aufwendiger war das Amt der Choregie, die Pflicht, für ein Jahr die Chöre für die Theateraufführungen an Staatsfesten, inklusive Einstudierung, zu bezahlen. Dieses Amt konnte leicht 2 Talente kosten (vgl. Lysias, 21,1 ff.). In guten Zeiten konnten diese Leistungen von den Betroffenen durchaus eher als Ehre denn als Last empfunden worden sein. War die wirtschaftliche Lage aber schlecht, so konnten diese Leistungen aber auch zur schwer drückenden Bürde werden. Nach 411 v. Chr., als infolge des Peloponnesischen Krieges eine allgemeine Verarmung die Liturgien selbst für Reiche unerträglich machte, wurde etwa die Trierarchie an zwei Personen vergeben, damit sie sich die Last wenigstens teilten. Auch die zunehmende Tendenz im 4. Jahrhundert, das Vermögen nicht mehr ausschließlich in für jedermann sichtbaren Grundbesitz oder Immobilien anzulegen, sondern in Beteiligungen an Gewerbebetrieben, Bergwerken, Schiffsunternehmungen und so weiter zu verstecken, hat sicher damit zu tun, dass die Liturgien zunehmend auch als Last wahrgenommen wurden.

Direkte Steuern auf das Vermögen (*eisphora*) gab es hinsichtlich der Bürger, wie oben schon gesagt, nur ausnahmsweise, zumeist nur im Kriegsfalle. Es ist auch nicht ganz klar, wann diese Besteuerung in Athen eingeführt wurde. Das erste sichere Zeugnis hierfür datiert in das Jahr 428/7 v. Chr. (vgl. Thukydides 3,19). Im 4. Jahrhundert v. Chr. –

dies zeigt die im Folgenden näher untersuchte Schrift des Xenophon über die Staatseinkünfte – waren solche Sondersteuern offenbar progressiv nach der Größe des jeweiligen Vermögens gestaffelt.

Obwohl sich die klassischen griechischen *poleis* nicht scheuen, unmittelbar auf das Leben und Vermögen der Bürger und Nichtbürger zuzugreifen, wenn es um die Deckung der staatlichen Ausgaben ging, so wird doch in der Forschung kritisch hinterfragt, ob hierin eine durchdachte Fiskalpolitik zu erkennen ist:

- Die klassischen *poleis* hätten kein Budget, keine Haushaltspläne und keine längerfristige Planung aufgrund einer allgemeinen Einschätzung der wirtschaftlichen Lage gehabt, vielmehr müsse man den Eindruck gewinnen, sie hätten weitgehend die Einnahmen ad hoc den Ausgaben angepasst, gewissermaßen immer ‚von der Hand in den Mund' gelebt.
- Bezeichnenderweise seien Überschüsse im Staatshaushalt generell in Prestige-Bauprojekte gesteckt oder an die Bürger verteilt worden, es sei denn die Bürger hätten entschieden, die Überschüsse für bestimmte einmalige Zwecke zu verwenden: etwa das Flottenbauprogramm des Themistokles oder die Kriegskasse für den bevorstehenden Peloponnesischen Krieg unter Perikles. Nie seien Überschüsse wieder produktiv investiert worden, um das Staatsvermögen zu mehren.
- Generell habe es keinen abstrakten Begriff vom Staat gegenüber dem privaten Bürger gegeben. Der Staat sei vielmehr ganz konkret als die Ansammlung aller Bürger verstanden worden. Deshalb sei der Staat als eigenes Vermögens- sowie Wirtschaftssubjekt nicht denkbar gewesen und deshalb seien Überschüsse in der gemeinsamen Kasse der Bürger, nach Abzug der für alle Bürger notwendigen Ausgaben, ganz selbstverständlich wieder an die Bürger verteilt worden.

Das wirtschaftspolitische Denken im klassischen Griechenland wird also allgemein als ziemlich eingeschränkt beurteilt. Dass diese engen Grenzen des Denkens, wenigstens im 4. Jahrhundert, in Ansätzen überwunden werden konnten, dies zeigt meines Erachtens beispielhaft Xenophons Werk über die Staatseinkünfte.

Xenophon hat durchaus ein bewegtes Leben geführt: Um 426 als Sohn einer begüterten Familie in Athen geboren, hatte er in seiner Jugend engen Kontakt zu dem Philosophen Sokrates. Nach dem Ende des Peloponnesischen Krieges war die Familie Xenophons offenbar verarmt, jedenfalls schloss er sich im Jahre 401 einem Söldnerheer des Persers Kyros des Jüngeren an. Nach der vollständigen Niederlage der Expedition organisierte Xenophon persönlich den Rückmarsch der verbliebenen 10 000 griechischen Söldner von Babylon bis zum Schwarzen Meer (Anabasis) – eine erstaunliche militärische und logistische Leistung. Nach dem gescheiterten Kyros-Unternehmen schloss sich Xenophon nun den Spartanern an – man bedenke: Kurz nach dem Ende des Peloponnesischen Krieges, der weltgeschichtlichen Auseinandersetzung zwischen Athen und Sparta, trat der Athener Xenophon 396 v. Chr. in die Dienste des Spartanerkönigs Agesilaos! Solange er die Spartaner gegen die Perser unterstützte, war dies offenbar kein schwerwiegendes Problem. Dass er aber auf Seiten der Spartaner stand, als im Jahre 394 v. Chr. ein athenisches Kontingent in Böotien besiegt wurde, brachte ihm die Verbannung aus Athen ein. Die Spartaner versorgten den Exilanten allerdings fürsorglich mit einem Gut in der Nähe von Olympia, wo er für mehr als 20 Jahre als Landwirt, Pferdezüchter, Hausvater, Jäger und vor allem als Schriftsteller wirkte. Als im Jahre 371 die Thebaner in der Schlacht von Leuktra die Hegemoniestellung Spartas in Griechenland brachen und sich Xenophon auf seinem Gut nahe Olympia nicht mehr sicher fühlte, zog er nach Korinth, wo er sich bis an sein Lebensende (nach 355 v. Chr.) weiterhin der Schriftstellerei widmete. (Ob er eventuell doch noch einmal nach Athen gekommen ist, weiß man nicht.)

Von dem – übrigens vollständig überlieferten – vielfältigen schriftstellerischen Schaffen Xenophons interessiert hier besonders sein Werk *poroi*, die ›Vorschläge zur Beschaffung von Geldmitteln oder über die Staatseinkünfte‹. Dieses Werk scheint Xenophon an seinem Lebensende geschrieben zu haben, da in der Einleitung Bezug genommen wird auf den Bundesgenossenkrieg (357–355 v. Chr.), nach dessen Ende die Bedeutung des 2. Attischen Seebundes und damit auch der athenischen Vormacht endgültig verloren gegangen war. Xenophon argumentiert nämlich folgendermaßen: Die (demokratische) athenische Politik habe das Unrecht gegenüber den verbündeten Städten (Tribute, die in die athenische Staatskasse flossen) mit der Not des athenischen *demos*, des Bürgerverbandes, begründet. Xenophon schlägt nun vor, die Athener sollten sich statt auf Kosten der Bündner aus dem eigenen Lande ernähren (Xenophon, poroi 1,1).

Um aber die Einkünfte des athenischen Staates aus den erwähnten eigenen Ressourcen zu sichern, schlägt Xenophon ein ganzes Bündel von wirtschaftspolitischen Maßnahmen vor:

1. **Die verstärkte Ansiedlung von Fremden, Metöken (Xenophon, poroi 2,1 ff.)**
Wie oben schon erwähnt, war die Metökenabgabe (eine Kopfsteuer) ein nicht geringer Einnahmeposten in der athenischen Staatskasse. Folgerichtig denkt Xenophon darüber nach, wie man die Zahl der Metöken und damit die Höhe der entsprechenden Einnahmen erhöhen könne, zumal die Metöken ja keine Kosten (Diäten, Tagegelder, Entschädigungen für politische Tätigkeiten) verursachten. Man musste es Fremden also schmackhaft machen, sich in Athen niederzulassen. Dies könne unter anderem dadurch erreicht werden, dass man Metöken vom drückenden und riskanten Dienst in der Hoplitenphalanx befreit. Lediglich die Vermögenderen unter ihnen sollten in dem ehrenvollen Dienst bei der Reiterei zugelassen werden. Gewiss würden Metöken über die Befreiung von diesem hochgefährlichen militärischen Einsatz in der Infanterie äußerst erfreut gewesen sein. Ein Argument Xenophons ist in diesem Zusammenhang aber hervorzuheben: Die im Kriegsdienst längere Abwesenheit behindere die Metöken bei ihren Geschäften, deshalb sollten sie davon befreit werden. Wenn das Wirtschaftsleben Athens tatsächlich vorwiegend in den Händen von Metöken und Sklaven lag, so war es geradezu lebenswichtig, diesen ihre Tätigkeiten nicht durch politische Rahmenbedingungen unnötig zu

erschweren. In eine ähnliche Richtung geht eine andere Forderung Xenophons: „Ferner gibt es auch innerhalb der Stadtmauern viele Grundstücke, die nicht mit Häusern bebaut sind, und [als] Bauplätze [geeignet sind]. Wenn nun die Stadt den Bauwilligen, die darum nachsuchen und würdig erscheinen, das Recht auf Besitz einräumte, dann dürften meiner Meinung nach auch infolge dieser Maßnahme bei weitem mehr und bessere Leute ihre Niederlassung in Athen anstreben" (Xenophon, poroi 2,6). Eine Lockerung des Grundbesitzverbotes könne ebenfalls viele und vor allem bessere – im Sinne von vermögendere – Fremde in die Stadt locken.

Auch wenn es Xenophon in erster Linie um die Staatseinnahmen aus der Metökenabgabe geht, so entwickelt er doch einen Sinn für wirtschaftlich günstige Rahmenbedingungen bezüglich bestimmter Wirtschaftssubjekte. Denn wenn es ihm nur um die Kopfsteuer gegangen wäre, dann müssten nicht Rahmenbedingungen geschaffen werden, die besonders die vermögenden Fremden bevorzugen. Hier scheint mir doch der Gedanke mitzuschwingen, dass ein wirtschaftlicher Aufschwung, getragen von vermögenden Metöken, der Stadt als Ganzes zugute kommen kann.

2. Allgemeine Förderung des Handels

„Wenn man [...] der Handelsbehörde einen Preis aussetzte [für den Beamten], der die Streitfälle am gerechtesten und schnellsten entscheidet, damit jemand, der abreisen will, nicht daran gehindert würde, dann dürften auch aufgrund dieser Maßnahme Kaufleute in beträchtlich größerer Zahl und bereitwilliger hier Handel treiben. Es wäre auch gut und ehrenvoll, Kaufleute und Reeder durch Ehrensitze im Theater auszuzeichnen und manchmal diejenigen zu einem Ehrenmahl einzuladen, von denen man glaubt, daß sie durch besonders gute Schiffe und Waren der Stadt Nutzen bringen. Denn die so Geehrten dürften nicht nur um des Gewinnes, sondern auch um der Ehrung willen wie zu Freunden herbeieilen. Soviel ist klar: Je mehr Menschen sich hier niederlassen und hierherkommen, desto mehr Waren dürften auch eingeführt und ausgeführt, gekauft und verkauft und desto mehr Mieten und Steuern eingenommen werden. Für solche Steigerungen der Einkünfte bedarf es keiner finanziellen Vorleistungen, sondern nur Volksbeschlüsse zum Wohl der betroffenen Menschen und fördernder Maßnahmen. Ich weiß aber, daß für alle anderen Einkünfte, die meiner Meinung nach erzielt werden können, ein Grundstock von Finanzmitteln nötig sein wird. [...] Wenn aber ein Grundstock von Geldmitteln vorhanden ist, dann wäre es gut und von Vorteil, für die Reeder in der Nähe der Häfen zu den vorhandenen Herbergen noch weitere hinzuzubauen, gut aber auch, [Herbergen] für die Kaufleute in der Nähe von Plätzen, die zum Kauf und Verkauf geeignet sind [zu errichten], und für die Besucher von außerhalb dem Staat gehörige Unterkünfte [zu bauen]. Wenn aber auch für die Händler Wohnungen und Verkaufshallen sowohl im Piräus als auch im eigentlichen Stadtkern errichtet würden, dann wäre das zugleich für Athen eine Zierde, und bedeutende Einnahmen dürften daraus entstehen. Vorteilhaft scheint es mir auch, den Versuch zu machen, ob es wohl möglich ist, daß die Stadt, so wie sie Kriegstrieren in ihrem Besitz hat, so auch Handelsschiffe als ihr Eigentum erwirbt und sie gegen Stellung von Bürgen vermietet – mit ihren anderen Besitztümern verfährt sie ja genauso. Wenn sich auch das als durchführbar erwiese, dann dürften auch daraus große Einkünfte erwachsen" (Xenophon, poroi 3,3 ff.; 3,12 ff.).

Auch hinsichtlich dieser Stellen möchte ich von der herkömmlichen Interpretation abweichen. Freilich betrachtet Xenophon auch den Handel unter dem Aspekt der Staatseinnahmen – dies ist ja schließlich auch Titel und Thema seines Werkes. In dieser Absicht entwickelt er aber sehr konkrete Vorstellungen darüber, unter welchen wirtschaftlichen Rahmenbedingungen sich der athenische Handel intensivieren lässt: schnelle Handelsgerichtsbarkeit, soziale Integration von Händlern, Bau von Herbergen und Verkaufsständen, sogar die Vermietung von staatlichen Handelsschiffen. Streicht man das Motiv, die staatlichen Einnahmen zu erhöhen, einmal weg, so bleibt eine bemerkenswerte Einsicht in wirtschaftliche Zusammenhänge und in sich daraus ergebende wirtschaftspolitische Maßnahmen übrig. Meines Erachtens ist es – wenigstens bei Xenophon – nicht zulässig zu behaupten, Wirtschaftspolitik sei in der Antike nicht denkbar gewesen. Vielmehr muss man sich fragen, weshalb durchaus denkbare wirtschaftspolitische Maßnahmen so selten zur Durchführung kamen.

Xenophon unterscheidet zwischen Maßnahmen, die kostenlos und bloß durch einen Akt der Willensbildung durchzuführen sind, und solchen, für die staatliche Investitionen nötig sind. Solche müssten erst finanziert sein – hier schlägt Xenophon im Zusammenhang mit der staatlichen Initiative im Silberbergbau ein Finanzierungskonzept vor.

3. Investition in Mietsklaven für den Silberbergbau

„Verwunderung verdient dagegen in hohem Maße, daß die Stadt, obwohl sie sieht, wie viele Privatleute aus ihnen [den Bergwerken] zu Reichtum kamen, diese Leute nicht nachahmt. [...] Wenn nun meine Vorschläge ausgeführt werden, dann ist daran nur das neuartig, daß nach dem Vorbild der Privatleute, die sich aus dem Erwerb von Sklaven auf ewige Zeit fließende Einkünfte verschafft haben, jetzt die Stadt sich [so viele] eigene Sklaven erwirbt, bis auf jeden Athener drei Sklaven kämen. [...] Wenn sie aber gekauft sind, aus welchem Grunde sollte da jemand Sklaven weniger gern vom Staat als von Privatleuten mieten, wenn er sie unter denselben Bedingungen haben kann?" (Xenophon, poroi 4,14 ff.).

Also, was reiche Privatleute können, das kann auch der athenische Staat: Geld verdienen durch die Verpachtung von Sklaven als Arbeitskräften im Silberbergbau. Ziel ist es, dass auf jeden athenischen Bürger am Ende drei Sklaven kommen, von denen jeder am Tage eine Obole Rendite erbringt. Weshalb gerade drei? Ziel aller von Xenophon vorgeschlagenen Maßnahmen ist es offenbar, in der Lage zu sein, jedem Athener 3 Obolen pro Tag auszahlen zu können. Dies ist gerade der Betrag, der für Teilnehmer am Volksgericht oder an der Volksversammlung, allerdings nur sporadisch, gezahlt wurde. Er reichte, wie schon gesagt, aus, um eine Familie leidlich über die Runden zu bringen. Dieser Betrag sollte nun regelmäßig ausbezahlt werden, und zwar ohne die Bedingung einer Mitwirkung an staatlichen Organen oder Veranstaltungen. Man darf durchaus annehmen, dass der Antidemokrat Xenophon mit diesen Vorschlägen auch innenpolitische Ziele verfolgte: Den unteren Bevölkerungsschichten sollte die Motivation genommen werden, am Staatsleben und an der demokratischen Willensbildung teilzunehmen.

Interessanter in unserem Zusammenhang ist aber, dass die (Anfangs-)Finanzierung dieser Maßnahmen durch eine Sondersteuer (*eisphora*) geschehen sollte. Diese Sondersteuer sollte offenbar eine progressive Steuer sein. Reiche hätten 10 Minen, die nächste Klasse 5, die Mehrheit der Athener aber nur eine zu zahlen gehabt. Sie hätte auch weniger den Charakter einer verlorenen Steuer gehabt (etwa die klassische Sondersteuer zur Finanzierung eines Krieges), sondern vielmehr den einer (Zwangs-)Einlage in ein staatliches Unternehmen, aus dem langfristig eine stetige Dividende fließen sollte. Und abweichend von einer echten Kapitalgesellschaft sollte die Rendite nicht nach der Höhe der Einlagen, sondern pro Kopf ausgeschüttet werden. Die angepeilte jährliche Rendite auf die Einlagen ist deshalb verschieden hoch: 20 % bei den Reichen, 33 % bei der Mittelklasse und 200 % bei den Ärmeren (Xenophon, poroi 3,9 f.).

Man könnte nun einwenden, bei dieser Finanzierungsrechnung sei weder von Verwaltungs- und Personalkosten die Rede, noch davon, dass die Herbergen, die Verkaufshallen und -stände sowie die staatlichen Frachtschiffe immer wieder instand gesetzt beziehungsweise neu gebaut werden müssen, und schließlich auch nicht davon, dass der Stamm der verpachteten Sklaven ständig ergänzt werden musste. In der Tat macht Xenophon keine solche Kostenrechnung auf. Andererseits könnte man auch – in der bei Xenophon typischen großzügigen Art – folgendermaßen rechnen: Wenn aus der Verpachtung der Sklaven idealerweise – das heißt ohne Kostenabzug – die erstrebten drei täglichen Obolen für jeden Bürger erwirtschaftet werden konnten, so dürften die übrigen Einnahmen aus der Vermietung von Marktständen, Herbergen, Schiffen und die zusätzliche Einnahme aus der Metökenabgabe für die Verwaltungskosten sowie für Ersatz- und Instandhaltungsinvestitionen ausgereicht haben.

Auf ein Problem muss Xenophon allerdings hinweisen – wenn auch nicht gerne (Xenophon, poroi 4,23 f.): Da aus den anfänglich bescheidenen Gewinnen aus der Anlage der Sondersteuer erst ganz allmählich ein großes Kapital wachsen muss, dauert es relativ lange, bis die Einleger in den Genuss der Dividende kommen. Nach 6 Jahren würden aus der Sklavenverpachtung erst 60 Talente erwirtschaftet. 20 Talente davon sollten in den Neukauf weiterer Sklaven und 40 Talente in andere Projekte, gemeint sind sicher die Verkaufshallen, Herbergen, Schiffe und so weiter, investiert werden. Ohne die Angabe einer konkreten Zeitspanne solle dann einmal der Zustand erreicht werden, dass aus der Verpachtung von Sklaven ca. 100 Talente jährlich einkommen. Bei geschätzten 20 000 bis 30 000 Bürgern wäre aber, bei 3 Obolen täglich, ein Betrag von 600 bis 900 Talenten vonnöten gewesen!

Zwar sollten bei Zahlung dieser Staatsrente die Zuweisungen für die Teilnahme an der Volksversammlung und am Volksgericht wahrscheinlich wegfallen, was eine nicht unerhebliche Einsparung, vielleicht 100 bis 150 Talente bedeutet hätte. Wenn eine Verdoppelung der Metökenabgabe erreichbar gewesen wäre, so hätte dies zusätzlich 40 Talente, eine Verdoppelung des Handelsvolumens noch einmal zusätzlich 40 Talente aus Gebühren und Zöllen gebracht. Aus der Vermietung von Marktständen, Herbergen und Schiffen dürften – auch bei wohlwollendster Schätzung – nicht mehr als 50 Talente jährlich herausgesprungen sein. Also: In einer wahrscheinlich sehr fernen Zukunft ergeben die Einsparungen und die möglichen zusätzlichen Einnahmen nach dem Plan des Xenophon zusammengerechnet ein Plus von höchstens 400 Talenten – wobei die Instandhaltungs- und Ersatzinvestitionen sowie die Verwaltungskosten noch nicht abgerechnet sind. Selbst nach einer langen Zeit der Kapitalansammlung wäre also das Ziel, jedem Bürger 3 Obolen ausbezahlen zu können, nicht erreichbar gewesen. Dies muss Xenophon vorgeworfen werden, dass er den aus fiskalpolitischer Sicht utopischen Charakter seiner Vorschläge nicht erkannt oder nicht deutlich gemacht hat!

Unabhängig davon offenbart Xenophon in seiner Argumentation jedoch ein bemerkenswertes ökonomisches Denken und weit reichende wirtschaftliche Einsichten, die wichtigsten wären:

- Bei seinem Modell zur Erhöhung der Staatseinkünfte handelt es sich um eine Übertragung eines in der Privatwirtschaft längst üblichen wirtschaftlichen Verhaltens auf den Staat – darauf weist Xenophon an mehreren Stellen hin. Dies ist deshalb von besonderer Bedeutung, weil damit bei Xenophon schon ein in der hellenistischen Staatswirtschaft hervorstechender Charakterzug vorweggenommen wird.
- In seinem Hauptziel, die staatlichen Einnahmen zu erhöhen, um damit auf lange Sicht die Bürger alimentieren zu können, setzt er sich von anderen Konzeptionen seiner Zeitgenossen, etwa Aristoteles oder Isokrates (Aristoteles, pol. 6,5; Isokrates, Areopagitikos), ab. Diese wollten die Bürger von staatlichen Zuwendungen ganz unabhängig machen. Allein die eigene wirtschaftliche Tätigkeit sollte die Existenzgrundlage der Bürger darstellen.
- Wenn auch wegen dieses sozialpolitischen Zieles seine ökonomische Perspektive gelegentlich etwas eingeschränkt ist, so formuliert Xenophon doch klar die gesellschaftspolitische Perspektive: Die rentenorientierten Bürger sollten von der Arbeit und vom wirtschaftlichen Erfolg der anderen, politisch nicht berechtigten Hälfte der Bevölkerung, nämlich der Metöken und der Sklaven, leben.
- Es kann bei diesem Entwurf des Xenophon keine Rede mehr davon sein, die klassischen *poleis* hätten wegen der Unfähigkeit zu längerfristiger staatlicher Finanzplanung ‚von der Hand in den Mund' gelebt. Im Gegenteil – Xenophons Modell zeigt die Fähigkeit zu langfristiger Planung und Budgetierung, im Grunde wird von ihm eine langfristige staatliche Finanzierungsmaßnahme für sozialpolitische Ziele vorgeschlagen.
- Zumindest sekundär scheinen Vorstellungen auf, wie durch spezielle Steuerungsmaßnahmen, durch Justierungen der wirtschaftlichen Rahmenbedingungen bestimmte Segmente der Gesamtwirtschaft gefördert werden können. Die vielfältigen Vorschläge,

durch günstigere Rahmenbedingungen Handel treibende Metöken nach Athen zu ziehen, sind solch ein Fall.
- Xenophon zeigt sogar Einsicht in das Wechselspiel gesamtwirtschaftlicher Faktoren: „Wenn nämlich die Zahl der Kupferschmiede [zu] groß wird, geben sie, da ihre Erzeugnisse aus Kupfer [zu] billig werden, ihr Gewerbe auf, und die Eisenschmiede genauso. Und immer wenn Getreide und Wein in großen Mengen vorhanden sind, wird die Landarbeit wegen des niedrigen Preises der Agrargüter unrentabel, so daß viele den Ackerbau aufgeben und sich dem Groß- und Kleinhandel und dem Geldverleih zuwenden" (Xenophon, poroi 4,6). Hier blitzt ein bemerkenswertes Verständnis für die wirtschaftlichen und gesellschaftlichen Folgen eines überhitzten Marktes, von Überproduktion und für die Selbstregulierung von Märkten auf.

Wie stark spezielle ökonomische Denk- und Verhaltensmuster spätestens im 4. Jahrhundert v. Chr. im privatwirtschaftlichen Bereich verbreitet waren, dies haben die vorhergehenden Abschnitte schon zeigen können. Nun aber wurde bei Xenophon durch die Übertragung dieser Muster auf den Staat ein nicht ganz unwichtiger Schritt zu einer volkswirtschaftlichen Steuerung, zu einer Wirtschaftspolitik gemacht. Das, was bei Xenophon vielfach nur ansatzweise reflektiert, ja oft nicht konsequent zu Ende gedacht wird, sollte sich in den hellenistischen Staaten des 3. Jahrhunderts in der sogenannten ‚hellenistischen Staatswirtschaft' voll entwickeln.

Hellenismus

Staatswirtschaft am Beispiel des ptolemäischen Ägypten

Ein Ausgangspunkt der hellenistischen Wirtschaftsordnungen war gewiss die nachklassische Wirtschaft Griechenlands im 4. Jahrhundert v. Chr. Diese kann folgendermaßen skizziert werden: Die Landwirtschaft blieb grundlegend für das Leben. Allerdings zeichnete sich eine Tendenz zum Großgrundbesitz, mit freilich noch überschaubaren Dimensionen (ca. 30–60 ha) ab. Speziell auf solchen Großgütern fand eine ökonomische Verfeinerung mit rationellem Einsatz von Sklaven, Intensivierung der Bodennutzung, rationeller innerer Organisation, Orientierung am Markt und an der Geldwirtschaft statt. Dies waren dann gewinnorientierte Überschussbetriebe, von denen etwa Xenophon in seinem *oikonomikos* Zeugnis gibt. Ein großer Teil des Landes verblieb aber in den Händen von Klein- und Mittelbauern, die diese ökonomischen Verfeinerungen keineswegs nachvollzogen.

In den Städten erlebten die Gewerbe ebenso eine Weiterentwicklung. Die meisten Gewerbe hatten sich schon längere Zeit aus der Hausproduktion für den Eigenbedarf herausgelöst und produzierten nun für den Markt: Nahrung, Kleidung, Schuhe, Keramik, Werkzeuge, Schmuck und so weiter. Neben dieser Ausdifferenzierung einzelner Handwerke ist aber auch eine Intensivierung der gewerblichen Produktion erkennbar: Einzelne Betriebe produzierten mit einer größeren Mitarbeiterzahl von 20 bis 30 Sklaven in arbeitsteiligen Verfahren. Es ist klar, dass solchen Manufakturbetrieben auch die Belieferung von ausgedehnteren Märkten möglich war. Ebenfalls in den Städten hatte der Handel, und zwar sowohl der Groß- als auch der Kleinhandel, eine Spezialisierung und Intensivierung erfahren. Der Großhandel lebte einerseits von dem großen Bedarf der einzelnen *poleis* nach Lebensmitteln, Baumaterial, rüstungsrelevanten Gütern und Luxuswaren, andererseits von der Möglichkeit, die gewerblichen Überschüsse aus der eigenen Polis dorthin zu bringen, wo sie stark nachgefragt waren. Der Klein- und Regionalhandel hingegen, wenn auch immer noch mit dem übelsten Sozialprestige gebrandmarkt, hatte die Aufgabe der lokalen und regionalen Verteilung übernommen. In größeren Städten mit einer differenzierten gesellschaftlichen Arbeitsteilung ist diese Verteilungsfunktion unverzichtbar – es entwickelten sich die typischen Kleinhandelsmärkte in den Städten. Und schließlich hatte sich die Geldwirtschaft vom einfachen Wechselgeschäft gerade im 4. Jahrhundert v. Chr. zum differenzierten Depositen-, Darlehens- und teilweise sogar Girogeschäft weiterentwickelt.

Freilich darf nicht verschwiegen werden, dass die hellenische Wirtschaft des

4. Jahrhunderts im Zusammenhang mit den politischen Wirren in eine ernste Krise stürzte: Der Exporthandel ging zurück, die zunehmend bevölkerten Städte waren zugleich immer stärker auf Lebensmittel- und Rohstoffimporte angewiesen, was ein gefährliches Ungleichgewicht der Handelsbilanz verursachte. Selbst der Lebensmittelimport war nicht immer gewährleistet, weshalb es häufiger zu Versorgungsengpässen und Hunger in den Städten kam. Die Gewerbe litten an den knapper werdenden Exportmöglichkeiten und an dem allgemeinen Kaufkraftschwund in Griechenland selbst. Wir erkennen also im 4. Jahrhundert eine Wirtschaft, die eine bis dahin nicht gekannte Verfeinerung erfahren hat, die aber zugleich in einer tiefen Krise steckte.

Politisch stand die griechische Geschichte im 4. Jahrhundert v. Chr. im Zeichen der Auflösung der Poliswelt. Der zunehmende Individualismus im Inneren und eine schier unübersehbare Reihe von Auseinandersetzungen zwischen den *poleis*, zumeist verbunden mit äußeren, nichthellenischen Problemen und Mächten, kennzeichnen den Niedergang der klassischen Poliswelt. Die politische Zersplitterung und innere Lähmung machte die Einflussnahme durch benachbarte Mächte möglich: 387 bis 359 hatte Persien eine Schiedsrichterstellung in Hellas inne. Seit 359 strebte Makedonien unter Philipp II. die Hegemonie in Hellas an, was 338 dann auch gelang – Philipp hatte nunmehr die politische und militärische Führung in Händen. Dieser Einschnitt ist welthistorisch deshalb so wichtig, weil nun eine Epoche von Flächenstaaten begann, der Territorialstaat löste die *polis* als raumordnendes Prinzip ab. Die Polis als Institution blieb freilich bestehen, aber nun war sie eben nicht mehr der entscheidende Ordnungsfaktor.

Philipps Sohn, Alexander der Große (356 – 323 v. Chr.), fügte dieser Entwicklung noch eine ganz neue Dimension hinzu: Er hat in seinen Eroberungszügen den Balkan, Persien, Mesopotamien, Ägypten, den Osten bis zum Indusraum erobert. Dadurch gab er dem östlichen Mittelmeerraum und Vorderasien eine grundlegend neue politische Struktur. Griechische Kultur dehnte sich nun weit nach Osten aus, angestrebt war eine Verschmelzung alter einheimischer Zivilisationen in Kleinasien, Persien, Indien und Ägypten mit dem griechischen Wesen. Das Weltreich Alexanders zerfiel nach seinem Tode infolge heftigster Kämpfe unter seinen Nachfolgern, den sogenannten Diadochen, bis ca. 280 v. Chr. in mehrere Flächenstaaten, jeweils unter königlicher Herrschaft. Als die wichtigsten Reiche im sogenannten hellenistischen Staatensystem wären zu nennen: das Seleukidenreich (Kleinasien, Syrien/ca. 600 000 km^2 und ca. 30 Millionen Einwohner), das Ptolemäerreich (Ägypten, die Kyrenaika, der Süden Syriens, Kreta, Zypern und Südkleinasien/ca. 120 000 km^2 Flächenausdehnung und ca. 10 Millionen Einwohner), das Antigonidenreich (Makedonien, Thrakien und das nördliche Griechenland/ca. 70 000 km^2 und ca. 4 Millionen Einwohner) und noch einige kleinere Herrschaften, wie etwa das Königreich von Pontos an der Schwarzmeerküste oder das Attalidenreich in Pergamon.

Der Epochenbegriff Hellenismus kennzeichnet das Ergebnis dieser Entwicklung zu einer neuen Staatlichkeit und zu neuen quasi multikulturellen Gesellschaften, eine Phase, die in der älteren Forschung als die ‚moderne Zeit' des Altertums verstanden wurde – „ein neuer Aggregatzustand der Menschheit" (J. G. Droysen). Die neuere Forschung macht allerdings zu Recht darauf aufmerksam, dass sich manche Kontinuitäten von der klassischen und nachklassischen griechischen Kultur in den Hellenismus verfolgen lassen, dass außerdem die Verschmelzung von griechischer und autochthoner Kultur oft nur sehr oberflächlich war und dass lokale Traditionen nicht selten unter dem hellenistischen Überbau ungetrübt weiterbestanden. Dennoch – das qualitativ Neue in Charakter und Struktur der Gesellschaft und Kultur des Hellenismus ist unübersehbar. Neu in der praktischen Ausgestaltung war nun auch eine griechisch-rationale Verfeinerung der vorgefundenen Wirtschaftsformen.

Ein Beispiel hierfür und für eine langfristige, über Generationen währende und ausgeprägte staatliche Wirtschaftspolitik ist die sogenannte Staatswirtschaft im hellenistischen Ägypten. Diese basierte zum Teil auf der hellenischen Kultur und auf Wirtschaftsformen des 4. Jahrhunderts v. Chr. – zum Teil wurden, fußend auf orientalischen Traditionen, aber auch ganz neue Wege beschritten. Das Beispiel Ägypten wird insbesondere deshalb so häufig herangezogen, weil wir über die Wirtschaft des hellenistischen Ägypten am besten unterrichtet sind. Hier soll einmal anhand des Beispiels Ägypten im 3. Jahrhundert die neue, die hellenistische Qualität von Wirtschaft und Wirtschaftspolitik näher untersucht werden.

Die literarischen Nachrichten über die Entstehung und Struktur der ptolemäischen Staatswirtschaft sind an und für sich außerordentlich spärlich. Einen Glücksfall stellen jedoch die erhaltenen Papyrusurkunden dar und unter diesen ist das sogenannte Zenonarchiv besonders bedeutsam. Zenon war 256–247 v. Chr. *oikonomikos*, der Verwalter auf einem Großgut bei dem Ort Philadelphia nahe bei Arsinoe im Faijum, das einem gewissen Apollonios gehörte. Dieser Apollonios war nun aber der *dioiketes*, also gewissermaßen der Finanz- und Wirtschaftsminister im hellenistischen Königreich des Ptolemaios II. Philadelphos in der ersten Hälfte des 3. Jahrhunderts. Die Korrespondenz des Zenon mit seinem Chef Apollonios und anderen Wirtschaftsleuten ist in großen Teilen erhalten und gibt uns einen Einblick in die Wirtschaft und die Wirtschaftspolitik in der sogenannten klassischen Phase des ptolemäischen Ägypten. Sowohl die großen wirtschaftspolitischen Zusammenhänge treten uns vor Augen als auch die alltägliche betriebswirtschaftliche Praxis. Daneben gibt es noch einige Gruppen von Papyrusurkunden, die über einzelne Wirtschaftssektoren, wie etwa das Bankwesen, genauere Auskunft erteilen – und da gibt es noch eine Unmenge von *ostraka*, das sind beschriebene Tonscherben, die die Funktion von Kurzanweisungen oder von Quittungen hatten. Eher selten sind staatliche Erlasse auf Papyrus dokumentiert, eine Ausnahme ist der ‚Papyrus Revenue Laws'. Wie eingangs schon gesagt, sind solche Zeugnisse auf Papyrusdokumenten im Detail außerordentlich aussagekräftig, jedoch eben nur für zeitlich und räumlich sehr begrenzte Gegenstände. Man muss sich bei den bis ins Kleinste gehenden Informationen jeweils hüten, den Einzelfall bedenkenlos zu verallgemeinern – anderswo und zu anderen Zeiten mögen die Verhältnisse ganz anders gewesen sein. Gewisse Grundzüge der ptolemäischen Wirtschaft lassen sich jedoch auch aus den Papyrusdokumenten durchaus herauslesen.

Abb. 4: P. Col. III 34 ist eine Urkunde aus dem Zenon-Archiv, ein in zehn Zeilen beschriebener Papyrus vom *dioiketes* Apollonios an Zenon, geschrieben am 21. Mai 254 v. Chr., heute im Besitz der Columbia Universtity.
Übersetzung: Apollonios (an Zenon, Grüße. Arrestiere den ehemaligen Kassier der Bierverkaufskonzession. – [Äußerung über Ammeneus] – Weil er gelogen hat bei der Angabe – verhafte ihn. Schreibe mir, damit (ich weiß, was Pais [?] gesagt hat) und ich werde eine Gegenerklärung über ihn an Dich senden. Bis ich ankomme, um diese Angelegenheit zu untersuchen, betraue ihn mit der Verwaltung der Brauerei und befiehl ihm, zur Arbeit zu gehen und seine Aufmerksamkeit auf alle Angelegenheiten des Ladens zu richten. Auf Wiedersehen. Jahr 31, Dystros 21, (Phamenoth 28).
Apollonios war offenbar unzufrieden mit Umständen im Zusammenhang mit der Bierbrau- beziehungsweise Bierverkaufskonzession. Er befahl seinem Verwalter Zenon, bis auf weiteres eine andere Person mit der Bierbrauerei zu betrauen.
Die Abbildung dieses Fragments soll die häufige Lückenhaftigkeit der Papyrusdokumente zeigen. Es wird deutlich, welch eine paläographische, philologische und historisch-interpretative Arbeit gerade bei den vielen Fragmenten vorausgehen muss, bevor solch ein Papyrus als historische Quelle genutzt werden kann. Freilich wird auch deutlich, welch detaillierte Auskünfte über den Alltag und das Wirtschaftsleben solche Papyri geben können.

Welchen Charakter hatte nun die Wirtschaftspolitik im ptolemäischen Königreich? Das politische Ziel der ersten Ptolemäer war nicht nur, in der Konkurrenz der Diadochenreiche zu bestehen, sondern sogar eine Hegemonie im östlichen Mittelmeer zu erreichen. In diesem Machtkampf war es unabdingbar, sich des damals technisch und strategisch führenden griechischen Militärs zu bedienen – eine Armee und eine Flotte aus der einheimischen ägyptischen Bevölkerung waren undenkbar. Freilich mussten diese griechischen Söldner bezahlt werden. Zugleich spielten gerade die Ptolemäer auch versiert die diplomatische Karte. Doch auch hierbei war es nötig, über reichliche Geldmittel zu verfügen, um etwa diplomatischen Freunden – und damit sind ganze Städte oder auch Staaten gemeint – aus akuten Notlagen helfen zu können, oder aber auch, um sich neue Freunde durch Geschenke zu gewinnen. Darüber hinaus war das Sozialprestige eines hellenistischen Herrschers auch durch eine üppige Hofhaltung abzusichern: Gerade Alexandria war berühmt für seinen Hof, seine Wissenschaft (Museion, Bibliothek etc.) und für seine Kultur. Schließlich war die Verwaltung eines solchen Territorialstaates, namentlich die bis in die kleinsten Einheiten verzweigte Staatswirtschaft nur möglich, wenn man über einen großen Beamtenapparat verfügte, der allerdings auch besoldet sein wollte. Um all diese Ansprüche erfüllen zu können, brauchte man große Finanzmittel in Gold- und Silbergeld. Diese Mittel mussten im Reich der Ptolemäer erwirtschaftet werden. Freilich war Ägypten auch schon vor Alexander ein sehr reiches Land, seine landwirtschaftliche Produktion erlaubte schon in der Zeit der persischen Herrschaft (5./teilweise 4. Jahrhundert v. Chr.) Ausfuhren in erheblichem Umfange; Glas und Fayence aus Ägypten waren international begehrt und ägyptischer Papyrus war geradezu ein Exportschlager. Solche Exporte brachten nicht wenig Edelmetall ins Land. Diese wirtschaftlichen Ressourcen etwa durch die Erschließung neuer Flächen, der Verwendung marktgerechter Anbauprodukte und durch Produktionssteigerungen auszudehnen, war das Ziel der Ptolemäer. Dann musste nur noch dafür gesorgt werden, dass der größte Teil der erwirtschafteten Werte in die königlichen Kassen floss. Im Folgenden soll überblicksartig dargestellt werden, wie das staatswirtschaftliche System der Ptolemäer funktionierte.

Wie auch in den anderen hellenistischen Reichen war die Eigentumsfrage an allem Grund und Boden, inklusive der Immobilien und Produktionsmittel im ptolemäischen Reich folgendermaßen gelöst: Der König hatte mit seinem Heer das Land erobert (*doriktetos chora* – speererworbenes Land); es gehörte demzufolge ihm alleine, er konnte es deshalb auch vererben, an wen er wollte. Die merkwürdige Vererbung des Königreichs von Pergamon an die Römer im Jahre 133 v. Chr. ist ein prominentes Beispiel für diese umfassenden königlichen Eigentumsrechte. Nur die Territorien der wenigen Griechenstädte im Nilland (etwa Alexandria, Naukratis, Ptolemais) und Tempelland waren durch königliche Konzession aus dem königlichen Obereigentum befreit worden. Es waren aber auch die staatstragenden Stände, die Beamten, die Priester und so weiter am königlichen Eigentum zu beteiligen – dies war möglich, aber nur durch die ausdrückliche rechtliche Selbstbeschränkung des Königs. Nur solche königlichen *diagrammata* erlaubten so etwas Ähnliches wie Privateigentum oder privates Unternehmertum.

Wenn es auch aufgrund der Quellenlage nicht möglich ist, die Anteile der verschiedenen Arten von Landbesitz zu quantifizieren, so ist doch unbestritten, dass das Königsland (*ge basilike*) den Löwenanteil ausmachte. Dieses Königsland wurde von freien Pächtern, den Königsbauern (*georgoi basilikoi*) bebaut. Die Territorien der weitgehend selbständigen Griechenstädte sind nicht genau zu quantifizieren, machten aber gewiss nur einen Bruchteil des Nillandes aus. Eine weitere Form von Landbesitz war das Land der Tempel (*ge hiera*) und der im ganzen Land verstreuten Soldaten und Zivilbeamten (*ge klerouchike*). Obwohl grundsätzlich auch im Obereigentum des Königs, fielen doch die Einkünfte aus diesen Ländereien nicht unmittelbar an den König, sondern an die jeweiligen Besitzer – im Falle der Soldaten und Beamten ersetzten diese Einkünfte teilweise die Besoldung. Freilich bestand dieses Privileg nur aufgrund von Sonderkonzessionen des Königs, die befristet, kündbar und – selbstredend – besteuert waren. Zudem waren auch diese Ländereien der – im Folgenden genauer besprochenen – strengen staatlichen Organisation der Landwirtschaft keineswegs entzogen. Von der staatlichen Planung wenigstens teilweise befreit war die letzte Art von Landbesitz, die sogenannten *doreai*. An sehr vermögende Unternehmer, zumeist auch hohe staatliche Würdenträger, wurde Ackerboden oder noch zu meliorisierendes Land zur Nutzung überlassen. Gleichwohl war auch dieses Land nur geliehen – dem mittelalterlichen Lehen nicht unähnlich –, jedenfalls konnte es jederzeit vom König wieder eingezogen werden und es scheint, dass die Leihgabe mit dem Tode des Besitzers ohnehin aufgehoben war. Auf diesen Großgütern wurde – zumeist mit großem Gewinn – nicht nur Landwirtschaft betrieben, sondern es entstanden dort auch große Unternehmungen, die in der gewerblichen Produktion, im Handel und im Bankwesen tätig waren. Die schon erwähnte *dorea* des Apollonios bei Philadelphia war solch ein kombiniertes Großunternehmen.

Auf dieser eigentumsrechtlichen Grundlage gingen die Ptolemäer nun daran, die Einnahmen aus ihrem Reich zu optimieren. Wir kennen tatsächlich nahezu keinen Sektor der Wirtschaft, der im ptolemäischen Staat nicht planmäßig für die Zwecke der Einnahmenmehrung für den König erfasst und reglementiert worden wäre.

Die ökonomische Basis war, wie in allen antiken Gesellschaften, die Landwirtschaft. In Ägypten stand dabei das Nilland, ein überaus fruchtbares Gebiet, im Zentrum des Interesses. Die natürliche Düngung durch die jährliche Nilüberschwemmung schuf ideale Bedingungen für die Landwirtschaft. Sie erlaubte etwa eine Zweierntenwirtschaft, die von den Ptolemäern weiter intensiviert wurde. Und in den von der Nilschwemme nicht erreichten Gebieten wurde nun von der traditionellen Zwei- oder Dreifelderwirtschaft auf eine fast modern anmutende Fruchtwechselwirtschaft umgestellt. Dies erbrachte einen deutlichen Produktivitätsgewinn, da die Felder nicht alle zwei oder drei Vegetationsperioden brachlagen. Schließlich wurde die landwirtschaftliche Produktionsfläche durch systematische Meliorationen erweitert. Das mit dem damals modernsten griechischen wissenschaftlich-technischen Wissen aufgebaute Bewässerungs- und Meliorationssystem war schon in der Antike berühmt. Also: Über die ohnehin schon günstigen natürlichen Bedingungen hinaus wurde die landwirtschaftliche Nutzfläche im Nilland systematisch erweitert und die Produktivität insgesamt zielstrebig erhöht.

Im Nilland wurden in erster Linie Korn, aber auch Ölfrüchte und Textilrohstoffe angebaut. Organisiert wurde nahezu die gesamte Landwirtschaft im Nilland aber von staatlichen Stellen: Die jeweiligen Mengen der einzelnen anzubauenden Früchte wurden von den staatlichen Planungsbüros Jahr für Jahr detailliert festgelegt. Für die Planungsarbeit standen ihnen Kataster sowie Vorrats- und Erntestatistiken zur Verfügung. Die im Jahr anzubauenden Feldfrüchte und der Fruchtwechsel wurden für die einzelnen Gaue zentral im Voraus geplant und überall wurden auf Grund dieses Gesamtplans mit Bauern und agrarischen Unternehmern Pachtverträge geschlossen. Auch die oben schon angesprochenen *doreai*, die konzessionierten Großgüter, waren, obwohl etwas freier in der Gestaltung ihrer eigenen Produktion, dennoch Teil dieses staatlichen ökonomischen Gesamtplans. Die Reglementierung ging aber noch weiter: Das Saatgut war zumeist staatlich geprüft und wurde nur von staatlichen Stellen geliefert. Die Arbeitstiere wurden aus staatlichen Stallungen zur Verfügung gestellt. Die Feldarbeit wurde staatlicherseits streng überwacht. Und schließlich war der Staat auch bei der Ernte zugegen – die Bodenpacht, Steuern, Saatdarlehen und Abgaben für andere staatliche Dienste (etwa für die Arbeitstiere) waren in Naturalien oder in Geld sofort zu zahlen.

Auch in der Viehzucht war der Staat omnipotent. Großvieh war zum größten Teil in Staatsbesitz und wurde in staatlichen Ställen gehalten, für die Gänsezucht etwa bestand ein ausschließliches Monopol des Staates und von der Schweine- und Bienenzucht wissen wir, dass sie staatlich strengstens reglementiert war. Es ist fast unnötig zu erwähnen, dass jedwede private Viehzucht ganz selbstverständlich einer Ertragsabgabe unterlag.

Es ist leicht vorstellbar, welch grandiosen Verwaltungsapparat alleine die Planung und Kontrolle der landwirtschaftlichen Produktion erforderte. Doch die staatliche Lenkung erschöpfte sich nicht allein in Planung, Kontrolle und fiskalischen Tätigkeiten, nein, sie gestaltete auch die Produktion nach den gegebenen Konsumptionsbedürfnissen. Unter den Ptolemäern bildete sich bekanntermaßen eine griechische Oberschicht aus Soldaten, Beamten und Wirtschaftsleuten aus, die am Wohlstand des Staates teilhatten, die aber keineswegs auf das gewohnte Leben im griechischen Stil verzichten wollten. Einige Beispiele mögen dies verdeutlichen: Die in Ägypten üblichen Pflanzenöle waren bei Griechen nicht beliebt, man zog das Olivenöl vor; den in Ägypten üblichen Textilien aus Pflanzenfasern wurden die heimischen Textilien aus Wolle vorgezogen und das ägyptische Nationalgetränk, das Bier, fand nie Anerkennung bei den Griechen, Wein war ihr bevorzugtes Getränk. Nun gab es zwei Möglichkeiten, diese Bedürfnisse der Oberschicht zu befriedigen: Entweder es wird umfangreich importiert, um den Preis, in die Abhängigkeit von anderen Staaten zu geraten und vor allem einen ständigen Aderlass von abfließendem Edelmetall hinnehmen zu müssen, oder die heimische Produktion wird den neuen Anforderungen des heimischen Marktes angepasst. Die letztere Möglichkeit entspricht eher den Auffassungen von Autarkie eines privaten griechischen *oikos* – und so kam es genau zu solch einer Anpassung auch hier im Staat. Auf dem Mustergut des Apollonios in

Philadelphia und ebenso anderswo wurde die Einführung von Obst- und Olivenbäumen, von Weinbau und Schafhaltung sowie die gewerbliche Verarbeitung zu Öl, Wein und Wolltextilien sehr erfolgreich erprobt und in die bestehende Agrarstruktur integriert.

In den übrigen Bereichen der primären Produktion wurden die Erträge ähnlich erfasst und fiskalisch nutzbar gemacht, wenn nicht sogar staatliche Monopole die Erträge voll und ganz in die königliche Kasse fließen ließen: Der Bergbau, insbesondere aber die Gewinnung von Salz, Alaun, Purpur und Soda waren staatliche Monopole und größere Staatsbetriebe wurden hierfür aufgebaut. Sogar die Jagd und der Fischfang in besonders fischreichen Gewässern waren monopolisiert: Die Monopole konnten lediglich gepachtet werden, das heißt, Pächter mieteten das Recht auf die Ausbeutung der betreffenden Monopole für eine gewisse Zeit, gegen Zahlung einer entsprechenden Geldsumme. In denjenigen Bereichen der Primärproduktion, die nicht monopolisiert waren, war der Staat gleichwohl auch zugegen: Der Nil und sonstige, nicht so fischreiche Gewässer konnten von jedem befischt werden, der eine Lizenz dazu hatte. Diese jedoch verpflichtete ihn, eine Ertragssteuer in Höhe von 25 % zu zahlen.

In den vorhellenistischen orientalischen Monarchien hatte sich neben einer häuslichen Eigenproduktion das Gewerbe in den Händen der dominierenden königlichen Werkstätten, der Tempelwerkstätten und derer von Großgrund besitzenden Adeligen befunden. Auch hier ist die orientalische Tradition beispielgebend für die ersten Ptolemäer gewesen. Manche Forscher meinen, die vorhellenistische Tempelwirtschaft sei explizit das Vorbild für die schnell sich entwickelnde ptolemäische Staatswirtschaft im gewerblichen Bereich gewesen. Die Tempelwirtschaften zeichneten sich dadurch aus, dass sie die Produktion von Rohmaterialien selbst durchführten, diese in großen Lagern auf Vorrat hielten, in eigenen Werkstätten und mit vielen spezialisierten Fachkräften rationell weiterverarbeiteten und die Fertigprodukte schließlich lokal, regional und sogar im Fernhandel vertrieben. Der gesamte Vorgang von der Produktion der Rohstoffe bis zum Vertrieb war in einer Hand und planvoll durchorganisiert. Der Gedanke liegt nahe, die so beschriebene Tempelwirtschaft als Vorbild für die ptolemäische Staatswirtschaft anzusehen, die Gemeinsamkeiten sind jedenfalls augenfällig. Denn ähnlich wie bei der Tempelwirtschaft befanden sich im frühen Ptolemäerreich etwa große Teile der Nahrungsmittelindustrie, der Ölproduktion (inklusive Parfüms, Salben etc.), der Leder- und Textilproduktion, die Bierbrauerei, die Goldverarbeitung, vielleicht auch die Verarbeitung anderer Metalle, die Herstellung von Glas und Papyrus, die Gewinnung von Salz, Alaun, Purpur, Soda und von allen Bergwerksprodukten überhaupt – sowie der Vertrieb der betreffenden Fertigprodukte in königlicher, beziehungsweise staatlicher Hand. In diesen Bereichen der gewerblichen Produktion war der Staat, wenn auch nicht immer ausschließlich, aber doch so dominierend tätig, dass die nichtstaatliche Produktion vom Volumen sicher nicht mehr als 10 % ausgemacht haben dürfte – dies sind die klassischen Monopole der ptolemäischen Staatswirtschaft. Die Töpferei, das Bauhandwerk und einige Dienstleistungen (Barbiere, Gaukler, Tänzer, Musikanten, Diener, Hetären, Lustknaben) scheinen hingegen nicht in dem oben beschriebenen Maße vom Staat dominiert gewesen zu sein – hier konnte sich private Initiative eher betätigen, wenn auch reglementiert, besteuert und staatlich kontrolliert.

Wir sind nicht über alle ptolemäischen Monopole genauestens informiert. Deshalb möchte ich zwei, durch die Quellen besser bezeugte Beispiele solcher Monopole herausgreifen, um die Differenzierung und Tragweite dieser Staatsprivilegien deutlich zu machen: das Salzmonopol und das Ölmonopol.

Es ist für antike – und übrigens auch für moderne (Sale e tabacchi) – Staaten so leicht, die Herstellung und den Vertrieb des in größerem Umfange von den Konsumenten unabdingbar nachgefragten Salzes zu monopolisieren, dass auf diesen Gedanken einige hellenistische Könige ebenso wie die Römer kamen. Im ptolemäischen Ägypten war das Salzmonopol folgendermaßen geregelt: Das in Salzbergwerken, aus Salzseen und aus dem Meer gewonnene Salz wurde in Staatsbetrieben hergestellt und anschließend durch besonders lizenzierte Händler zu einem festgesetzten Preis im Lande verkauft. Nur das Heer, die Beamten und Priester kamen in den Genuss eines ermäßigten Preises. Doch diese Einnahmequelle genügte noch nicht. Jeder Einwohner Ägyptens (einige privilegierte Gesellschaftsschichten ausgenommen) zahlten pro Kopf zusätzlich noch eine Salzsteuer – davon zeugen viele noch erhaltene Quittungen. Es ist keine Frage, dass die unverzichtbare Nachfrage nach Salz bei den Konsumenten zusammen mit der vergleichsweise kostenarmen Herstellung, den hohen Preisen und den noch höheren Steuern eine riesige Einkommensquelle für den ptolemäischen Staat darstellte. Andererseits mussten die Konsumenten unter der Kombination von hohem Salzpreis und hoher Salzsteuer sehr gelitten haben.

Am besten ist uns aber die Struktur und das Ausmaß eines solchen ptolemäischen staatlichen Monopols für die Herstellung und den Vertrieb von Pflanzenölen bekannt. Das berühmte Papyrusdokument ›Revenue Laws‹, ein fragmentarisch erhaltener Papyrus, gibt uns nähere Auskunft über dieses Monopol. Es handelt sich bei diesem Dokument um die Kopie von Gesetzen (*nomoi*) aus der Zeit des Ptolemaios II. Philadelphos (genauer aus den Jahren 259/8 v. Chr.): Mehrere besondere Gesetze waren dort vereint. So ist etwa aus den Fragmenten erkennbar, dass das Vertragsrecht einen Abschnitt des Dokuments darstellte, dazu kamen Vorschriften über die Weinsteuer der Tempel, über die Textilindustrie, das Bankwesen, die Bierindustrie, das Weidewesen. Der am besten erhaltene Abschnitt dieses Papyrusdokuments bezieht sich jedoch auf das Monopol der Pflanzenölproduktion (*nomos elaikes*), also auf die Herstellung der in Ägypten gebräuchlichen Pflanzenöle (Sesam, Rizinus, Safflor, Kürbis und Leinsamen). Die Bestimmung der Anbaufläche und der Anbaumenge von Pflanzen zur Ölproduktion oblag der staatlichen zentralen Lenkung, der Staat stellte auch das – später wieder zurückzuzahlende – Saatgut. Der Anbau und vor allem die Ernte wurden staatlicherseits streng überwacht. Vom Ertrag der Felder gingen 25 % als Steuer an den Staat. Der Rest wurde von privaten Unternehmern – zu einem staatlich festgesetzten Tarif – aufgekauft, aber auch diese mussten sämtliche Erträge in die staatlichen Speicher und an die staatlichen Ölmühlen abliefern. Außer den Tempelmühlen waren keine privaten Ölmühlen erlaubt. Aber auch den Tempelmühlen war es nur während zweier Monate im Jahr und nur unter staatlicher Aufsicht erlaubt, Sesamöl zum Eigenverbrauch herzustellen – das restliche Jahr waren diese Mühlen geschlossen und verplombt. Private Unternehmer lieferten also die Pflanzenprodukte in den staatlichen Mühlen ab. Ihre Aufgabe war aber noch viel umfassender: Sie waren für den Betrieb der Mühlen zuständig, sie planten die Anlieferung genau der richtigen Menge des Rohmaterials, ebenso planten und kontrollierten sie die Produktivität der Mühlen und den Personaleinsatz. Bei jedem unternehmerischen Schritt war ihnen jedoch ein Verwaltungsbeamter zur Kontrolle beigegeben. Dennoch – es scheint hier ein Funken von wirtschaftlicher Privatinitiative aufzuleuchten. Freilich muss beachtet werden, dass auch diese Unternehmer weder im Besitz der Rohstoffe noch der Produktionsmittel waren. Auch die Mühlen waren ja im Staatsbesitz, waren genauestens registriert und diejenigen, die nicht im Gebrauch waren, wurden verplombt. Es gab also im Ölgeschäft Privatinitiative, aber nur als beauftragtes Unternehmertum im Dienste des Staates, befristet, mit nicht eigenen Produktionsmitteln. Das produzierte Pflanzenöl wurde sodann in staatlichen Speichern gelagert, wo es lizenzierte Händler aufkauften, um es im Lande zu wiederum festgesetzten Preisen zu vertreiben. Die Einhaltung der festgesetzten Preise wurde streng kontrolliert und auf Abweichungen vom Festpreis, ebenso auf Schmuggel, standen hohe Strafen. Die Preise für die Pflanzenöle in Ägypten waren außerordentlich hoch, deutlich höher als etwa für das beste Olivenöl in Griechenland. Und damit diese so reichlich fließende Einnahmequelle für den König nicht durch äußere Konkurrenz in Gefahr geriet, wurde auf importiertes Öl ein Schutzzoll von 50 % gelegt.

Die Pflanzenölproduktion ist ein durch die oben genannte Quelle gut belegtes Beispiel für die Praxis der vielen Staatsmonopole im ptolemäischen Ägypten: Die Produktion der Rohstoffe, die Weiterverarbeitung und der Vertrieb lagen – wenn auch unter Zuhilfenahme von Privatunternehmern – in staatlicher Hand. Die Möglichkeit, im Inneren die Preise zu diktieren und äußere Konkurrenz durch Schutzzölle zu blockieren, schuf eine geradezu ideale Einkommensquelle für den König. Überdies musste auch in diesem Falle das Recht, monopolisiertes Öl zu verwenden, durch eine Kopfsteuer erworben werden. Es ist vermutet worden, dass diese Kopfsteuer die Herstellungskosten der Ölprodukte gerade deckte, so dass der Verkaufserlös ungeschmälert in die königlichen Kassen floss.

Von der Rolle, die die etwas unabhängigeren Großgüter, die *doreai*, in der gewerblichen Produktion spielten, sind wir wiederum bezüglich der *dorea* des Apollonios in Philadelphia aus der Zenon-Korrespondenz etwas näher unterrichtet. Wir wissen sicher, dass es dort große Werkstätten zur Herstellung von Wolltuch gab. Für die Weiterverarbeitung der auf dem Gut produzierten landwirtschaftlichen Produkte, etwa Oliven zu Öl, Trauben zu Wein, für die Konservierung von Obst oder für die Herstellung von Gefäßen für diese Produkte in eigenen Töpfereien dürfen ebenfalls große und arbeitsteilig organisierte Werkstätten angenommen werden. Diese Werkstätten (oder sollte man lieber Manufakturen sagen?) wurden teils mit eingewanderten Facharbeitern, teils mit Einheimischen und teils mit spezialisierten Sklaven betrieben. Es scheint auch so, dass die *doreai* die Produkte ihrer landwirtschaftlichen und gewerblichen Produktion weitgehend selbst vermarkteten und die Einnahmen weniger dem König als den jeweiligen Besitzern zuflossen. Die relativ große Unabhängigkeit, die die *doreai* im Gefüge der hellenistischen Staatswirtschaft genossen, scheint im Wesentlichen darin begründet zu liegen, dass sie als Musterwirtschaften ökonomisches Neuland betraten: Land wurde meliorisiert, neue Pflanzenkulturen wurden eingeführt und erprobt, in der Tierproduktion wurde auf neu eingeführte Schaf- und Schweinerassen umgestellt, die Pferde- und Kamelzucht wurde intensiviert und die rationelle Weiterverarbeitung dieser landwirtschaftlichen Produkte wurde erprobt. Der gesamtwirtschaftliche Nutzen, der den ptolemäischen Königen aus dem von diesen *doreai* ausgehenden Innovationsschub zugute kam, dürfte die verlorenen Einnahmen mehr als ausgeglichen haben.

Unverkennbar ist das Bemühen der ersten Ptolemäer, die landwirtschaftliche und die gewerbliche Produktion so zu intensivieren, dass eine weitgehende Autarkie Ägyptens erreicht wurde. Ganz zu verwirklichen war die Autarkie freilich dennoch nicht: Trotz der auswärtigen Besitzungen der Ptolemäer wie Cypern, woher Kupfer, Silber und Holz kamen, Kilikien, Lykien, Syrien, die Holz lieferten, oder Nubien mit seinen Goldminen waren im Binnenraum zu wenig Metalle, namentlich zu wenig Eisen für Heer, Flotte und Landwirtschaft sowie zu wenig Bauholz und Marmor vorhanden; es fehlte auch an Kriegselefanten und an Pferden. Diese Güter mussten wohl oder übel eingeführt werden. Wir wissen aus der Zenon-Korrespondenz auch über Importe von Luxusgütern, wie Olivenöl, Wein, Honig, Wolltextilien und so weiter – die Mengen dieses Luxusgüterhandels dürften im Vergleich mit dem staatlich gelenkten Außenhandel aber sehr bescheiden gewesen sein. Die wirtschaftspolitische Kunst bestand nun darin, den Wert der Ausfuhren beständig höher zu halten als den der notwendigen Einfuhren. Nach allem, was wir wissen, ist dies den Ptolemäern im 3. Jahrhundert glänzend gelungen. Sollen wir die Handelspolitik der frühen Ptolemäer grob charakterisieren, so kann gesagt werden, dass sie dem Merkantilismus nicht unähnlich war: Durch direkte staatliche Einflussnahme sollte eine weitgehende Autarkie erreicht werden und im Außenhandel sollte der Wert der Exporte den der Importe deutlich überwiegen.

Eine wichtige Aufgabe staatlicher Wirtschaftspolitik war deshalb die Intensivierung und Steuerung des Außenhandels. Der arabische Handel wurde Ägypten eröffnet, nachdem die Nabatäer in Palästina und Phönikien militärisch so geschwächt worden waren, dass sie die Handelsbedingungen gegenüber Ägypten nicht mehr diktieren konnten. Im Ägäisraum und im Schwarzmeergebiet war unter Philadelphos (regierte 285–247 v. Chr.) und Euergetes (regierte 246–221 v. Chr.) zeitweise die politisch-militärisch-wirtschaftliche Hegemonie erreicht. Der Ägäisraum war das Hauptabsatzgebiet für ägyptisches Getreide und aus Griechenland kam im Gegenzug das so dringend benötigte Silber. Auch der Westen, Karthago, Sizilien, Italien, Massalia und Spanien waren für die Ptolemäer wichtige Rohstofflieferanten: Aus Karthago und Sizilien kamen Pferde, Süditalien und Sizilien lieferten Schwefel, Massalia Zinn aus Britannien und die inzwischen römisch gewordenen etruskischen Erzminen das so dringend benötigte

Eisen. Im Westen führten die Ptolemäer ihre Außenhandelspolitik aber weniger mit dem Schwert als mit geschickter Diplomatie. Doch ob nun mit militärischen oder diplomatischen Mitteln gearbeitet wurde, bei der Erschließung der Außenhandelsmärkte gingen politische und wirtschaftliche Motive Hand in Hand – von einem Primat der Wirtschaft würde auch ich in diesem Zusammenhang nicht sprechen wollen.

Wie wurde der Außenhandel nun im Sinne der ptolemäischen Könige gesteuert? Über den Importhandel wissen wir sehr wenig, nur so viel: Zum einen verhinderten hohe Schutzzölle den ungehinderten und vom König nicht kontrollierten Import von Waren. Und die kontrolliert hereinkommenden Waren landeten – zu einem festgesetzten Sondertarif an den König verkauft – zum größten Teil in den königlichen Speichern in Alexandria, um dort, zumeist durch Monopole geschützt, zum Nutzen des Königs weiterverarbeitet oder weitergehandelt zu werden. Ebenso unklar sind die Verhältnisse beim Exporthandel. Hauptausfuhrgüter aus Ägypten waren Getreide, Fayence, Papyrus, Glas aus Alexandria und Leinen. Diese Auflistung der Hauptexportgüter liest sich wie eine der Staatsmonopole in der gewerblichen Produktion. Es ist sehr wahrscheinlich, wenn auch nicht belegt, dass die in Monopolregie hergestellten Waren auch durch staatliche Betriebe ausschließlich nach außen verkauft wurden. Zumindest eine Quelle, ein Brief eines gewissen Demetrios, vermutlich ein Beamter der königlichen Münze, an den Dioiketen Apollonios aus dem Jahre 258 v. Chr. macht dann aber doch nachdenklich – dort ist Folgendes zu lesen: „Diese Leute [fremde Kaufleute in Alexandria] sind darüber beunruhigt, daß wir ebenso wie die Banken ihr Geld nicht annehmen und daß sie deshalb ihre Angestellten nicht aufs Land schicken können, um dort einzukaufen" (P. Cair. Zen. I 59021; zitiert nach Bogaert [1986]). Es gab sie also doch, die Kaufleute, die wohl mit eigenen Transportmitteln ins ägyptische Binnenland reisten, dort von staatlichen Stellen oder von Privaten Waren aufkauften und diese dann exportierten. Unter welchen Bedingungen sie dies taten, ob und welche staatliche Kontrolle sie begleitete und welche Abgaben sie zu leisten hatten – all dies entzieht sich mangels Quellen unserer Kenntnis.

Und der Binnenhandel? Angesichts der alles dominierenden Wirtschaftsmacht des Staates kann von einem freien Binnenmarkt keine Rede sein. Das Monopol in einigen Zweigen der Ur- und der gewerblichen Produktion schloss auch den Vertrieb im Binnenland mit ein. Konzessionierte Groß- und Kleinhändler versorgten in einem quasi halbstaatlichen Vertriebssystem die ägyptische Bevölkerung mit den benötigten Waren – allerdings zu staatlich festgesetzten Preisen. Doch auch außerhalb der Monopole wurde durch Preisfestsetzungen und durch staatliche Reglementierung der Produktion der Markt gesteuert. Größere private Handelsorganisationen konnten sich unter diesen Bedingungen, von den Tempelwirtschaften und den besonders privilegierten Großbetrieben (*doreai*) abgesehen, nicht etablieren.

Über die *doreai* sind wir bezüglich des Handels aber durch die Zenon-Korrespondenz wieder besser unterrichtet. Wir treffen auf eine umfangreiche Großhandelsbetätigung des Apollonios. Dieser besaß eine große Flotte von Seeschiffen und Nilbooten, auch eine – sehr einträgliche – Karawane von 4 Kamelen verkehrte regelmäßig zwischen Ägypten und Palästina. Diese Transportmittel nutzte er für seine eigenen Handelsunternehmungen, aber auch, sobald notwendig, für Staatstransporte. Eine solche Bereitstellung von Transportkapazitäten war sicher einer der wichtigeren Gründe, weshalb der Staat auch im Bereich des Handels eine so weitgehende privatwirtschaftliche Betätigung ausnahmsweise erlaubte. Die Fernhandelskontakte des Apollonios reichten bis nach Palästina, Lykien und Karien. Dort waren vielerlei untergebene Agenten für ihn tätig, die nach eigenem Ermessen die für Apollonios günstigsten Geschäfte tätigten. Zumeist wurden im Austausch gegen Produkte aus den eigenen Gütern Olivenöl, Wein, Honig, Fischkonserven, Früchte, Purpur, Gewürze, Wolltextilien und Sklaven eingeführt. Diese Luxuswaren wurden am Königshof und im eigenen Haushalt verbraucht, zu einem nicht geringen Teil wanderten sie auch in den freien Verkauf auf dem Binnenmarkt. Wie schon bei verschiedener Gelegenheit bemerkt, so fällt auch hier eine merkwürdige Vermischung von staatlichen und privaten Wirtschaftsunternehmungen in den *doreai* auf. Im speziellen Fall von Apollonios kann sogar über einen Konflikt zwischen seinen dienstlichen Pflichten, als Verantwortlichem für die ptolemäische Staatswirtschaft, und privaten Wirtschaftsinteressen nachgedacht werden. War das weitgehende Fernhandelsnetz des Unternehmers Apollonios am Ende eine Pflichtverletzung des Wirtschaftsministers Apollonios? Wir wissen es nicht – es darf aber vermutet werden, dass staatliche Würdenträger vom Range eines Apollonios vom König weitergehende Freiheiten erhielten als andere.

Um die fiskalische Ausnutzung der natürlichen Ressourcen, der Landwirtschaft, der gewerblichen Produktion und des Handels effizient gestalten zu können, musste eine funktionierende Geldwirtschaft vorhanden sein. Erst musste also das vorherrschende ägyptische System der Tauschwirtschaft durch eine Geldwirtschaft mit in wesentlich größerem Maß umlaufendem Silber- und Goldgeld ersetzt werden. Die Verwendung von Geld, vor allem ausländischen Geldes, war im Ägypten vor Alexander keineswegs unbekannt, namentlich in den Tempeln lagen große Mengen von Gold- und Silbergeld. Dennoch war die Geldwirtschaft keineswegs vorherrschend. Nach Alexander sollte sich das grundlegend ändern.

Generell hatte sich das Münzwesen in der hellenistischen Welt deutlich vereinfacht. In klassischer Zeit prägte jede griechische *polis* ihr eigenes Geld und obwohl es eine lockere Orientierung am attischen Münzfuß gegeben hat, herrschte eine Vielfalt von Währungen mit ganz verschiedenen Edelmetallgehalten vor. Alexander der Große prägte nun aus dem eroberten persischen Staatsschatz Gold- und Silbermünzen nach dem attischen Münzfuß und schuf damit eine einheitliche Währung im hellenistischen Einflussgebiet. Die Diadochenreiche folgten diesem Beispiel – mit einer Ausnahme: Die Ptolemäer in Ägypten wählten für ihre Währung den phönikischen Münzfuß. Somit gab es im 3. Jahrhundert v. Chr. zwei Weltwährungen: die Münzen nach attischem Fuß vom Indus bis nach Neapel und die nach phönikischem Fuß im Herrschaftsgebiet der Ptolemäer – und, wie Streufunde von ptolemäischen Münzen etwa in Britannien oder in Massalia bezeugen, auch über das eigentliche ptolemäische Herrschaftsgebiet hinaus. Obwohl in der hellenistischen Frühzeit noch ein gewaltiger Kapitalhunger vorherrschte

(Kapitalzinsen bis zu 24 %), stand nun offenbar ausreichend umlaufendes Geld zur Verfügung, um die in den orientalischen und ägyptischen Territorien noch vorherrschende Tauschwirtschaft schnell zu verdrängen.

Die Entscheidung der Ptolemäer, ihrer Währung einen von allen anderen hellenistischen Herrschaften abweichenden Münzfuß zugrunde zu legen, zeugt aber doch von einer Tendenz zur Selbständigkeit in Währungsangelegenheiten. Mehr noch: Im Gegensatz etwa zu den Seleukiden, die fremde Währungen in ihrem Reich duldeten, schlossen die Ptolemäer offenbar fremde Münzen in ihrem Herrschaftsgebiet aus. Anders jedenfalls ist eine Papyrusurkunde, der oben schon erwähnte Brief vom Jahre 258 v. Chr. aus dem Zenon-Archiv, nicht zu verstehen, in der Demetrios dem *dioiketes* Apollonios von Schwierigkeiten berichtet, einen königlichen Befehl, die abgenutzten eigenen und alle fremden Goldmünzen neu zu prägen, in die Tat umzusetzen (P. Cair. Zen. I 59021). Im ptolemäischen Ägypten sollten also nur ptolemäische Goldmünzen umlaufen. Ähnliches darf man auch für die Silbermünzen vermuten. Noch eine Besonderheit zeichnet die ptolemäische Währungspolitik aus: Die Silber- und vor allem die Goldmünzen – obwohl auch im Lande vorhanden, dann aber vorwiegend als Wertaufbewahrungsmittel, als Hortgeld, genutzt – hatten wohl hauptsächlich dem Außenhandel und bei auswärtigen Darlehen oder Schenkungen als Zahlungsmittel gedient. Dafür spricht die auffallende und gewiss propagandistisch gemeinte Pracht der ptolemäischen Goldprägungen. Mit diesen Münzen sollten international die Macht und der Reichtum des Ptolemäerreiches deutlich gemacht werden. Als Standardwährung im Lande (*chora*) dienten die von den Ptolemäern neu geprägten schweren Kupfermünzen. Die Münzpolitik der Ptolemäer weist deutliche Züge einer wirtschaftlichen Selbständigkeit, bis hin zu einer ökonomischen Isolation des Ptolemäerreiches gegenüber der übrigen hellenistischen Welt auf. Dies brachte zwei Vorteile mit sich: Zum einen konnte diese „splendid isolation", wie M. Rostovtzeff dies nannte, machtpolitisch die Position der Ptolemäer stärken oder doch wenigstens weniger angreifbar machen. Zum anderen stärkte sie innenpolitisch und binnenwirtschaftlich die Position des Königs. Er war der Herr der Münze im Inland und der wirtschaftliche Kontakt nach außen war nur über den König beziehungsweise über dessen Institute (Staatsmünze, Staatsbank, Handelsmonopole) möglich. Es wird noch zu zeigen sein, wie die Ptolemäer auch aus diesem Monopol reichlich Gewinn gezogen haben.

In einer weitgehenden Geldwirtschaft bildet das Bankwesen natürlich einen ganz wichtigen wirtschaftlichen Sektor. Auch hier gab es für den ptolemäischen Staat ungeahnte fiskalische und steuerungspolitische Möglichkeiten. Ein allgemeines Bankmonopol des ptolemäischen Staates war die Grundlage für alle Bankgeschäfte. In Alexandria saß die königliche Zentralbank (*basilike trapeza*), die – wenigstens unter Ptolemaios II. (vgl. P. Cairo Zen. III 59503) – vom *dioiketes*, der obersten staatlichen Instanz hinsichtlich der Wirtschafts- und Finanzpolitik geleitet wurde. Dieser Zentralbank unterstand ein Netz von Staatsbanken, die ganz Ägypten erschlossen: In den Metropolen der Gaue bestanden weitere Zentralbanken, die den Geschäftsverkehr zwischen der Zentrale in Alexandria und den Filialen auf den Dörfern vermittelten. Es ist keine Frage, dass die ptolemäische

Staatsbank sowohl hinsichtlich ihrer überragenden Kapitalkraft als auch hinsichtlich ihrer flächendeckenden Organisation eine dominierende Rolle im ägyptischen Bankengeschäft eingenommen hat.

Im Depositengeschäft blieben, gerade in Ägypten, die Tempel führend. Hier wurden gegen eine Gebühr zinslose geschlossene (das heißt nicht übertragbare) oder offene (das heißt übertragbare) Depots geführt, in denen der jeweilige Eigentümer Wertsachen oder Geld hinterlegen konnte. Hinzu kam noch das *depositum irregulare*, in dem Geld auf Zeit und gegen Zins angelegt wurde. All diese Geschäfte führten jedoch auch die Staatsbank und die konzessionierten Privatbanken durch – Depots von Privatleuten, ob offen, geschlossen oder als *depositum irregulare*, sind in den Quellen häufig belegt. Bereits im 4. Jahrhundert v. Chr. hatten sich aus dem Depositengeschäft die Anfänge eines Inkasso- und Girogeschäftes entwickelt. Von den jeweiligen Eigentümern legitimierte dritte Personen konnten geschlossene Depots als Ganzes, von offenen Depots auch Teilbeträge ‚abheben'. In hellenistischer Zeit neu hinzugekommen ist, dass auch von *deposita irregulares* – also von lediglich buchmäßig geführten und nicht mehr physisch vorhandenen Sonderkonten – Auszahlungen an Dritte möglich waren. Der Sonderfall eines zentral geleiteten und über das gesamte Herrschaftsgebiet dicht verteilten Staatsbanknetzes erleichterte den Inkasso- und Giroverkehr freilich erheblich. So wurden in der Regel Steuern, Gebühren, Strafen und andere Abgaben per Fernüberweisung in der lokalen Staatsbank bezahlt. Andererseits wurden Gehälter oder andere staatliche Zuwendungen durch Girozahlungen von der jeweiligen lokalen Staatsbank beglichen. Solche Vorgänge des einseitigen Giroverkehrs, das heißt Ein- oder Auszahlung eines bestimmten Geldbetrages von der Staatsbank oder einer konzessionierten Privatbank sind im ptolemäischen Ägypten des 3. Jahrhunderts sehr häufig belegt. Seit 254 v. Chr. sind schriftliche Anweisungen an Bankiers bekannt (insgesamt 27 für die ptolemäische Zeit), etwa die folgende: „Zenon [der bekannte Gutsverwalter des Apollonios] grüßt Artemidor [ein Bankier Zenons]. Zahle an den Sekretär Diodor als sein Gehalt für den Monat Phamenoth 15 Drachmen. Gehab dich wohl. 20. Phamenoth des Jahres 29" (zitiert nach Bogaert [1986]). Auch die Überweisung ist wenigstens in einem Dokument (Papyrus 890 der Tebtynis-Papyri, 2. Jahrhundert v. Chr.) unbezweifelbar bezeugt. Bei dieser Urkunde handelt es sich um den Teil eines Bankregisters. Nahezu hundert Vorgänge, Einzahlungen auf die Namen von Kunden und Zahlungen zu Lasten von Kunden, sind dort vermerkt – etwa in Zeile 5 „Zu Lasten von Apollonios, Sohn des Hestiodoros, was er Ariston, Sohn des Antipatros, schuldet, 800 Drachmen" und dann im nächsten Posten „Zugunsten von Ariston, Sohn des Antipatros, 800 Dr." (zitiert nach Bogaert [1986]). Noch etwas zeigt das Bankregister von Tebtynis: Da dort nicht selten die Berufe der Kunden angegeben sind, kann man aus dem Register herauslesen, dass die Nutzung einer Bank im ptolemäischen Ägypten nicht nur den ganz reichen Leuten vorbehalten war. Im Register finden sich neben einem Bürgermeister, neben Steuerpächtern, Bankiers und Großhändlern eben auch Polizisten, Kleinkaufleute (*kapeloi*) und Kleinhandwerker als Kunden. Auch vermitteln die Beträge der Anweisungen oder der Überweisungen –

800 Drachmen bis 1,5 Obolen (ein Kleinbetrag) – durchaus den Eindruck, dass es sich hierbei um alltägliche Zahlungen handelte. Tatsächlich mögen die im Inland übliche, umständliche und schwere Kupferwährung und das Vorhandensein eines flächendeckenden, einheitlichen und zentral gesteuerten Bankensystems die Nutzung des Giro- und Inkassoverkehrs im ptolemäischen Ägypten durchaus gefördert haben.

Von ganz ausschlaggebender wirtschaftlicher Bedeutung ist jedoch das Darlehensgeschäft. Dieses wurde von konzessionierten Privatbanken, reichen Privatleuten und von den Tempelbanken betrieben. Der größte Darlehensgeber – und zwar sowohl gegenüber in- wie ausländischen Kreditnehmern – war aber wieder die ptolemäische Staatsbank. Viele Zeugnisse berichten von den gängigen Kreditarten: Realkredite (Lombardkredit, Faustpfand, Hypothek) und auch Personalkredite tauchen sehr häufig in den Quellen auf – der durchschnittliche Zinssatz dürfte etwa bei 18 % gelegen haben. Weniger ist hingegen über den kaufmännischen Betriebskredit bekannt. Lediglich das schon aus klassischer Zeit bekannte Seedarlehen wurde häufiger vergeben – allerdings fast nur von Privatleuten. Auffällig ist auch, dass Zeugnisse für Montan- und Industriekredite fast völlig fehlen. Dies ist nicht mit einer vielleicht zufälligen Überlieferungslage erklärlich. Wenn wir über alle anderen Formen des Darlehensgeschäftes durch eine Unmenge von Zeugnissen so ausführlich informiert sind, so deutet das diesbezügliche Schweigen der Quellen doch darauf hin, dass die unternehmerischen Kredite eine verschwindend geringe Rolle gespielt haben. Freilich muss dabei bedacht werden, dass Kredite für gewerbliche Kleinbetriebe kaum in Betracht kamen. Die Mittel- und Großbetriebe im ptolemäischen Ägypten standen jedoch in engem Zusammenhang mit den Staatsbetrieben oder den kapitalkräftigen Großgütern (*doreai*) – und bedurften deshalb des Kredits in der Regel nicht.

In der Gesamtschau wird deutlich, wie das Bankgeschäft im ptolemäischen Ägypten vom König und von seiner Staatsbank dominiert war. Wenn auch – wahrscheinlich gar nicht wenige – konzessionierte Privatbanken einzelne Bankgeschäfte wahrnahmen, so waren sie doch durch Gesetze und ständige Kontrolle an der kurzen Leine geführt – Agio, Zins und Geschäftsgebaren wurden durch ptolemäische Gesetze reguliert: Der berühmte oben schon erwähnte Papyrus ›Revenue Laws‹, das Steuergesetz des Ptolemaios II. Philadelphos (insbes. Kol. 73–78) sowie einige Urkunden über die Tätigkeiten der Bankiers Python (Direktor der königlichen Bank von Krokodilopolis-Arsinoe, Mitte 3. Jahrhundert v. Chr.) und von Kleitarchos (Bankier des *topos Koites*, 2. Hälfte 3. Jahrhundert v. Chr.) zeigen diese staatliche Regulierung des privaten Bankengeschäftes eindrücklich.

Oben ist wiederholt darauf hingewiesen worden, dass die ptolemäische Wirtschaftspolitik vorwiegend dem Ziel diente, über Erträge aus Monopolen, Staatsbetrieben und Konzessionen hinaus durch Steuern und Abgaben die königlichen Kassen zu füllen. Deshalb sollte an dieser Stelle noch kurz das fiskalische System im Zusammenhang mit der hellenistischen ägyptischen Staatswirtschaft dargestellt werden. Auf den ersten Blick ist die Liste der Steuern, Abgaben und Zölle durchaus geeignet, den modernen Leser erschauern zu lassen. Abgesehen von den Steuern im Zusammenhang mit den Monopolen waren an direkten Steuern zu entrichten: eine allgemeine Kopfsteuer, Antrittsgebühren von Priestern und Kleruchen, Wohnsteuern von Ausländern, Opfergebühren der Priester sowie eine Erbschafts- und Schenkungssteuer. Abgesehen von den Naturalabgaben (*artabieia*) der Bauern kamen auf diese eine Gausteuer und eine Tempelsteuer (⅙ des Ertrags) zu. Eine Grundsteuer, gestaffelt danach, ob unbebaut, bebaut oder vermietet, war ebenso abzuführen wie Steuern für Kelterberechtigungen, Viehbesitz, Sklavenbesitz, eine Weidegebühr, eine Gebühr für die Ausübung eines Handwerks. Auch die Kosten für öffentliche Leistungen wurden bedenkenlos abgewälzt: Marktsteuer, Gebühr für die Hafenpolizei, Wechselgebühren an die Staatskasse, Gerichtsgebühren, Geleitsgebühren über Wüstenstraßen, Konventionalstrafen bei Vertragsverletzungen, Ankergebühren in Memphis, mehrere Gebühren im Zusammenhang mit der Kornbewirtschaftung, Jagdschutzgebühren, Gebühren für die Unterhaltung der öffentlichen Bäder, Freilassungssteuer für Sklaven, Zuschuss für die Staats- und Steuerverwaltung, Kanalsteuer, Dammunterhaltungssteuer, Dammfronde, Steuer zur Ernährung des Hofes, Gebühren für die Flusspolizei, Volkszählungssteuer, Münzprüfungssteuer, Kornprüfungssteuer, Transportgebühr für die Beförderung der Geldsteuern nach Alexandria, Steuern für ärztliche und gerichtliche Hilfe, Unterhaltungsgebühren für durchmarschierende Truppen, Steuern für den Bau und die Unterhaltung bestimmter Tempel, Steuern für die Kriegsflotte. An indirekten Steuern kamen hinzu: eine Steuer auf jede Art von Besitzwechsel (*enkyklion* / 5 % im 3. Jahrhundert v. Chr.) und – unabhängig von den nicht unerheblichen Monopolgebühren – Steuern auf Bier, Öl, Salz, Soda. Schließlich kamen hierzu noch die Zölle, etwa Einfuhr- beziehungsweise Ausfuhrzölle (bis 50 % des deklarierten Betrages) und die Binnenzölle an den Grenzen der einzelnen Gaue Ägyptens. Ich schließe die – durchaus noch nicht vollständige – Liste der Steuern, Gebühren, Abgaben und Zölle im Ägypten des 3. Jahrhunderts hier ab, ist doch schon ein ungefähres Bild davon entstanden, wie engmaschig das fiskalische Netz der ptolemäischen Herrschaft gewesen ist. Nun würde man leicht vermuten, solch ein Steuerdruck habe die Wirtschaft eher behindert, gelähmt, ja wirtschaftliche Unternehmungen sogar gänzlich verhindert. Im 2. und 1. Jahrhundert v. Chr., als die Höhe dieser fiskalischen Belastungen ständig zunahm, war dies der Fall. Im 3. Jahrhundert v. Chr. offensichtlich nicht. In diesem Jahrhundert ist ein wirtschaftlicher Aufschwung, namentlich in Ägypten, unverkennbar. Hinsichtlich einiger Steuern kann dies sogar plausibel gemacht werden: Die Grundsteuer etwa (und zwar gleichermaßen auf bebaute wie unbebaute Grundstücke) mag manchen Grundbesitzer dazu bewegt haben, zu bauen, um die Kosten für diese Abgabe wieder hereinzuholen. Die Steuer auf Gebäude mag wiederum dazu motiviert haben, diese Gebäude zu vermieten und so weiter. Jedenfalls ist im Ägypten des 3. Jahrhunderts ein Bauboom unübersehbar – und dies vielleicht nicht trotz, sondern wegen der Besteuerung. Man könnte sogar noch weitergehen: Die allgemeine Kopfsteuer mag ein Antrieb für manchen Ägypter gewesen sein, überhaupt etwas zu arbeiten. Auch hier wird der schon im Begriff steckende Doppelcharakter deutlich: Steuer ist einerseits die fiskalische Abschöpfung von erwirtschafteten Werten, andererseits ein Steuerungsinstrument zur Intensivierung und Gestaltung der Wirtschaft. Es macht durchaus den

Eindruck, dass den ersten Ptolemäern dieser zweite Charakter von Steuern bewusst war und dass sie ihn planvoll nutzten.

Die Steuerveranlagung war die Aufgabe der komplexen Steuerverwaltung. Jeder Haushalt hatte jährlich an die Behörden die Zahl der Mitglieder des Haushalts, den Umfang des Immobilien-, Korn-, Vieh- und Weinbesitzes und andere Besitztümer zu melden – dies bezeugen jedenfalls unzählige Papyrusdokumente. Auf der Basis dieser Deklarationen entstand dann in der Finanzverwaltung das Personen- und das Grundstücks-/Gebäudekataster, das sowohl die Grundlage für fiskalische Planungen als auch für die Wirtschaftsplanung durch den *dioiketes* war. Die Steuererhebung selbst war ebenso komplex. Alle Zahlungen hatten an den *oikonomos*, den königlichen Verwalter eines Dorfbezirkes zu gehen. Von dort wurden die Geldleistungen über das Staatsbanksystem nach Alexandria überwiesen, die Naturalleistungen wurden gespeichert und auf – in Geldwert geführten – Steuerkonten gutgeschrieben. Überwacht wurde diese Arbeit des *oikonomos* durch einen ebenfalls lokalen Beamten, den *basilikos grammateus*, der auch die Eingänge mit den Katastern und den daraus resultierenden zentralen Eingangsplanungen zu vergleichen hatte. Der Einzug selbst war jedoch zumeist freien Steuerpächtern oder Steuerpächtergesellschaften übertragen. Sie pachteten den Einzug bestimmter Steuern in einem bestimmten Gebiet durch freies Bieten auf einer öffentlichen Auktion. Unterstützt durch einen Stab Staatsbeamter zogen sie die jeweiligen Steuern ein und erhielten bei Eingang der geschätzten Summen eine Tantieme von 10 % zuzüglich möglicher Überschüsse. Um mögliche Übergriffe zu verhindern, durften königliche Beamte, namentlich diejenigen, die mit der Steuerverwaltung zu tun hatten, nicht als Steuerpächter fungieren. Auch durften die Steuerpächter nicht selbständig Zwangsvollstreckungen durchführen, sondern mussten ihre Rechte durch staatliche Organe durchsetzen lassen. Waren so einige Vorkehrungen gegen erpresserisches Verhalten der Steuerpächter getroffen, so sicherte der Staat seine Ansprüche ihnen gegenüber auch ab. Steuerpächter hatten etwa für die korrekte Ablieferung der geschätzten Summen Bürgen zu stellen. Unterschritten die Steuereingänge die geschätzte Summe, so hatte diesen Verlust der Steuerpächter und im Zweifelsfalle sein Bürge zu tragen. Dem Steuerpächter war außerdem ein Beamter, der *antigrapheus*, beigegeben, der ihn kontrollierte. Steuerpächter und *antigrapheus* gemeinsam hatten dem *oikonomos* am Ende eine detaillierte Schlussabrechnung vorzulegen. Die ägyptischen Steuerpächter hatten also bei weitem nicht die Freiheiten, wie sie etwa ihre Kollegen im Römischen Reich hatten. Dennoch muss bemerkt werden, dass auch hier wieder die Detailarbeit und das geschäftliche Risiko privaten Unternehmern übertragen wurde. Wenn auch staatlicherseits strengstens kontrolliert, so war doch ihre Privatinitiative das eigentliche Ferment, das die Steuererhebungsmaschine am Laufen hielt.

In den vorhergehenden Seiten ist die Struktur und der Charakter der ptolemäischen Staatswirtschaft im 3. Jahrhundert aus verschiedenen Perspektiven beleuchtet worden. Was nun noch fehlt, ist eine zusammenfassende Beurteilung, insbesondere die Beurteilung der planenden und steuernden wirtschaftspolitischen Initiative der ersten Ptolemäer.

Ich denke schon, dass im ptolemäischen Ägypten eine stringente Wirtschaftspolitik – und zwar im durchaus modernen Sinne – erkennbar ist. Nicht die einzelnen wirtschaftspolitischen Maßnahmen an sich, sondern vielmehr die geschickte Verzahnung der Einzelmaßnahmen lassen eigentlich nur den Schluss zu, dass hier aufgrund einer soliden Analyse der wirtschaftlichen Rahmenbedingungen planvoll und dauerhaft ein System der politischen Wirtschaftssteuerung erdacht und durchgesetzt wurde. Kein Wunder ist es, wenn M. Rostovtzeff halb emphatisch, halb bedauernd meint: „Der *homo politicus*, der in Griechenland noch lebte, hatte in Ägypten dem *homo oeconomicus* und dem *homo technicus* Platz gemacht." Und Ägypten war nun wirklich nicht eine leicht zu übersehende Nische in der antiken Welt. Schon die Zeitgenossen eines Philadelphos müssen von dieser neuen, stark ökonomisch geprägten Art, Politik zu machen, Kenntnis genommen haben. Und die römischen Kaiser hatten ja gerade Ägypten zur Krondomäne gemacht und das ptolemäische Wirtschaftssystem weitgehend weitergeführt – dies alles ohne entsprechende wirtschaftspolitische Einsichten?

Eine andere Frage ist, ob solche Staatswirtschaften als Ganzes von den hellenistischen Herrschern erfunden worden sind. Dies kann, so glaube ich, mit gutem Recht verneint werden. In der Forschung hat sich – mit gelegentlichen Abweichungen in den Schwerpunktsetzungen – die Meinung durchgesetzt, die vorgefundenen orientalischen Staatswirtschaftsmaschinerien seien lediglich durch griechischen Geist verfeinert worden. Schon 1938 hatte dies Fritz Heichelheim so formuliert: „In letzten Endes meist privatwirtschaftlichem Geiste suchte man hier unter genialer Entfesselung ungeheurer Kräfte die so großräumigen wie unzeitgemäßen Wirtschaftsmaschinerien des alten Orients, die man vorgefunden hatte, umzubauen. Man nutzte sie lieber unter neuer Zwecksetzung für das eigene ökonomische Streben aus, als daß man sie vernichtete. Das hellenische privatwirtschaftende Individuum wurde so, ein innerer Widerspruch seit Alexander, in die größten Planwirtschaftsorganismen der antiken Welt überhaupt eingebaut." Oder – etwas weniger enthusiastisch – Hans Kloft: „So gesehen war die hellenistische Staatswirtschaft nichts Neues, sondern band ganz unterschiedliche Wirtschaftstraditionen zu einem mehr oder weniger zusammenhängenden Konglomerat zusammen mit der Maßgabe der höchsten Effektivität." Also nicht die flächendeckenden Staatswirtschaftsmaschinen selbst, sondern deren Modifizierung, deren systematische Leistungssteigerung war die wirtschaftspolitische Leistung der hellenistischen Herrscher.

Ein weiterer Gedanke kann in diesem Zusammenhang ausgeführt werden. Wenn die ptolemäischen Könige das gesamte Land, ihr Herrschaftsgebiet, und damit auch alles, was in diesem Lande produziert und gehandelt wurde, als ihr Eigentum auffassten, so hatten sie es mit einem zwar riesig großen, aber doch privaten *oikos* zu tun. Was, wenn die ptolemäischen Könige die Wirtschaftsverwaltung Ägyptens im Prinzip als nichts anderes als die Verwaltung eines privaten *oikos* angesehen haben, die sie – auf der Grundlage von vorgefundenen Strukturen – mit dem betriebswirtschaftlichen Erfahrungswissen eines griechischen Hausvaters betrieben? In dieser Perspektive verschwimmen sogar die Konturen von betriebs- und volkswirtschaftlichem Verhalten ein wenig; Wirtschaftspolitik wird zur ins Große ausgedehnten, aber altbekannten Verwaltung eines privaten *oikos*. Außerdem: Die Übertragung von privatwirtschaftlichen Erfahrungen auf ganze Staaten ist ja schon im 4. Jahrhundert vorgekommen. Die im vorhergehenden Kapitel dargestellten Gedanken Xenophons über die Erhöhung der Einkünfte des athenischen Staates hatten ja explizit die erfolgreichen Unternehmungen von Privatleuten zum Vorbild genommen. Wenn es solche Übertragungen von betriebswirtschaftlichen Ideen und Modellen auf ganze Staaten schon in nachklassischer Zeit gegeben hat, weshalb sollten dann die hellenistischen Herrscher dies nicht auch getan haben, zumal sie durch die Rahmenbedingungen dazu geradezu gedrängt wurden?

Die hellenistischen Staatswirtschaften waren natürlich nicht die monolithischen staatlichen Planwirtschaftsmaschinen, waren nicht „die höchste Verfeinerung planmäßigen staatswirtschaftlichen Gebarens, die die bisherige Welt vor dem 20. Jahrhundert n. Chr. überhaupt gesehen hat" – wie dies Fritz Heichelheim noch meinte. Heute glaubt man eher, die Bedeutung der privaten unternehmerischen Initiative betonen zu müssen. Bei genauerem Hinsehen ist auch in dieser Darstellung aufgefallen, dass immer dort, wo ein Risiko zu tragen war (Steuereinzug), wo riskante Innovationen in Landwirtschaft, Industrie und Handel zu wagen waren (*doreai*), und generell dort, wo die Staatsverwaltung an ihre Grenzen stieß (etwa hinsichtlich der Zulassung von Privatbanken zur Herstellung eines flächendeckenden Bankensystems), Privatinitiative zugelassen und in gewissem Sinne sogar erwünscht war. Solange die primären fiskalischen Interessen des Königs nicht ernsthaft tangiert waren und solange ebenfalls im Interesse des Königs ein wohlfahrtsstaatliches Prinzip verfolgt wurde, konnte sich Privatinteresse als Ferment, als wirtschaftliches Movens durchaus in das staatswirtschaftliche System einfügen. Hans Kloft hat dies wie ich meine sehr treffend so formuliert: „Die hellenistische Staatswirtschaft funktionierte offensichtlich in der Weise, daß sie wirtschaftliche Subsysteme wie diejenigen des Apollonios und Zenon zuließ, ja sogar auf sie angewiesen war. Ein derartiger wirtschaftlicher Großbetrieb mit privatem Einschlag war kein Einzelfall […]. Max Weber hat für diese Art der Delegation staatlicher Aufgaben und der Ausübung faktischer Wirtschaftsmacht den Begriff Appropriation geprägt, weil sie den privaten Nutznießern ein Eigentum im wirtschaftlichen Sinne verschaffte. Das gesamte System der Pacht, wodurch staatliche Einkünfte an private Unternehmen übereignet wurden, läßt sich bei aller Unterschiedlichkeit in den hellenistischen Staaten als ein Vorgang der Appropriation begreifen, eine wirtschaftliche Verselbständigung innerhalb der rechtlichen und politischen Ordnung." Aber war diese Symbiose von Staatsverwaltung und privatem Unternehmertum nun eine wirtschaftspolitische Vision der hellenistischen, namentlich der ptolemäischen Herrscher, oder hat sie sich im Laufe der Zeit einfach so ergeben? Ich meine, es gibt gewichtige Argumente dafür, dass zumindest die frühen Ptolemäer hier planvoll und zielstrebig, im wahrsten Sinne wirtschaftspolitisch gehandelt haben. Zunächst einmal traten alle diese Formen der wirtschaftlichen Selbständigkeiten innerhalb der Staatsmaschine schon recht früh, alle schon in der ersten Hälfte des 3. Jahrhunderts auf – was generell gegen eine allmähliche Entstehung spricht. Und zudem traten diese unternehmerischen

Selbständigkeiten überall dort auf, wo die Staatsmaschine an ihre Grenzen stieß. Offenbar ließen die ptolemäischen Könige gezielt – und natürlich zu ihrem eigenen Nutzen – überall dort privatwirtschaftliches Unternehmertum zu, wo eine überbordende Bürokratie nicht wünschenswert, wo Risiken zu tragen, wo Innovationen zu erproben und durchzusetzen waren. Der oben schon angesprochene griechische Individualismus wurde hier nützlich in das vorgefundene und verfeinerte staatswirtschaftliche System eingebunden. So etwas ist, so meine ich, ohne weiteres als wirtschaftspolitisches Handeln anzusehen.

Schließlich ist noch einer weiteren Frage nachzugehen: Welche Ziele hatte die ptolemäische Wirtschaftspolitik? Es ist ja für die ptolemäische Frühzeit eine in der Forschung immer wieder bemerkte Behutsamkeit zu konstatieren, mit der die Herrscher den Steuer- und Abgabendruck und die Reglementierung so moderat hielten, dass die Initiative zu Arbeit und auch zu unternehmerischem Wagnis nicht erdrückt wurde. Erst die zunehmende Korruption im Beamtenapparat und das hemmungslose Anziehen der Steuerschraube ab dem 2. Jahrhundert hatten eine ökonomische Stagnation zur Folge. Wenn die ersten Ptolemäer also eine kluge Wirtschafts- und Steuerpolitik betrieben, welche Gedanken haben sie dabei geleitet? Fritz Heichelheim glaubte zwei Grundmotive erkennen zu können: die Absicht der Könige, so viel wie nur möglich aus dem eigenen Herrschaftsgebiet herauszuholen, und andererseits – auch im Interesse einer nachhaltigen Leistungskraft – ein wohlfahrtsstaatliches Prinzip zu verfolgen. Diese Antagonismen in der Balance zu halten sei den ersten Ptolemäern glänzend gelungen.

Rom – Republik

Entwicklung der Wirtschaft in der römischen Republik

Die Geschichte der römischen Republik könnte gekennzeichnet werden als die Transformation eines Stadtstaates mit lokaler, höchstens regionaler Bedeutung in ein Territorialreich, das die gesamte damals bekannte Welt umspannte. In mehreren Phasen unterwarf Rom zunächst allmählich ganz Italien (340–264 v. Chr.), dann die Anrainer im westlichen Mittelmeer (264–201 v. Chr.) und schließlich die Nachbarn im östlichen Mittelmeer (200–133 v. Chr.). Diese gewaltige Ausdehnung des Herrschaftsgebietes verursachte so manche Verwerfungen und Wandlungen in der römischen Gesellschaft: Zunächst waren damit erhebliche politische Probleme verbunden, aber auch soziale und nicht zuletzt wirtschaftliche. Hier sollen einführend die wichtigsten Entwicklungen und Konflikte dargestellt werden, um gewissermaßen einen Hintergrund zu gewinnen für die Betrachtung der im Folgenden dargestellten Beispiele.

Zunächst einmal flossen, insbesondere nach der Eroberung des wohlhabenden griechischen Ostens, ungeheure Reichtümer nach Rom. Die Krieg führenden Feldherren pflegten neu unterworfene Gebiete zuallererst einmal gründlich auszuplündern. Diese Beutegüter und die abgepressten Kriegsentschädigungen sollten ihrer Bedeutung nach nicht unterschätzt werden. Man meint, in der ersten Hälfte des 2. Jahrhunderts v. Chr. seien ca. 250 Millionen Denare in Form von Beutegeldern oder Kriegsentschädigungen nach Rom geflossen.

Freilich war ein Teil dieser Gelder für die römische Staatskasse bestimmt, ein Teil – bestimmt nicht der größte – wurde an die Soldaten verteilt, sehr viel blieb aber in den Händen der jeweiligen Feldherren. Diese hatten aber noch andere Einnahmequellen: Cicero berichtet seinem Freund Atticus im Jahre 50 v. Chr. Folgendes: „Wohlhabende Gemeinden zahlten, um keine Einquartierung zu bekommen, große Summen, Cypern z. B. 200 attische Talente [das sind 1 200 000 Denare]" (Cicero, Att. 5, 21,7). Für die Befreiung von Einquartierungen war man also bereit, die jeweiligen Feldherren mit immensen Summen zu bestechen.

Eine weitere reich fließende Einnahmequelle waren die Steuern und Abgaben aus den eroberten Gebieten: Jeder Provinziale musste eine Kopfsteuer zahlen und auch auf den Boden wurden Abgaben entrichtet, da nach römischer Rechtsauffassung die eroberten Gebiete Eigentum des römischen Volkes waren. Mit derselben Begründung war die Ausbeutung der dortigen Bodenschätze ausschließlich für Rom reserviert. Das Steuersystem kann hier nicht näher beschrieben werden, weil in den einzelnen Provinzen durchaus verschiedene, zumeist historisch gewachsene Steuersysteme gültig waren. Festzuhalten ist jedoch, dass die Steuern aus den Provinzen und die Ausbeutung der Bodenschätze die wichtigste Einnahmequelle des römischen Staates gewesen sind.

Die Senatorenschicht bereicherte sich also aus Beuten, Bestechungen und auf Umwegen sogar aus der Staatskasse. Daneben gab es aber noch eine schmale Schicht von vermögenden Geldleuten. Große Militärkommandos waren ihnen aus standesrechtlichen Gründen verwehrt, sie konnten also die Erwerbsarten der Senatoren nicht nutzen. Für sie gab es andere Möglichkeiten: Die ausgepressten Provinzen und Städte waren gelegentlich überfordert, die immensen Geldsummen aufzubringen. Hier boten sich diese Geldleute oder Gesellschaften derselben hilfreich an. Gegen horrende Zinsen waren sie bereit auszuhelfen. Ein Beispiel schildert Plutarch im Leben des Lucullus: „[Es gab da] die öffentliche Schuld, die von den zwanzigtausend Talenten [120 Millionen Denare] herrührte, mit denen Sulla die Provinz Asien bestraft hatte. Das Doppelte dieser Summe war denen, die sie zuerst geliehen hatten, [innerhalb kurzer Zeit] schon abbezahlt worden, aber durch Zinsen war sie von ihnen schon auf hundertzwanzigtausend Talente [720 Millionen Denare] hinaufgetrieben worden" (Plutarch, Lucullus 20). Solche Wuchergeschäfte mit politisch und militärisch Ohnmächtigen verschafften den römischen Geldleuten und einigen Wohlhabenden vor Ort riesige Einnahmen. Ein anderer Schwerpunkt der Tätigkeiten dieser nichtsenatorischen Geldleute war die Pachtung von öffentlichen Aufträgen. Öffentliche Bauten, besonders aber die Eintreibung von Zöllen und Steuern oblagen nämlich nicht der römischen Verwaltung selbst, sondern wurden an Privatleute versteigert. Der antike Historiker Polybios schildert diesen Vorgang so: „Denn es gibt viele Arbeiten – man könnte sie nicht leicht aufzählen –, die von den Zensoren in ganz Italien vergeben werden, um die staatlichen Gebäude instand zu setzen und neue zu errichten. Außerdem werden verpachtet Fischereirechte in den Flüssen, Hafenzölle, Gärten, Bergwerke und Land [*ager publicus*], kurz alles, was unter die Hoheit des römischen Volkes gefallen ist. All das eben Genannte wird vom Volk ausgeführt, und sozusagen fast alle sind durch Pachtverträge und Gewinne daraus gebunden. Die einen nämlich pachten persönlich von den Zensoren die zu vergebenden öffentlichen Aufgaben, andere arbeiten mit diesen Pächtern als Gesellschafter zusammen, wieder andere bürgen für diese Pächter [...]" (Polybios 6,17).

Unter die ‚Hoheit des römischen Volkes' gefallen waren auch – und nicht zuletzt – die Provinzen. Die Erhebung der Steuern und Abgaben aus diesen Provinzen wurde ebenfalls als öffentliche Aufgabe an Privatleute verpachtet – merkwürdig, dass Polybios diese, die wichtigste Einnahmequelle des römischen Staates hier unerwähnt lässt. Wer nun etwa eine solche Steuerpacht erworben hatte, konnte für eine bestimmte Zeit die Steuern in einem fest begrenzten Bereich eintreiben. Der römische Staat hatte damit die geschätzte Steuersumme sofort, der Steuerpächter hingegen hatte die Chance, bei der Eintreibung ein sattes Plus zu erwirtschaften. Nicht wenige solcher Geldleute, nach ihren öffentlichen Aufträgen *publicani* genannt, sind dabei sehr reich geworden – manche Provinz hingegen sehr arm. Plutarch etwa berichtet in der Vita des Lucullus, wie es der ehemals reichen Provinz Asia in der ersten Hälfte des 1. Jahrhunderts v. Chr. ergangen war: „[Sie war] von unsäglichen und unglaublichen Leiden heimgesucht, indem sie von den Steuerpächtern und Wucherern ausgeräubert und geknechtet wurde. Die einzelnen Bürger wurden gezwungen, wohlerzogene Söhne und jungfräuliche Töchter, die Gemeinden, Weihegeschenke, Gemälde und Götterstatuen zu verkaufen. Ihr eigenes Ende war, dass sie ihren Gläubigern zugesprochen und deren Sklaven wurden, und was vorausging, war noch schlimmer: Fesselung, Einkerkerung, Folterung, Stehenmüssen unter freiem Himmel, im Sommer in der heißen Sonne, im Winter in Schlamm und Eis, so dass ihnen der Sklavenstand wie eine Befreiung von schwerer Last und eine Zeit des Friedens erschien. Da Lucullus so üble Zustände in den Städten vorfand, befreite er binnen kurzer Zeit die Gequälten von allen Leiden. [… Die in ihrem Profit dadurch eingeschränkten römischen Geldleute erhoben deshalb in Rom] ein großes Geschrei gegen Lucullus und brachten mit ihrem Geld auch einige Demagogen auf die Beine, da sie großen Einfluß besaßen und viele der im öffentlichen Leben tätigen Männer zu Schuldnern hatten" (Plutarch, Lucullus 20). Der Widerstand, den Lucullus seit ca. 70 v. Chr. in Rom erfuhr, hatte freilich vorwiegend andere, politische Gründe – jedoch konnte er durch die frustrierten Steuerpächter und Wucherer durchaus weiter angeheizt worden sein.

Kapital war also relativ plötzlich und in unvorstellbaren Mengen in Rom vorhanden. Es wird aber später noch zu zeigen sein, dass der plötzliche Reichtum durchaus nicht allen Römern, nicht – wie Polybios glauben machen will – fast jedem Bürger aus der breiten Masse zugute kam, sondern sich in den Händen einer kleinen Elite konzentrierte.

Ein weiterer, im Zusammenhang mit der römischen Wirtschaftsgeschichte nicht zu unterschätzender Faktor war der massenhafte Zustrom von billigen Arbeitskräften. Thomas Pekáry macht einige Angaben: „Es ist bekannt, daß während und nach den Kriegen die Bevölkerung einzelner Städte oder auch ganzer Gebiete mit Ausnahme der Alten und sonst ‚Unbrauchbaren' zu Sklaven gemacht und nach Italien verschleppt oder verkauft wurde. Die Zahlen sind eindrucksvoll. Hier einige Angaben: im Jahre 209 aus Tarent 30 000 Sklaven, 177 aus Sardinien 1700, 167 aus Epirus 150 000, 146 aus Karthago 50 000." Diese Sklavenmassen – in obigem Zitat sind nur einige wenige Beispiele genannt, die uns aus den Quellen bekannt sind – wurden in der italischen Landwirtschaft eingesetzt, in Bergwerken, aber auch in den städtischen Haushalten als Bedienstete, Lehrer, Ärzte oder Handwerker. Zwei ökonomische Wirkungen gingen von diesem Sklavenzustrom aus: Das vorhandene Kapital suchte ohnehin in der Landwirtschaft rentable Anlagemöglichkeiten und die Masse der billigen Arbeitskräfte ermöglichte es, weitere Flächen landwirtschaftlich zu betreiben – die verhängnisvolle Ausdehnung der landwirtschaftlichen Güter hin zum Großgrundbesitz nahm ihren Anfang. Unter den Stadt- und Luxussklaven hingegen waren nicht wenige handwerkliche Spezialisten aus den zivilisatorisch überlegenen griechischen Gebieten im Osten. Mancher Sklavenbesitzer in den Städten erkannte bald, dass diese zu einer nicht unerheblichen Geldquelle gemacht werden konnten – man musste ihnen nur eine Werkstatt zur Verfügung stellen, denn der

Bedarf nach handwerklichen Waren aller Art, auch nach Luxuswaren, war in den Städten groß. So hatten die Stadtsklaven einen nicht unerheblichen Anteil an der Spezialisierung der Handwerke in Rom, sie verdrängten aber auch zunehmend die römischen kleinen Leute aus den handwerklichen Berufen.

Die im Zusammenhang mit der Expansion auftretenden Veränderungen in der römischen Gesellschaft lassen sich kurz so zusammenfassen:

- Konzentration der aus den Provinzen fließenden Reichtümer in den Händen der politisch tonangebenden Schichten der Senatoren und Geldleute.
- Bei beiden Gruppen die Neigung, die Reichtümer in rentablem Landbesitz in Italien anzulegen.
- Dies und der Zustrom von Sklaven als billigen Arbeitskräften führt in der Landwirtschaft zur Entstehung von Großgrundbesitz, der entweder intensiv in Plantagen oder extensiv durch Viehzucht genutzt wird.
- In der Stadt wird durch die gut ausgebildeten Sklaven-Arbeitskräfte ein Spezialisierungsschub hin zu einer weit höheren Arbeitsteilung im Gewerbe eingeleitet, wobei die traditionellen römischen Handwerker ins Hintertreffen geraten.

Es ist keine Frage, solche Entwicklungen müssen zu politischen und sozialen Verwerfungen führen.

Die italischen Klein- und Mittelbauern gerieten verschärft unter ökonomischen Druck. Durch die immer häufigeren und länger währenden Kriegseinsätze ohnehin geschwächt, mussten sie sich zusätzlich mit einigen überaus heiklen Problemen auseinandersetzen: Ein Teil der Abgaben der Provinzen, namentlich aus agrarisch besonders starken Provinzen wurde in Form von Naturalien geleistet. Sizilien, Sardinien, Nordafrika und später Ägypten lieferten in großem Umfange landwirtschaftliche Güter nach Italien, vorwiegend Getreide. Rom und die küstennahen Regionen wurden also zunehmend mit konkurrenzlos billigem Getreide aus diesen Provinzen überschwemmt. Dies traf den Nerv der italischen Klein- und Mittelbauern, die aufgrund ihrer Betriebsgröße und Personalausstattung in der Regel auf den Getreideanbau fixiert waren – ihnen ging zunehmend der Absatzmarkt für ihr Getreide verloren. Viele mussten ihren Hof aufgeben – dies kam den nach Anlagen suchenden römischen Geldleuten sehr entgegen, die schon seit längerem einen starken Druck auf die italischen Kleinbauern ausübten. Sie kauften die oft hochverschuldeten Kleinbauernhöfe auf. So und auf annektiertem Staatsland entstanden allmählich die Großbetriebe, die sich auf rentable Plantagenwirtschaft (Öl, Wein, Obst) oder auf die ebenfalls rentable extensive Viehzucht spezialisieren konnten. Diese Betriebe wurden mit einem Personalstamm aus Sklaven betrieben, so dass für die nun besitz- und arbeitslos gewordenen Kleinbauern auf dem Lande kein Auskommen mehr war – sie strömten massenhaft in die Städte und vermehrten dort das Proletariat. Diese Entwicklung war aus zwei Gründen sehr bedenklich. Zum einen waren die *proletarii* in den Städten und besonders in Rom ein ständiger sozialer und politischer Unruheherd, zum anderen war dadurch, zumindest bis 100 v. Chr., die militärische Handlungsfähigkeit Roms in Gefahr. Vor der Heeresreform des Marius, die eine Berufsarmee schuf, war das römische Heer ein Milizheer – und deshalb auf einen breiten Stamm von Klein- und Mittelbauern angewiesen. In dem Maße, in dem die römische Gesellschaftspyramide dieses Mittelstandes verlustig ging, war die militärische Schlagkraft Roms gefährdet.

Die Industrie und der Handel erlebten in der römischen Republik einen stetigen Aufschwung. Mit der Einführung des Münzgeldes um 300 v. Chr. war der Weg frei für eine Ausbildung und Spezialisierung des städtischen Handwerks. Von Plautus (aul. 505–522) erfahren wir, dass um 200 v. Chr. schon eine weitgehende Differenzierung der Handwerke erreicht war. Wie oben schon einmal angedeutet, bewirkte der Zustrom von handwerklich gut ausgebildeten Sklaven aus dem griechischen Osten eine nochmalige Ausdehnung und Spezialisierung des städtischen Handwerks. Von den *terra sigillata* – Töpfereien in Arezzo (um die Zeitwende) oder in Südgallien (1. Jahrhundert n. Chr.) wissen wir, dass ihre Produkte in Italien, den Westprovinzen und in den Donauprovinzen weit verbreitet waren, was Rückschlüsse auf das Produktionsvolumen und auf die Größe des Absatzmarktes zulässt. Wir wissen von einem reichen und auch weiter gehandelten Sortiment von Keramik, Metallwaren, Schmuck, Textilien oder Spezialprodukten, wie etwa der ägyptische Papyrus. Die rege Bautätigkeit, die in Italien seit dem 2. Jahrhundert v. Chr. nachzuweisen ist, verlangte nach spezialisierten Bauhandwerkern sowie nach Baumaterialherstellern. Die Gewerbe sorgten also zunehmend für ein reiches und ausdifferenziertes Angebot an Waren und Dienstleistungen. Die Quantität und die Qualität der römischen gewerblichen Produktion werden allerdings leicht überschätzt, manche vermuten Massenproduktion, ja sogar die Anfänge von Industrialisierung. Der vorherrschende Charakter der römischen Gewerbe dürfte jedoch eher folgendermaßen ausgesehen haben: In handwerklichen Kleinbetrieben wurden gewerbliche Waren für lokal begrenzte Märkte hergestellt. Erscheinungen einzelner größerer Manufakturbetriebe, wie etwa die Betriebe mit ca. 100 Angestellten, die ansatzweise eine Massenproduktion für überregionale Märkte durchführten – wie etwa bei der *terra sigillata*-Produktion in Arezzo –, blieben singulär. Es gab durchaus eine starke Differenzierung in diverse Handwerke, auch preislich differenzierte Waren wurden hergestellt. Innerhalb der meisten Betriebe gab es aber nur eine geringe Differenzierung der Arbeitsgänge. Die Kleinhandwerker mit ihren vielleicht drei Mitarbeitern führten alle Arbeitsgänge der Produktion ohne weitere Arbeitsteilung und auch ohne den Einsatz von Maschinen durch.

Dem weitgehenden Fehlen von großen Betrieben, die massenhaft für große Märkte produzierten, entspricht, dass ein Handel mit gewerblichen Waren zumeist aufs Lokale begrenzt blieb. Gleichwohl haben wir unübersehbare Zeugnisse eines nicht geringen Handels: Schon in der Zeit der Republik findet man in jeder römischen Siedlung Waren, die aus anderen Provinzen stammten, fast überall trifft man Ehren- oder Grabinschriften für Kaufleute an, die ganz offenbar begüterte bis reiche Leute waren, Speicherbauten, Handelsplätze und Markthallen waren zentrale Orte in den römischen Siedlungen, selbst in den kleineren Orten gab es in der Regel einmal im Monat Markttage. So ganz gering kann der Handel im Römischen Reich also doch nicht gewesen sein. Man muss hier differenzieren: Der lokale Warenaustausch, etwa zwischen einer Stadt als zentralem Ort und ihrem agrarischen Umland, war gewiss sehr lebhaft. Der Austausch von städtischen Gewerbeprodukten und den Agrarprodukten aus dem Umland wurde jedoch oft von den Produzenten selbst, seltener von Klein- und Regionalhändlern durchgeführt. Große Städte, insbesondere Rom, konnten sich allerdings nicht mehr alleine aus ihrem Umland ernähren. Bei diesen kam die massenhafte Einfuhr von Grundnahrungsmitteln wie Getreide, Öl, Wein, Fleisch aus den Provinzen hinzu. Dieser Warenaustausch war freilich eine Handelsunternehmung, die ins Große ging. In der Regel waren solche Unternehmungen sogar zu groß für eine Person, weshalb sich kurzfristige Gesellschaften bildeten, die gemeinsam die Kapitalien für die Anmietung eines oder mehrerer Schiffe (Händler und Transportunternehmer waren in der Regel zwei verschiedene Gewerbe) und für den Einkauf der Waren aufbrachten. Das nicht geringe Risiko des Verlusts wurde dadurch gestreut. Gelang die Unternehmung, so winkten dem Beteiligten allerdings satte Renditen auf seine Einlage. Merkwürdig ist allerdings, dass solche Gesellschaften von Kapitalgebern für Handelsunternehmungen offenbar nicht auf Dauer eingerichtet wurden, auch fehlen uns Hinweise für große Handelshäuser, die dauerhafte Handelsbeziehungen pflegten – es blieb bei diesem überwiegend spontanen Großhandel. Überregional, zum Teil auch deutlich über die Reichsgrenzen hinaus (Indien, China, Südrussland, Nordeuropa), wurden auch spezielle Luxuswaren wie Gewürze, exotische oder besonders hochwertige Lebensmittel, hochwertige Textilien (Seide), Elfenbein, Bernstein, spezielle Keramik, Glas, Papyrus und so weiter gehandelt. Unter Umständen mussten auch die Rohmaterialien für die italische gewerbliche Produktion wie Marmor, Metalle und so weiter von weither besorgt werden.

Aus all dem Gesagten wird deutlich, dass es einen durchaus regen Regional- und Lokalhandel gegeben haben muss, ebenso einen überregionalen Lebensmittel-, Rohstoff- und Luxuswarenhandel. Im Bewusstsein der Römer wurde auch durchaus ein Unterschied zwischen lokalem und überregionalem Handel gemacht, wie die berühmte Stelle bei Cicero zeigt: „Wenn der Handel im kleinen Rahmen erfolgt, so muß man ihn für schmutzig erachten; wenn dagegen im großen umfangreichen Geschäft, indem er vieles von überallher beibringt und es vielen ohne Betrug zur Verfügung stellt, dann darf man ihn nicht tadeln" (Cicero, off. 42).

All diese Entwicklungen, die Kapitalakkumulation, die Besitzkonzentration und Spezialisierung in der Landwirtschaft, die Landflucht der verarmten Kleinbauern in die Städte, das allmähliche Aufblühen von Gewerbe, von Klein- und vor allem Großhandel ist eine Entwicklung, die ganz zaghaft im 3. Jahrhundert v. Chr. begann und um die Zeitwende einen ersten Höhepunkt erreichte. Parallel dazu wuchsen aber die politischen und sozialen Probleme der römischen Republik an, sie ist daran ebenfalls um die Zeitwende zerbrochen – und es gibt nicht wenige Forscher, die in dieser Parallelität auch einen Wirkungszusammenhang sehen.

Wirtschaftsfeindlichkeit und Geschäftstüchtigkeit – Marcus Porcius Cato Censorius

Wer kennt sie nicht, die gängige Auffassung vom unverbesserlichen und engstirnigen Altrömer Cato, dem Griechenhasser und Sittenfanatiker. Ein näherer Blick auf das Leben Catos lässt an diesem Vorurteil zweifeln und offenbart die ambivalente Persönlichkeit dieses großen Römers.

Cato wurde 234 v. Chr. in Tusculum geboren und entstammte ritterlichem Landadel. Durch seinen Freund aus altem römischen Adel, L. Valerius Flaccus, gefördert, stieg Cato in die politische Laufbahn ein. In relativ kurzer Zeit durchlief er die römische Ämterkarriere bis zum Konsulat (195 v. Chr.), 194 v. Chr. feierte er sogar einen Triumph. Der *homo novus*, der Neue in der politischen Kaste Roms, war im Grunde aristokratischer als seine echt aristokratischen Kollegen. Schließlich erreichte er im Jahre 184 v. Chr. das Amt des Zensors, das am höchsten angesehene Amt in der römischen Ämterlaufbahn. Nach seiner Zensur trat Cato allerdings nur noch vereinzelt politisch auf.

Das politische Leben Catos fand seinen literarischen Niederschlag in einer großen Zahl von Reden. Von 79 Reden haben wir Kenntnis (Cicero kannte noch etwa 150), sie stammten fast ausschließlich aus der Zeit während seines Konsulats und danach. Leider sind diese Reden nur in Fragmenten überliefert.

Die eigentliche literarische Tätigkeit Catos begann erst nach seiner Zensur: Nur fragmentarisch erhalten sind die *libri ad Marcum filium*, das *carmen de moribus*, in pädagogischer Absicht für seinen ältesten Sohn verfasste enzyklopädische Schriften und die *origines*, das Geschichtswerk Catos. Das einzige noch erhaltene Werk Catos ist sein Fachbuch über die Landwirtschaftskunde, *de agricultura*. Ob nun durch die *origines*, ob durch seine pädagogischen Schriften oder durch seine Landwirtschaftskunde – Cato galt in der Antike als der Schöpfer der lateinischen Fachschriftstellerei. Gleichwohl wurden seine Werke selbst nur wenig rezipiert und Catos strenger, altertümlicher Stil wurde nur von Sallust und den Archaisten nachgeahmt. Lediglich seine Landwirtschaftskunde wurde von Varro und von Plinius dem Älteren intensiver rezipiert.

Wesentlich wirksamer war der Politiker und Mensch Cato. Sehr positiv zeichnet Cicero sein persönliches Vorbild an verschiedenen Stellen, besonders aber in seiner kleinen Schrift *Cato maior*. Bei Livius wird Cato an verschiedener Stelle gewürdigt. Wie Cicero neigt auch er zu einer positiven Verzeichnung der Persönlichkeit Catos. Daneben gab es eine, bis auf ein kurzes Exzerpt verlorene, Cato-Vita von Nepos. Diese schien sich durch genaue Kenntnis der Werke Catos, durch die Verwendung mündlicher und annalistischer Überlieferung ausgezeichnet zu haben. Und vermutlich auf Nepos basierend gab es noch eine – ebenfalls verlorene – Cato-feindliche Tendenzschrift in griechischer Sprache. Aus diesen Vorlagen schöpfend verfertigte schließlich Plutarch seine Cato-Biographie, die das Cato-Bild in der Antike und bis in die Gegenwart nachhaltig prägt. Im Großen und Ganzen übernimmt Plutarch die positive Rezeptionstradition zur Person

Catos. Gleichwohl kam Plutarch an der kritischen Tradition zu Cato nicht vorbei. Dieses Nebeneinander von positiver und negativer Tradition in der Cato-Biographie Plutarchs führte schließlich zu der bis heute bemerkten Ambivalenz der Persönlichkeit Catos.

In dem hier behandelten Zusammenhang sind jedoch die wirtschaftliche Tätigkeit Catos und sein Denken darüber von besonderem Interesse. Immerhin hat der Wirtschaftshistoriker Fritz Heichelheim Cato folgendermaßen charakterisiert: „Die ältesten römischen Fernhandelsunternehmungen, die ins Große gingen, sind bezeichnenderweise an den Namen eines *homo novus* geknüpft, des auch sonst wirtschaftlich sehr bedeutsam unter seinen Zeitgenossen hervortretenden Cato. Sie sind in die erste Hälfte des 2. Jahrhunderts v. Chr. zu datieren und gehören vermutlich wirklich ziemlich an den Anfang der Entwicklung eines römischen Großhandels hellenistischen Stils. [... Und:] Auch die Standesgenossen Catos werden oft genug ähnlich wie diese so geschäftsschlaue wie hausbackene und doch Zeittendenzen gegenüber so aufgeschlossene Persönlichkeit vorgegangen sein." Ist Cato der Auslöser größerer wirtschaftlicher Aktivitäten im römischen Bereich und – angesichts seiner literarischen Produktion – vermutlich auch der für ein römisches Wirtschaftsdenken? Wenigstens hinsichtlich der betriebswirtschaftlichen Organisation seines Hauses wird Cato von der Forschung schon lange auch ein rationales gewinnorientiertes Denken und Handeln zugebilligt – wiederum Fritz Heichelheim: „Cato als Landwirt [ist] kein einfacher Bauer im altrömischen Sinne, sondern ein Kapitalist, der sein Gut schlechterdings als eine Einnahmequelle, nicht wie der Bauer zugleich als seine Heimat betrachtet."

Hören wir, wie Plutarch, die wichtigste Quelle zu Catos Leben, dessen Haltung zu wirtschaftlichen Dingen charakterisiert. Zunächst einmal wird das Bild des altrömischselbstgenügsamen Cato gezeichnet, des Feindes von allem Luxus: „In der Nähe seines Gutes lag das Häuschen, wo einst Manius Curius, der dreifache Triumphator [Konsul 290, 284, 275 v. Chr.], gewohnt hatte. Da ging er oft hin, betrachtete den geringen Umfang des Gutes und die Bescheidenheit der Wohnung und vergegenwärtigte sich, wie dieser Mann, der der Größte unter den Römern war, die streitbarsten Völker unterworfen und Pyrrhos aus Italien verjagt hatte, nach drei Triumphen dieses Gütchen selbst umgrub und diese Hütte bewohnte. Hier war es, wo die Gesandten der Sabiner ihn trafen, wie er am Herde saß und Rüben kochte, und ihm eine große Geldsumme boten. Aber er schickte sie weg mit den Worten, wem solches Essen genüge, der brauche kein Geld, und rühmlicher als Geld zu haben schiene es ihm, die zu besiegen, die Geld hätten. Mit solchen Gedanken ging Cato zurück, und wenn er dann wieder sein Haus, sein Gut, die Diener und den Haushalt überwachte, steigerte er noch seine eigene Tätigkeit und schränkte den Aufwand ein" (Plutarch, Cato maior 2). Eine nette Geschichte – so hätte sich Cato wohl tatsächlich selbst gerne gesehen: genügsam, aller Geldgier und Prunksucht abhold, mit allem Stolz dem altrömischen Leben und seinen Werten verpflichtet. Freilich – Plutarch lässt sogar diese romantische Fiktion eines vorbildlichen Lebens in der Vergangenheit, rund hundert Jahre vor Cato, spielen. Die Passage dient dazu, Cato als den im altrömischen Wesen stark verhafteten und in vielen Dingen rückwärtsgewandten Menschen zu präsentieren. In dieselbe Richtung zielt eine weitere Passage bei Plutarch: „Denn niemals, so sagte er, habe er ein Kleid getragen, das mehr als hundert Denare gekostet hatte, auch als Praetor und Konsul habe er denselben Wein getrunken wie seine Landarbeiter und Zukost zum Mahl für dreißig Asse vom Markte kaufen lassen, und zwar dem Vaterland zuliebe, damit sein Körper kräftig bleibe zum Kriegsdienst; als er einen kostbaren Perserteppich geerbt hatte, habe er ihn sofort verkauft, keins seiner Landhäuser sei getüncht, und noch niemals habe er einen Sklaven für mehr als tausendfünfhundert Denare gekauft, weil er keine verwöhnten schönen Burschen, sondern kräftige, arbeitsharte Männer als Pferdeknechte und Ochsentreiber brauche. [...] Überhaupt sei nichts Überflüssiges billig, sondern, was man nicht brauche, das sei zu teuer, selbst wenn man nur einen As dafür bezahlte; auch kaufe er lieber Land zum Anbauen und Weiden als zum Begießen und Rechen [das heißt als Luxusgarten]" (Plutarch, Cato maior 4).

Und ein wenig kleinkariert konnte Cato ebenfalls sein: „Als er als Quaestor mit ihm [Scipio Africanus] zum Krieg gegen Afrika ausgesandt wurde und beobachtete, wie der Mann mit der ihm gewohnten Großzügigkeit verfuhr und die Gelder ohne Sparsamkeit für die ihm unterstellten Truppen verwirtschaftete, machte er ihm ganz offen Vorhaltungen. [... Scipio erwiderte darauf,] er brauche keinen pedantischen Quaestor jetzt, da er mit vollen Segeln in den Krieg fahre, denn über Taten, nicht über Geld, sei er dem Staate Rechenschaft schuldig" (Plutarch, Cato maior 3). Zwei Züge an der Persönlichkeit Catos deutet diese Passage an: Bisweilen konnte er seinen Standesgenossen mit seinen eigenwilligen Ansprüchen ganz schön auf die Nerven gehen. Andererseits wird deutlich – und dies ist für unser Interesse viel wichtiger –, dass er durchaus in der Lage war, ökonomische Grundhaltungen und Verhaltensmuster, die er als privater Betriebswirt pflegte, auch auf die Verwaltung des Staatsvermögens anzuwenden – der erfolgreiche Betriebswirt als erfolgreicher Finanzpolitiker: „Offenbar ist Cato kein schlechterer Verwalter seines Hauses gewesen als des Staates" (Plutarch, Cato maior 30). Nun, untersuchen wir doch diese beiden – vorwiegend ökonomischen – Bereiche der Tätigkeiten Catos, die Wirtschaftsverwaltung seines Hauses und die des Staates, etwas genauer.

„Landbau trieb er, als er noch jung war, wegen des Erwerbes. Denn er sagte, daß er nur zwei Erwerbsquellen gehabt habe, Landbau und Sparsamkeit. Im Alter bot ihm das Landleben Zeitvertreib und einen Anlaß zu [literarischen] Betrachtungen" (Plutarch, Cato maior 25). Am Anfang und am Ende von Catos Leben stand also die Landwirtschaft im Vordergrund. Welche Erwerbsarten füllten dann den Rest von Catos Leben aus? Hören wir Plutarch weiter: „Als er sich ernstlicher auf den Gelderwerb zu legen begann, fand er, daß der Landbau mehr ein Zeitvertreib als eine ergiebige Geldquelle sei. Er legte darum seine Kapitalien in sicheren, risikofreien Objekten an, kaufte Teiche, warme Quellen, freie Plätze für Walker, Pecherzeugungsanlagen, natürliche Weiden und Hutungen, woraus ihm reicher Gewinn zufloß und denen, wie er sagte, sogar Iuppiter nichts anhaben konnte. Auch die anrüchigste Form des Geldverleihens, die gegen Seezins, verschmähte er nicht und verfuhr dabei folgendermaßen. Er veranlaßte die Geldbedürftigen, eine Gesellschaft von Geldgebern ins Leben zu rufen. Waren deren fünfzig und ebenso viele Schiffe zusammen, so nahm er selbst einen Anteil durch seinen Freigelassenen Quintio, der dann die Geschäftsführung der Schuldner beaufsichtigte und mitreiste. So erstreckte sich sein Risiko nicht auf das Ganze, sondern auf einen kleinen Teil bei großem Zinsgewinn. Auch seinen Sklaven, die das wollten, lieh er Geld. Sie kauften dann junge Sklaven, bildeten sie auf Catos Kosten aus und verkauften sie nach einem Jahr wieder. Viele behielt Cato auch unter Anrechnung des Preises, den der Meistbietende zu geben bereit war. Zu solchem Verfahren hielt er auch seinen Sohn an und sagte ihm, sein Vermögen abnehmen zu lassen sei nicht Sache eines Mannes, sondern einer Witwe. Ein noch stärkeres Stück Catos aber ist es, wenn er sich zu sagen unterfing, der müsse als ein bewundernswerter und göttlicher Mann gelten, aus dessen Büchern es sich erweise, daß er mehr Hinzuerworbenes als Ererbtes hinterlasse" (Plutarch, Cato maior 21).

Selbst wenn diese Darstellung Plutarchs in der Beurteilung tendenziös erscheinen könnte, so haben wir keinen Grund, an den dargestellten Fakten zu zweifeln. Die einzelnen Fakten bedürfen jedoch einer näheren Erläuterung. In Catos Leben schoben sich offenbar andere Erwerbsarten als der Landbau allmählich in den Vordergrund: Tierzucht (Weiden, Hutungen, Fischteiche), Gewerbe (Walkereien, Pecherzeugungsanlagen), Dienstleistungen (warme Quellen [für Bäder?]), Geldverleih (Seezins, produktive Darlehen – etwa für die Sklavenausbildung).

Diese Erwerbsarten schienen eine ergiebigere Geldquelle dargestellt zu haben als die Landwirtschaft, die in einem der folgenden Abschnitte noch näher behandelt werden soll. Leider haben wir keine Angaben über die quantitative Verteilung von Catos Vermögen auf die verschiedenen Anlagearten – wie sie uns glücklicherweise etwa von Demosthenes' Vater vorliegen. Wir wissen also nicht, in welchem Umfange Cato in die Landwirtschaft, in Gewerbe, Dienstleistungen oder in Geldgeschäfte investiert hatte. Die ‚nicht-agrarischen' Investitionen können jedoch nicht allzu gering gewesen sein, wenn sie Plutarch eine so umfangreiche Schilderung wert waren.

Speziell die von Plutarch als ‚anrüchig' bezeichnete Investition in Seedarlehen muss noch näher beleuchtet werden. Zunächst widersprach es dem von Cato selbst propagierten Bild eines römischen Senators, sich mit solcherlei riskanten Geldgeschäften zu befassen – zu nahe war solches ökonomisches Tun der moralisch verwerflichen Chrematistik oder dem Wucher. Sodann – und dies ist noch viel wichtiger – war es Senatoren geradezu verboten, solche Geld- und Handelsgeschäfte zu betreiben; so war dies jedenfalls in einem vom Volkstribun Q. Claudius im Jahre 218 v. Chr. eingebrachten Gesetz, der *Lex Claudia*, geregelt (Livius 21,63). Es war also für Cato und seine Standesgenossen nicht nur degoutant, sondern auch gesetzlich verboten, sich an solchen riskanten Handelsgeschäften zu beteiligen – gleichwohl waren die Gewinnchancen offenbar zu verlockend. Es deutet ja auch die Notwendigkeit, solches Verhalten durch eine *lex* zu verbieten, deutlich an, dass es eine nicht wenig verbreitete Praxis, auch unter Senatoren, gab, in solche Handelsgeschäfte zu investieren. Die einzige gerade noch legale Möglichkeit, sich am Glücksspiel Seedarlehen zu beteiligen, war, sich diverser Strohmänner zu bedienen. Nicht Cato selbst, sondern Catos Freigelassener Quintio zeichnete die Anteile an der

Gesellschaft der Kapitalgeber – freilich in Catos Auftrag und mit Catos Geld. Der gestrenge Sittenwächter Cato hat damit vielleicht nicht gegen den Buchstaben, so doch aber gegen den Geist der *Lex Claudia* und der ideologischen Selbstvergewisserung seines Standes flagrant verstoßen.

Dies wird auch in Catos so widersprüchlichen politischen Haltung gegenüber dem Geldgeschäft deutlich: Im Jahre 198 v. Chr. als Prätor in Sardinien ging er streng gegen Wucherer vor (Livius 32,27,3–4). Und in seinem Spätwerk, *de agricultura*, ist etwa folgende Ansicht zu lesen: „Es ist bisweilen meine Meinung, daß es besser wäre, durch Handelsgeschäfte Besitz zu erwerben – wenn es nicht so gefährlich wäre – und ebenso, Geld auf Zins auszuleihen – wenn es gleich ehrenhaft wäre. Unsere Vorfahren haben es so gehalten und so in den Gesetzen auf den Zwölf Tafeln niedergelegt: den Dieb mit dem Doppelten bestrafen, den wucherischen Geldverleiher mit dem Vierfachen. Hieraus kann man ersehen, für einen wie viel schlechteren Bürger sie einen Wucherer gehalten haben als einen Dieb" (Cato, agr., praef. 1). Andererseits trat er noch im ersten Jahrzehnt des 2. Jahrhunderts v. Chr. gegen die *Lex Iunia de feneratione*, ein Gesetz gegen den Wucher auf (Livius 34 ff.) – hier waren wohl seine eigenen Geldgeschäfte bedroht.

Der von Plutarch im Zusammenhang mit dem Seedarlehen angedeutete Gedanke, das Risiko auf möglichst viele Schultern zu verteilen, zugleich aber den hohen Zinsgewinn für die Einlage ungeschmälert einstreichen zu können, weist auf eine durchaus rationale Abwägung von Risiko und Rendite hin. Zugleich macht Plutarch deutlich, dass Cato nicht nur ein Mitläufer bei solchen Geschäften war, sondern ein aktiv Unternehmender: Er selbst veranlasste die Gründung solcher Gesellschaften von Kapitalgebern.

Auch der letzte Abschnitt des obigen Plutarch-Zitats ist aufschlussreich. Zum einen muss Cato über eine zumindest grobe Buchführung bezüglich seiner Anlagen verfügt haben – wie sonst sollte die Vermögensentwicklung anhand der Bücher beurteilt werden können? Andererseits klingt hier im Allgemeinen, wie auch bei seinen Investitionen in Gewerbe, Geldgeschäfte oder in die Landwirtschaft, sehr deutlich eine Vorstellung von der Kapitalrendite an. Im Abschnitt über die römischen Landwirtschaftsschriftsteller wird Cato noch genauer als ein Betriebswirt vorgestellt werden, der diese Kapitalrendite originell und ‚mit spitzem Bleistift kalkuliert' zu optimieren versucht. Dabei geht er sogar so weit von der hausväterlichen Position ab, dass er auch die Menschen in seinem Betrieb nur noch als Produktions- beziehungsweise Kostenfaktor, nur noch als Ware begreift – was ihm einen deutlichen moralischen Tadel von Plutarch eintrug: „Denn man darf mit lebenden Wesen nicht wie mit Schuhen oder Geräten umgehen, die man, wenn sie zerbrochen oder durch den Gebrauch verschlissen sind, wegwirft [...]" (Plutarch, Cato maior 5).

Keine Art des Gelderwerbs war Cato also zu anstößig, wenn sie nur bei möglichst geringem Risiko höchstmöglichen Gewinn versprach. Kein Verhalten gegenüber seinen Arbeitern war ihm zu unmenschlich, wenn es ihm nur Kosten vermindern konnte. Eine vornehme Distanz Catos gegenüber allem Ökonomischen lassen die obigen Zitate jedenfalls kaum erkennen. Wenn Cato im privaten Bereich den Schritt vom traditionellen

Hausvater zum versierten und gewinnorientierten Betriebswirt also schon vollzogen hatte, so erhebt sich nun die Frage, ob denn diese ökonomische Einstellung so ganz ohne Auswirkungen auf den *homo politicus* Cato geblieben ist. Plutarch jedenfalls hatte doch betont (siehe oben), dass „Cato kein schlechterer Verwalter seines Hauses gewesen [ist] als des Staates" (Plutarch, Cato maior 30).

Schon als Prokonsul in Spanien zeigte er sich als nüchterner, von allen Standesdünkeln freier Rechner. Dort nämlich „griff ihn ein großes Barbarenheer an, und er war in Gefahr, schimpflich überwältigt zu werden. Daher rief er den Beistand der benachbarten Keltiberer an. Als diese als Sold für die Hilfeleistung zweihundert Talente verlangten, hielten es alle anderen für untragbar, dass Römer Barbaren Sold für Waffenhilfe zubilligen sollten; Cato aber sagte, dabei sei nichts Schlimmes, denn wenn sie siegten, würden sie das Geld aus der Tasche der Feinde, nicht der ihrigen, bezahlen, und wenn sie besiegt würden, so würden weder Leute da sein, denen es abgefordert würde, noch solche, die es abforderten" (Plutarch, Cato maior 10).

Speziell als Zensor entfaltete Cato dann aber eine bis dahin nicht gesehene, vor allem auch fiskalpolitische Aktivität: „Die meisten aber kränkte er am schwersten durch sein scharfes Vorgehen gegen den Luxus. Ihn geradezu abzuschaffen war unmöglich, weil die meisten schon von ihm angesteckt und verseucht waren; aber er ging ihm auf einem Umweg zu Leibe, indem er die Bürger nötigte, für Kleider, Gefährte, weiblichen Schmuck und Tafelgeschirr, soweit der Preis eines Stückes tausendfünfhundert Denare überstieg, den zehnfachen Wert in die Vermögenserklärung einzusetzen, so daß sie nach der höheren Einschätzung auch höhere Abgaben zu leisten hätten, und er setzte die Abgabe auf drei pro Tausend fest, damit sie, von diesem Aufschlag gedrückt, wenn sie sähen, daß die Sparsamen und Einfachen bei gleichem Vermögen weniger Steuern an die Staatskasse zahlten, den Luxus satt bekämen. So waren ihm denn diejenigen böse, die wegen ihres Luxus die Abgaben auf sich nahmen, böse aber andererseits auch diejenigen, die wegen der Abgaben auf den Luxus verzichteten. [...] Aber Cato kümmerte sich nicht im mindesten um seine Tadler, sondern ging immer schärfer vor, dämmte Kanäle ab, welche das vorbeifließende öffentliche Wasser in private Häuser und Gärten ableiteten, ließ Gebäude, die auf öffentliche Straßen hinausgebaut waren, niederreißen, setzte die Löhne bei der Verdingung öffentlicher Arbeiten herab und trieb bei der Versteigerung der Zölle die Pachten stark in die Höhe. Aus dem allem sammelte sich viel Haß gegen ihn. [...] Trotzdem ist klar, daß das Volk seine Censur mit stärkstem Beifall aufnahm" (Plutarch, Cato maior 18 f.). Auch diese Stelle bedarf einiger Erläuterungen. Zuerst einmal die Sache mit der Luxussteuer. Zum einen entsprang die Abneigung gegen Luxus der altrömischen Gesinnung Catos, sie passte auch ganz gut zu seinem unverwechselbaren politischen Image. Andererseits schien die Luxussteuer aber auch eine treffliche neue Einnahmequelle darzustellen. Der Fiskalpolitiker konnte also zwei Ziele gleichzeitig verfolgen: 1. durch die Steuer gesellschaftliche Zustände und Strukturen zu steuern (die zweite, vielleicht wichtigere Bedeutung des Wortes ‚Steuer'); 2. ganz betriebswirtschaftlich gedacht, die Einnahmen des Staates zu erhöhen. Ist bei diesem Schritt des Cato nicht so ganz genau zu erkennen, ob nun ethische, politische und soziale Gesichtspunkte die Zielsetzung bestimmten oder eher fiskalpolitische, so ist bei den anderen Schritten Catos der ökonomische Ansatz unverkennbar. Den Wasserdiebstahl zu verhindern oder die aus den öffentlichen Kassen zu zahlenden Löhne zu reduzieren, bedeutete eine erhebliche Kosteneinsparung. Die Pachtzinsen für die Zoll- und Steuerpächter in die Höhe zu treiben, brachte zusätzliches Geld in die Staatskasse. Die Zölle und Steuern aus den Provinzen wurden vom römischen Staat in der Republik bekannterweise nicht direkt eingezogen. Dies übernahmen private Gesellschaften, die das Recht, eine bestimmte Steuer, einen bestimmten Zoll für einen festgesetzten Zeitraum einzutreiben beim Censor ersteigerten. Für die Steuerpächter bedeutete dies, die Pachtsumme zunächst einmal aufbringen zu müssen – und diese erst später bei der Eintreibung der Zölle und Steuern, dann allerdings mit Zinsen, zurückholen zu können. Die Geschichte der späten römischen Republik ist voll mit Beispielen, wie die Gier der Steuerpächter zu skandalöser Ausbeutung der Provinzen geführt hat. Cato hatte nun die Pachtsummen bei der Versteigerung dieser öffentlichen Aufträge in die Höhe getrieben – man mag sich ausdenken, dass solches Vorgehen entweder den Gewinn der Steuerpächter schmälerte oder zu noch schlimmerer und – volkswirtschaftlich gesehen – aberwitziger Auspressung der Provinzen führen musste. An dieser Stelle wird die Einschränkung in Catos fiskalpolitischer Haltung deutlich: Er handelte im Staate wie ein Privatmann, betriebswirtschaftlich denkend – er erhöhte erfolgreich die Einnahmen des Staates. Die volkswirtschaftliche Dimension seines Tuns blieb ihm verborgen oder war ihm egal.

Jedenfalls gewann er durch seine Fiskalpolitik den finanziellen Spielraum für eine rege Bautätigkeit: Die *cloaca maxima* wurde wieder instand gesetzt, die Wasserzufuhr zur Stadt wurde erweitert und reformiert und vor allem begann er mit dem Bau der *basilica Porcia* (ein Bauwerk griechischen Stils!). Damit begann er die Baupolitik, die im Laufe des 2. Jahrhunderts Rom allmählich vom Provinzstädtchen zu einer antiken Metropole machte.

Cato, der sittenstrenge Gegner allen Wuchers, der sich doch selbst an den übelsten Wuchergeschäften beteiligte; der feingebildete und mit *humanitas* begabte Mensch, der doch deutliche Züge der Habgier, des Geizes und der Engstirnigkeit zeigte und seine Sklaven aus Gewinnabsicht unmenschlich behandelte; der gestrenge Sittenwächter, der als 80-Jähriger die Tochter seines Sekretärs heiratete und damit allen römischen Gesellschaftsformen ins Gesicht schlug – die Person des Marcus Porcius Cato Censorius erscheint uns aufgrund der Quellen weiterhin als ziemlich widersprüchlich und problematisch. Das Ziel dieses Abschnitts aber war hauptsächlich zu zeigen, wie der Ökonom Cato durchaus frei und konsequent ökonomisch dachte und handelte: insbesondere in der Wirtschaftsverwaltung seines Privatbesitzes, aber eben auch bei der Verwaltung des Staates – in dieser Funktion lediglich eingeschränkt durch den Mangel einer volkswirtschaftlichen, einer ganzheitlichen wirtschaftspolitischen Perspektive.

Volkswirtschaftliche Probleme + Politik = Wirtschaftspolitik? – Tiberius Gracchus

Die ökonomischen Veränderungen, mit denen sich die römische Gesellschaft im Gefolge der Expansion konfrontiert sah, sind im Einleitungsabschnitt zur römischen Republik schon dargestellt worden. Der Zufluss der ungeheuren Reichtümer und der Massen billiger Sklaven nach Rom führte zu einer grundlegenden Differenzierung der römischen Gesellschaft, an deren Zentrifugalkräften letztlich auch die römische Republik als Staatsform zerbrechen sollte. Im Einzelnen waren die folgenden Entwicklungen besonders wirkmächtig. Die soziale und wirtschaftliche Differenzierung der Senatsoligarchie, eine Krise der Sklavenhaltergesellschaft, die Verminderung des kleinbäuerlichen Mittelstandes – und in dessen Gefolge akute Rekrutierungsschwierigkeiten für die römische Armee, rasante Landflucht in die Städte, insbesondere nach Rom, wo die Landflüchtigen nur notdürftig integriert werden konnten.

In der zweiten Hälfte des 2. Jahrhunderts v. Chr. kulminierten einige dieser Entwicklungen zu einem vorläufigen, aber durchaus so besorgniserregenden Höhepunkt, dass die römische Politik sich gezwungen sah, auf die sozioökonomischen Verwerfungen zu reagieren. Hier sollen also zuerst die speziellen ökonomischen und gesellschaftlichen Probleme ab Mitte des zweiten Jahrhunderts v. Chr. skizziert werden. Sie bilden gewissermaßen den Hintergrund zum Verständnis des politisch so folgenreichen, gesellschaftspolitisch gleichwohl gescheiterten Lösungsversuchs des Tiberius Gracchus.

Es wird in einem der folgenden Abschnitte noch zu zeigen sein, wie die Ressourcen des Römischen Reiches in den Taschen der römischen Elite zusammenflossen. Hier soll nur einmal die Tatsache festgestellt werden, dass sie nicht gleichmäßig an die Römer verteilt wurden, sondern dass sich der Reichtum in den Händen der Oberschichten akkumulierte. Dies barg aber auch Gefahren für die politisch führende Schicht, die Senatorenschicht. Diese politische Führung der römischen Republik war als eine Oligarchie, als eine Herrschaft weniger tonangebender Familien, organisiert im römischen Senat, eingerichtet. Überlebensnotwendig für solch eine Oligarchie ist der innere Zusammenhalt dieser Oligarchenschicht, ihre soziale und wirtschaftliche Ausgewogenheit und ein Ethos, dem sich alle Angehörigen verpflichtet fühlen. Treten Einzelne oder einzelne Gruppen aus dieser solidarischen Gleichheit der Führungsschicht aus, so ist der Bestand der gesamten Führung in Gefahr. Es gab deshalb eine längere Reihe von Gesetzen, die eine individuelle Emanzipation von Senatoren verhindern sollten: Da gab es etwa die *Lex Claudia* aus dem Jahre 218 v. Chr., wonach Senatoren und ihren Familienmitgliedern verboten wurde, Handelsschifffahrt zu betreiben oder sich an Pachtungen öffentlicher Aufträge zu beteiligen. Kein Senator sollte durch glückliche Handelsgeschäfte (einfluss-)reicher werden können als seine Standesgenossen. Freilich wurde diese Einschränkung fast regelmäßig unterlaufen – wie schon am Beispiel des älteren Cato gezeigt. Die prinzipielle Isolation, in die sich der Senatorenstand damit aber begab, gebar ein anderes gesellschaftliches Problem:

Diejenigen, die zwar über Vermögen verfügten, vom Senatorenstand und damit von der politischen Führung aber ausgeschlossen waren, bildeten nun als der immer selbstbewusster auftretende Ritterstand (*equites*) ein neues politisches Gewicht neben dem Senatorenstand. Da gab es zudem die *Lex Villia annalis* aus dem Jahre 180 v. Chr., welche die römische Ämterlaufbahn und vor allem das jeweilige Mindestalter für die einzelnen Ämter festlegte. Dadurch sollte die Möglichkeit von Blitzkarrieren, und der damit verbundene Geld- und Machtzuwachs, erschwert werden. Auch diese Einschränkung wurde nicht selten gebrochen. Der jüngere Scipio war etwa 147 v. Chr. ohne eine vorhergehende Prätur und Ädilität Konsul geworden – ein klarer Bruch der *Lex Villia annalis*. 134 v. Chr. wurde er abermals Konsul – dadurch wurde ein Gesetz aus dem Jahre 151 v. Chr. gebrochen, das eine wiederholte Bekleidung des höchsten Amtes generell verbot. Dass in der Mitte des 2. Jahrhunderts die Ordnung, Solidarität und Gleichheit innerhalb des Senatorenstandes schon sehr gelitten hatte, mag schließlich noch die *Lex Calpurnia* aus dem Jahre 149 v. Chr. verdeutlichen: Eine ständige senatorische Untersuchungskommission wurde ins Leben gerufen, die Völkerrechtsbrüche und Untertanenerpressung durch römische Amtsträger in den Provinzen zu untersuchen und im Schuldfalle zu ahnden hatte. In einem der folgenden Abschnitte wird ein Beispiel vorgeführt werden – der Fall des berüchtigten Verres –, das verdeutlicht, wie wenig auch diese *Lex* in der Lage war, die willkürliche Auspressung der Provinzen durch römische Statthalter zu verhindern. Dennoch – die Zielrichtung all dieser gut gemeinten Versuche ist klar: Nur solange die römische Aristokratie sich im Inneren an Gleichheit, Ordnung und verbindlichen ethischen Normen orientierte, war sie lebens- und führungsfähig; ging die Solidarität im Senatorenstand verloren, dann auch dessen Führungsanspruch.

In diese Reihe von Maßnahmen, die Gleichheit der Senatorenschicht zu erhalten, gehört auch ein Gesetz, das uns im Zusammenhang mit Tiberius Gracchus besonders beschäftigen wird. Es geht um ein Gesetz, das regelte, wie viel Fläche am *ager publicus* von einzelnen Senatoren okkupiert werden durfte. Diese Maßnahme muss ein wenig näher erläutert werden: Der *ager publicus* entstand dadurch, dass bei der römischen Ausdehnung in Italien bei jeder Eroberung von den unterworfenen Stämmen größere Areale – in der Regel ca. 30 % – annektiert wurden. Dieses Land war dann Eigentum des römischen Volkes. Es wurde zunächst zur territorialen Grundlage der von Rom gegründeten Kolonien in Italien, möglicherweise wurde es zum Teil auch an Einzelbauern aufgeteilt. Da anfangs aber noch viel von diesem *ager publicus* ungenutzt blieb, ging man dazu über, die wirtschaftliche Nutzung dieser freien Flächen zu gestatten. Die Nutzer hatten jedoch das Eigentumsrecht des römischen Volkes an den betreffenden Flächen anzuerkennen und – quasi als Pachtgebühr – das *vectigal* an die römische Staatskasse zu entrichten. Außerdem wurden Höchstgrenzen festgelegt, über die hinaus ein Einzelner oder eine Familie keinen Besitz an *ager publicus* haben durfte. Livius berichtet im Zusammenhang mit den *leges Liciniae Sextae* um 367 v. Chr. von einer Bestimmung, „daß niemand mehr als 500 Morgen [das sind 125 ha] [Staats-]Land besitzen solle" (Livius 6,35,5), außerdem solle niemand auf Staatsland mehr als 100 Stück Großvieh und 500 Stück Kleinvieh (das entspricht ca.

450 ha) weiden lassen dürfen und es sollen bei der Bewirtschaftung von Okkupationsland nicht nur Sklaven, sondern auch freie Landarbeiter beschäftigt werden. Diese Datierung – 1. Hälfte 4. Jahrhundert v. Chr. – ist unglaubwürdig, denn das römische Volk besaß damals noch nicht so viel Land, dass so großzügige Obergrenzen hätten genehmigt werden können, auch gab es im 4. Jahrhundert noch keinesfalls so viele Sklaven und so viele landlose Freie, dass eine solche Regelung hinsichtlich der Beschäftigten nötig gewesen wäre. Vieles spricht dafür, dass es sich in Wahrheit um eine Reihe von Einzelmaßnahmen handelte, die alle zum Ziel hatten, die ökonomische Differenzierung innerhalb der Schicht der Großgrundbesitzer zu verhindern und die möglicherweise Anfang des 2. Jahrhunderts v. Chr. in einem Gesetz zusammengefasst wurden (Appian, b. c. 1,33 f.).

Was die Sklaven angeht – in den Jahren 140 bis 70 v. Chr. trat im Römischen Reich ein in der gesamten Antike an und für sich seltenes Phänomen ziemlich gehäuft auf: Sklavenrebellionen. Neben den großen Aufständen, wie die in Sizilien 136 bis 132 und 104 bis 100 v. Chr. oder dem Spartacus-Aufstand 73 bis 71 v. Chr., die nur mit massiver militärischer Gewalt zu bezwingen waren, waren eben auch in Latium, Etrurien und in Apulien immer wieder spontane Sklavenunruhen aufgeflackert. Nach der Ansicht vieler Forscher ist diese Häufung von Sklavenaufständen ein Indiz dafür, dass die Sklaverei als Wirtschaftsform zu dieser Zeit kulminierte. Die Preise für Sklaven waren rapide gefallen, sie waren auch in großer Zahl verfügbar – der Großgrundbesitz begann sie nun auch massenweise zu verwenden. Dadurch dürften sich die Lebensbedingungen der Sklaven nachhaltig verschlechtert haben: Sie waren nun nicht mehr ein zwar unfreier, aber doch integraler Bestandteil der Familie eines Bauern, sondern wurden nun wie Arbeitstiere gehalten und ausgenutzt; sie waren nicht mehr Mitmenschen in der Familie, sondern eine Investition, die möglichst rentabel ausgebeutet werden sollte. Bei solch einer Wandlung der mentalen Haltung gegenüber den Sklaven konnte ihre ungerechte, ja manchmal zutiefst menschenverachtende Behandlung nicht ausbleiben. Solche menschliche Gemeinheiten waren nachweisbar die Anlässe für die beiden sizilischen Sklavenaufstände gewesen.

Oben ist schon dargestellt worden, wie die nach Anlagemöglichkeiten drängenden Reichtümer in den Händen der Oberschicht und die zu beschäftigenden Sklavenmassen zur Ausbreitung des Großgrundbesitzes, auf Kosten der italischen Klein- und Mittelbauern, geführt haben. Freilich trat diese Konsequenz nicht sofort und nicht überall gleichzeitig zu Tage, der Prozess war vielmehr schleichend und regional phasenverschoben. Außerdem ist der Konflikt durch begleitende Maßnahmen, wie etwa die Kolonisationspolitik bis 150 v. Chr. immer wieder entschärft worden. Ab 170 v. Chr. erlahmte jedoch die staatliche Kolonisationsbewegung – und zwar wahrscheinlich wegen eines zunehmenden Mangels an geschlossenen Siedlungsräumen in Italien. Nun aber kulminierten verschiedene für die italischen Kleinbauern höchst ungünstige Bedingungen und Prozesse: Der Kleinbauernstand bildete das Rückgrat der römischen Legion – nur Bürger mit einem gewissen Mindestbesitz hatten die ‚Ehre', beim römischen Militär dienen zu dürfen. Für die Kleinbauern war dies so lange kein Problem, solange die Kriege kurz waren, Beute versprachen und solange der heimische landwirtschaftliche Betrieb von der Familie weiterbetrieben werden konnte. Nun aber gerieten die vorwiegend Getreide produzierenden Kleinbauern unter ökonomischen Druck. Das zunehmend aus den Provinzen gelieferte Getreide setzte sie auf dem Markt unter einen mörderischen Konkurrenzdruck. Der sich ausdehnende Großgrundbesitz mit seinen rationellen und mit Sklaven betriebenen Wirtschaften verschärfte diese Konkurrenz erheblich; außerdem blickte der italische Großgrundbesitz nun auch gierig auf die vielen kleinen Flächen, die er zu gerne auch noch vereinnahmen wollte. Auf der anderen Seite dauerten die Kriege, in die die Kleinbauern eingezogen wurden, immer länger, waren hart und versprachen wenig Beute. So war etwa die von 153 bis 133 v. Chr. währende militärische Auseinandersetzung in Spanien ein verlustreicher und außerordentlich unbeliebter Einsatz. Da durch diese Entwicklungen die Basis für die römische Legion immer schmaler wurde, die militärischen Aufgaben sich aber als immer umfangreicher erwiesen, mussten die Rekrutierungsreglements angepasst werden: Zunehmend wurden nun neben den Bauern auch die Söhne der Bauern eingezogen – was den Kleinwirtschaften endgültig den Boden unter den Füßen wegzog.

Um diesen, sich spiralartig verschärfenden Rekrutierungsproblemen zu entgehen, boten sich eigentlich nur zwei Lösungswege an: Entweder man musste das Kleinbauerntum grundsätzlich und nachhaltig stärken – oder man musste das Mindestvermögen, das den Zugang zur Legion erlaubte, senken. Beide Wege wurden beschritten, allerdings mit nur geringem Erfolg. Die schon öfter erwähnte Kolonisation versuchte ja in ganz Italien Stellen für Kleinbauern zu schaffen. Das dafür notwendige Land wurde entweder durch Meliorationen in Südetrurien und anderswo in Mittelitalien geschaffen, zum größten Teil stammte es aber aus dem *ager publicus*, dem Land, das den unterworfenen Italikern abgenommen worden war. Dieses Land erschöpfte sich jedoch allmählich, namentlich nachdem der *ager publicus* ab ca. 180 v. Chr. zur Okkupation durch Privatleute freigegeben worden war. Von dieser Freigabe des *ager publicus* profitierte allerdings nur der Großgrundbesitz. Für kleinbäuerliche Neusiedler genügte es nicht, alleine Land bereitgestellt zu bekommen, es war auch Kapital für Gebäude, Geräte, Personal und für die Saat nötig. Sosehr die Großgrundbesitzer über genügend Kapital verfügten, so sehr fehlte es den kleinbäuerlichen Neusiedlern. Sie hatten ohne staatliche Finanzhilfen keine Chance, von der Okkupation des *ager publicus* zu profitieren. Die Kolonisation verebbte 170 bis 150 v. Chr. und die Okkupation von *ager publicus* nützte jedenfalls nicht dem Kleinbauernstand.

Dann blieb nur noch die andere Möglichkeit, die Zugangsvoraussetzungen zum Militär herabzusetzen. Tatsächlich war das Mindestvermögen von 11 000 As auf 4000 As Anfang des 2. Jahrhunderts v. Chr. gesenkt worden, um 130 v. Chr. stand es bei 1500 As. Der Endpunkt dieser geradezu inflationären Entwicklung beim Mindestvermögen für den Zugang zum römischen Militär ist dann folgerichtig die Umwandlung des bisherigen Milizheeres in ein für jeden Römer offenstehendes Berufsheer gewesen. Dies nicht zuletzt auch deshalb, weil die Kriege immer länger währten und einen dauerhaften Einsatz von geschulten Soldaten erforderten. Das Berufsheer war auch in gewisser Weise ein

Ventil, um den vielen landlos gewordenen Kleinbauern eine Beschäftigung und einen Broterwerb zu verschaffen. Doch diese Lösung tat sich erst ganz am Ende des 2. Jahrhunderts v. Chr. mit der Heeresreform des Marius auf, 150 bis 130 v. Chr. war die Situation mehr als brenzlig: Trotz der immer weiter herabgesetzten Zugangsvoraussetzungen war es für die römische Verwaltung immer schwieriger geworden, genügend Soldaten ausheben zu können – nichts Geringeres als die Schlagkraft des römischen Militärs stand auf dem Spiel.

Noch ein Wort zur Stadt Rom. Die Wirtschaft der Stadt war überaus stark von den Ausgaben des römischen Staates abhängig. Für die einfachen Leute waren neben dem Handwerk und dem Handel, die Heeresversorgung, der Schiffsbau und das Bauwesen die einzigen Beschäftigungsmöglichkeiten. Die von Rom geführten Kriege von 200 bis 140 v. Chr. waren aber außerordentlich profitabel gewesen, Wiedergutmachungszahlungen flossen aus Makedonien, Syrien und Karthago nach Rom, Unmengen an Silber kamen aus den spanischen Silberminen. Dieses zufließende Edelmetall wurde ausgemünzt, es stand somit genügend zirkulierendes Geld zur Verfügung. Es war also kein Problem, die Heeresversorgung, den militärischen und den privaten Schiffsbau gut zu bezahlen. Auch die Nachfrage der Haushalte in Rom dürfte durch die erhöhte Kaufkraft zugenommen haben – zum Nutzen der Handwerker und Händler. Namentlich um die Jahrhundertmitte kulminierten die öffentlichen Ausgaben für die Bautätigkeit in Rom und die privaten Bauherren dürften dem kaum nachgestanden haben. Rom war andererseits im 2. Jahrhundert v. Chr. durch zuwandernde Römer und Italiker ganz rasant angewachsen. Solange freilich die städtische Wirtschaft in der oben beschriebenen Weise wuchs, so lange konnten all diese Menschen problemlos integriert werden – sogar noch, als nach 180 v. Chr. die Kolonisationsbewegung allmählich erlahmte. Ein Problem konnten diese städtischen Massen, die besitzlosen *proletarii* allerdings dann werden, wenn die städtische Wirtschaft stagnierte, wenn sie gar in eine Krise geriet. Und genau dies scheint nach 138 v. Chr. geschehen zu sein: Ein starker Rückgang der öffentlichen Bautätigkeit ist zu beobachten; nach der fast ausufernden Münzprägung in den 140er Jahren ist ein drastischer Rückgang der Prägungen in den 130ern zu bemerken; ab 135 v. Chr. behinderte der Sklavenaufstand in Sizilien den kontinuierlichen Zustrom an sizilischem Getreide, sowohl die entsprechenden Einnahmen als auch die Grundlage für die Ernährung der Stadt blieben aus, es gab erhebliche Preissteigerungen beim Brot. Die Stadt erlebte nun, wahrscheinlich erstmals, die Unruhen der massenhaft angewachsenen städtischen Unterschichten. Die in den Zeiten der boomenden Stadtwirtschaft verwöhnten und satten städtischen Massen wurden in der Wirtschaftskrise zu einer politischen und sozialen Gefahr. Ihre große Zahl, ihr soziales Anspruchsdenken, ihre potenzielle Gewaltbereitschaft, ihre Anwesenheit im militärisch und polizeilich kaum geschützten Entscheidungszentrum Rom machte sie zu einer tickenden Zeitbombe.

Es gab also mehrere Gründe für die führenden Politiker Roms, sich ab ca. 140 v. Chr. über die zukünftige ökonomische, soziale und politische Ordnung der römischen Republik ganz grundsätzliche Gedanken zu machen.

„Das dauerte, bis schließlich Tiberius Sempronius Gracchus, ein angesehener und gar ehrgeiziger Mann, dazu ein machtvoller Redner und aus all diesen Gründen zugleich allgemein sehr bekannt, während seiner Amtszeit als Volkstribun" die Sache anging (Appian, b. c. 9). Tiberius Gracchus entstammte in der Tat einer hoch angesehenen Familie. Sein Vater, Tiberius Gracchus, war zweimal Konsul und Zensor gewesen und hatte zwei Triumphe gefeiert. Seine Mutter, Cornelia, war die Tochter des älteren Scipio, des Siegers über Hannibal. Der ältere Sohn der beiden galt als besonnener, überaus fähiger und redegewandter Mann; er hatte sich auch schon in Afrika und in Spanien militärisch hervorgetan. Alles sprach also für eine glänzende politische Karriere des Tiberius Gracchus. Allein – sein spezielles politisches Vorhaben setzte ihn in Gegensatz zu den Reichsten und Mächtigsten der römischen Gesellschaft.

Was hatte Tiberius Gracchus vor, und vor allem – was bewog ihn dazu? Zwei Quellenstellen sollen darüber Aufschluss geben. Plutarch berichtet: „Aus ihren Heimwesen gejagt, taten die Armen ihre Soldatenpflicht nur noch mit Widerwillen und zeigten auch keine Lust mehr, Kinder großzuziehen, so daß ganz Italien binnen kurzem die freie Bevölkerung zurückgehen sah, während das Land sich mit den Kasernen ausländischer Sklaven bedeckte, welche nunmehr die Ländereien bestellten, aus denen die Reichen ihre Mitbürger vertrieben hatten. [...] Als Tiberius zum Volkstribun gewählt war, wandte er sich sogleich dieser Aufgabe zu" (Plutarch, Tib. Gracchus 8). Tiberius Gracchus hielt nun – nach Appian – „in hohen Tönen eine Rede über das italische Volkstum [...], daß eine so außerordentlich kriegstüchtige und stammverwandte Rasse Schritt für Schritt in Armut und zahlenmäßigem Rückgang dahinsieche und nicht einmal Hoffnung auf Besserung mehr hegen dürfe. Dann drückte er seinen Groll über den Sklavenstand aus, der im Kriege keinen Nutzen bringe und seinen Herren gegenüber niemals Treue fühle. Dabei ging er auf das jüngste Unheil ein: Dieses hätten die Sklaven über ihre Herren in Sizilien gebracht, wo ihre Zahl infolge des Ackerbaus sogar gestiegen sei, und die Römer hätten gegen sie Krieg führen müssen. Er [der Krieg] sei weder leicht noch von kurzer Dauer gewesen" (Appian, b. c. 9).

Beide Autoren gehören zugegebenermaßen der progracchischen Tradition an, doch nicht die Verteidigung oder das Lob des Tiberius Gracchus ist in diesen Stellen interessant, sondern vielmehr eine in der römischen Geschichte ganz neue Sichtweise: Plutarch und Appian sahen soziale, militärische und nationalökonomische Probleme als Ursache für die politischen Aktivitäten des Tiberius Gracchus. Im Einzelnen werden folgende Probleme angesprochen:

- ein Rückgang der Kleinbauernschicht
- daraus folgend ein Rückgang der freien Bevölkerung in Italien
- ein Mangel an Identifikation der ärmeren Bevölkerung mit dem (jeweiligen) Staat
- Rekrutierungsschwierigkeiten beim römischen Militär – einerseits wegen des Mangels an waffenfähigen Bürgern, andererseits wegen fehlender Motivation bei den Ärmeren
- ausufernder Großgrundbesitz, vorwiegend mit Sklaven bewirtschaftet
- die Massierung der Sklaven stellt eine politische und militärische Gefahr dar.

Gerade weil er an der Agrarverfassung und der Sozialstruktur des italischen ländlichen Raums ansetzte und weil er – auch politisch – so folgenreich war, soll hier der Lösungsversuch des Tiberius Gracchus genauer vorgestellt werden. Die sozial und volkswirtschaftlich ziemlich aus dem Ruder gelaufene Entwicklung sollte korrigiert werden, und zwar durch eine Agrarreform: Tiberius Gracchus grub – zusammen mit seinem Bruder Gaius, Appius Claudius Pulcher, dem Juristen Publius Mucius Scaevola und Publius Licinius Crassus Dives Mucianus – das, oben schon angesprochene, ältere Gesetz über den Besitz an *ager occupatorius* wieder aus und wollte ihm nun endlich Geltung verschaffen. Der Gedanke, widerrechtlich okkupiertes Staatsland zu verteilen, stand im Raum. Schon 140 v. Chr. hatte ein gewisser Gaius Laelius, ein Freund Scipios, *ager occupatorius* an kleinbäuerliche Neusiedler verteilen wollen. Als sich jedoch bei den Grundbesitzern heftiger Widerstand dagegen formierte, hatte er den Plan fallen lassen – und der Verlauf der gracchischen Reform rechtfertigte im Nachhinein den Umstand, dass Gaius Laelius für seinen Rückzieher den Beinamen ‚sapiens', ‚der Weise' erhielt. Tiberius nun reklamierte die Wiederbekräftigung dieses zwar anders gemeinten, aber doch noch gültigen älteren Gesetzes und kam den Besitzenden dabei sogar noch entgegen. Zusätzlich zu den bisher schon erlaubten 500 *iugera* sollten bis zu zwei erwachsene Söhne noch einmal je 250 *iugera* besitzen dürfen. Diese 500 bis 1000 römische Morgen sollten dann in dauerhaften Besitz der jeweiligen Okkupanten übergehen. Alles darüber hinaus besessene Staatsland sollte jedoch zurückgegeben werden. Doch selbst für das Land, das abgetreten werden sollte, war ursprünglich eine Entschädigung vorgesehen (Appian, b. c. 11; Plutarch, Tib. Gracchus 14). Plutarch kommentierte dieses Entgegenkommen folgendermaßen: „Es ist wohl nie ein Gesetz, das sich gegen so schreiendes Unrecht und gegen solche Habgier sich wandte, in mildere, schonendere Formen gefaßt worden", und „die Reform hielt sich in vernünftigen Grenzen" (Plutarch, Tib. Gracchus 9). Freilich vergessen Appian und Plutarch – und hier wird ihre prograechische Tendenz deutlich – zu erwähnen, dass bei dem Vorstoß des Tiberius von den umfangreichen Weiderechten im Vorläufergesetz offenbar nicht mehr die Rede war; beide übersehen auch, dass das Vorläufergesetz wohl eher eine Selbstbeschränkung der Nobilität bezweckte, weniger die Chance zu einer Landverteilung. Wie auch immer – geschickt bog Tiberius Gracchus das ältere Gesetz in seinem Sinne um, was ihm den deutlichen Anschein einer althergebrachten Legalität verlieh.

Damit war aber erst der Anfang des Reformwerkes gemacht. Die Erfahrung lehrte, dass es keinen Sinn hatte, den Armen lediglich ein Stück Land zuzuweisen – die Rede ist von ca. 30 *iugera* (ca. 7 ha) – und sie dann, ohne Startkapital, zum Scheitern zu verurteilen. Häufig wurden die Landlose sofort wieder veräußert. Dadurch konnte sich der Großgrundbesitz abermals vergrößern, die Armen strömten wieder in die Stadt und nichts war erreicht. Damit dies nicht wieder geschehen konnte, sollten die Landlose nicht als Eigentum übertragen, sondern in Erbpacht vergeben werden – was eine dauerhafte Nutzung ermöglichte, aber eine Veräußerung ausschloss. Zugleich sollten die Neusiedler mit einem Startkapital versehen werden, um ihnen eine reelle Chance zu eröffnen, wirklich dauerhaft überleben zu können: „Um diese Zeit war in Pergamon König Attalos Philometor gestorben, und Eudemos kam nach Rom mit dem Testament, welches das römische Volk zum Erben des Reiches bestimmte. Sogleich stellte Tiberius dem Volk zuliebe den Antrag, die königlichen Schätze seien herbeizuschaffen und den Bürgern, welchen ein Landlos zufiele, für den Ankauf von Geräten und als erstes Betriebskapital auf dem Bauernhof zur Verfügung zu stellen" (Plutarch, Tib. Gracchus 14).

Es scheint doch so, als ob das ganze Reformpaket auf einer nachvollziehbaren Analyse der Besitzverhältnisse im ländlichen Raum und der daraus resultierenden sozialen und politischen Probleme beruhte, eine durchaus realistische Lösungsmöglichkeit aufgriff, sie politisch solide formulierte und sie außerdem ökonomisch vernünftig implementierte. Doch wie schon bei Gaius Laelius sieben Jahre früher, stemmten sich die Besitzenden gegen die Reform – und zwar, wie Livius bemerkt (Livius, epit. 58), sowohl senatorische als auch ritterliche Kreise. Und sie taten dies mit ebenfalls nachvollziehbaren Argumenten: „Einige machten auch geltend, daß sie doch ihren Nachbarn den Preis für das Land bezahlt hätten, den sie nun zusammen mit dem Land einbüßen müssten. Andere wieder redeten von Grabstätten ihrer Vorfahren, die auf dem betreffenden Grund und Boden lägen, und dessen Zuweisung an sie bei der Aufteilung väterlicher Güter. Und eine weitere Gruppe betonte, daß sie die Mitgift ihrer Frauen für die Grundstücke aufgewendet hätten oder das Land als Ausstattung ihren Töchtern mitgegeben worden sei. Gläubiger konnten schließlich auf Anleihen verweisen, die mit dem Boden abgesichert waren" (Appian, b. c. 10). Nun – so nachvollziehbar die Empörung der Besitzenden war, so unrechtmäßig war ihr Umgang mit dem okkupierten, im rechtlichen Sinne lediglich gepachteten Land. Solchen Besitz kann man eigentlich nicht veräußern, vererben, verschenken oder beleihen, das geht nur mit Eigentum. Dennoch hatte man das okkupierte Land offenbar wie Eigentum behandelt und „so konnte man jede Art hemmungsloser Klage und Empörung hören" (Appian, b. c. 10). Ein Argument – von Appian bezeichnenderweise nicht erwähnt – war aber schon berechtigt: Wenn ein Besitzer brachliegendes Land okkupiert, zum Teil mit großem finanziellen Aufwand melioriesiert, mit teuren Pflanzungen und Gebäuden aufgewertet hatte – was sollte mit diesen Investitionen geschehen, wenn er das Land wieder abzugeben hatte? Von einer Entschädigung hierfür war ursprünglich die Rede gewesen, das tatsächlich beschlossene Ackergesetz erwähnte davon nichts mehr. Die Lage war also durchaus verworren, okkupiertes Land war unter Umständen schon durch viele Hände gegangen und oft nicht mehr eindeutig von wirklichem Eigentum zu unterscheiden, Belastungen auf okkupiertem Land – obwohl widerrechtlich – waren nicht einfach vom Tisch zu wischen, und die Entschädigungsfrage war ungeklärt.

Der politische Ablauf der Geschichte ist schnell erzählt: Tiberius Gracchus agierte als Volkstribun, seine politische Operationsbasis war also die Volksversammlung und nicht der Senat, in dem die Besitzenden ohnehin die Mehrheit hatten. Gegen das erste Reformgesetz, das die Besitzgrenzen festlegte und das Land zur Verteilung frei machen sollte, legte nun ein Kollege im Volkstribunat, Octavius, Veto ein. Nach römischem Staatsrecht war dadurch das Gesetzgebungsverfahren blockiert. Nun entschloss sich Tiberius zum Verfassungsbruch: Er ließ durch die Volksversammlung den Octavius seines Amtes entheben und ihn durch einen eigenen Gefolgsmann ersetzen – ein bis dahin nie da gewesener, ein ungeheuerlicher Vorgang. Das erste Reformgesetz ging daraufhin glatt durch und die Ackerkommission, bestehend aus Tiberius, seinem Bruder Gaius und seinem Schwiegervater Appius Claudius Pulcher, nahm ihre Arbeit auf. Allein die Besitz- und Eigentumsverhältnisse waren so verwirrend und die Besitzenden verlegten sich so sehr auf eine Blockade des ganzen Unternehmens, dass die Reform in einer Flut von Prozessen erstickt zu werden drohte. Tiberius Gracchus seinerseits forcierte daraufhin die Gangart: Durch Volksbeschluss ließ er die richterliche Entscheidungsbefugnis in Streitfällen der Ackerkommission übertragen. Sie wurde dadurch zum Richter in eigener Sache. Durch diese gesetzgeberischen Schritte wurde der Senat, das bis dahin ausschlaggebende politische Organ, immer stärker zur Seite gedrängt. Für viele Senatoren war es unerträglich, dass die plebejischen Massen in der Stadt die Souveränität innehaben sollten. Doch Tiberius ging noch weiter: Als er in der Volksversammlung über die Verwendung der pergamenischen Schätze beschließen ließ, machte er dem Senat die bis dahin unbestrittene Finanzhoheit streitig.

Als Tiberius Gracchus, übrigens wiederum nicht verfassungskonform, seine Wiederwahl zum Volkstribun für das Folgejahr anstrebte, hatte er sicherlich sowohl sein Reformwerk als auch seine weitere politische Karriere absichern wollen. Auf der Wahlversammlung im Sommer 133 v. Chr. inszenierten Senatoren unter der Führung von P. Scipio Nascia Serapio einen Tumult, bei dem Tiberius Gracchus und 200 seiner Anhänger kaltblütig erschlagen wurden. Nun war klar, die Sache der Ackerreform war fortan nur noch mit revolutionären Mitteln zu lösen. Im Jahre 122 v. Chr. starb Tiberius' Bruder Gaius bei dem Versuch, die Ackerreform fortzuführen und mehrere weitere antisenatorische Gesetze durchzusetzen. Wieder einmal hatte sich die konservative Senatsmehrheit durch die Anwendung brutalster Gewalt durchgesetzt. Nun kam die Ackerreformbewegung vorläufig zum Erliegen: 118 v. Chr. wurde die Ackerkommission aufgelöst und 111 v. Chr. wurde aller okkupierter Besitz an Staatsland zum Privateigentum erklärt.

Abschließend sei noch ein Wort zu der umstrittenen Frage gesagt, wie erfolgreich denn die Ackerreform der Gracchen gewesen wäre, wenn sie hätte realisiert werden können. Einen Hinweis haben wir: Der Zensus vom Jahre 125 v. Chr. wies rund 76 000 mehr waffenfähige Bürger aus als der von 131 v. Chr. (131: 318 823; 125: 394 736). Ist diese Zunahme im Einzelnen sehr umstritten, so muss doch wenigstens in Betracht gezogen werden, dass auch die Ackerreform dafür mitverantwortlich gewesen sein könnte. Die Gegner dieser Ansicht verweisen darauf, dass durch die Ackerreform bestenfalls 300 000 *iugera* Ackerland verteilt werden konnten – bei 30 Morgen pro Neusiedler reicht das Land also nur für ca. 10 000 Bauernstellen aus. Und die sprunghafte Zunahme der waffenfähigen Bürger habe wohl eher mit einer abermaligen Reduzierung des zugrunde gelegten Mindestvermögens von 4000 auf 1500 As zu tun. Kurzum – auch in der modernen Literatur setzen sich die schon unmittelbar nach dem Tode der beiden Gracchen beginnenden Tendenzen der Überlieferung fort. Da gibt es die antigracchische Seite, etwa Theodor Mommsen, der seine Ansicht über Tiberius folgendermaßen zusammenfasste: Er war

„ein leidlich fähiger, durchaus wohlmeinender conservativ patriotischer Mann, der eben nicht wußte, was er begann, der im besten Glauben, das Volk zu rufen, den Pöbel beschwor und nach der Krone griff, ohne es selbst zu wissen". Da gibt es auch die progracchische Partei, etwa Karl Christ, der meinte, „Tiberius Gracchus teilt somit das Schicksal nicht weniger junger Menschen der verschiedensten Generationen, die erst angesichts des starren und kompromißlosen Widerstands einer herrschenden Schicht, die sich aus Prinzip allen Versuchen entgegenstemmt, Mißstände und Not innerhalb des jeweiligen Gesellschaftssystems zu beheben, radikalisiert werden und schließlich die Brücken zu ihrer eigenen gesellschaftlichen Gruppe abbrechen."

Diese doch weit auseinanderliegenden Urteile zielen auf die politische Substanz des Wirkens von Tiberius Gracchus – und da kann man, abhängig von der Weltanschauung, durchaus auch verschiedener Meinung sein. Eigentlich unbestritten ist jedoch, dass Tiberius Gracchus drängende gesellschaftliche und volkswirtschaftliche Probleme in seiner Politik aufgegriffen hat und dass seine Politik direkt und steuernd auf die sozioökonomischen Probleme zurückwirken sollte. Und egal ob der politische Lösungsversuch des Tiberius nun eher konservative oder fortschrittliche Züge trug, neu ist jedenfalls, dass sich bei Tiberius Gracchus das gesellschafts- und wirtschaftspolitische Anliegen wesentlich deutlicher aus dem Wust von politischer Karriere, sozialen Verpflichtungen, moralischen Ansprüchen und so weiter herausgeschält hat als bei den meisten römischen Politikern.

Die Ressourcenflüsse im Römischen Reich – Verres und Rabirius Postumus

Vom Leben des C. Verres sind wir – außer aus den Reden Ciceros – nur dürftig unterrichtet. Dies ist ein nicht zu unterschätzender Nachteil der Quellenlage: Die Reden Ciceros sind Anklagereden, sind deshalb parteilich und wohl in einigen Urteilen stark übertrieben. Die Hauptquelle, die zweite Anklagerede Ciceros im Prozess gegen Verres, ist zudem nur eine fiktive Rede. Verres hatte es, angesichts der erdrückenden Beweislast gegen ihn, vorgezogen, ins Exil nach Massalia zu gehen – was einem Schuldeingeständnis gleichkam. Der Prozess wurde folglich eingestellt. Dennoch veröffentlichte Cicero diese nie gehaltene umfassende Anklage gegen Verres als die Dokumentation eines grundlegenden politischen Skandals im Rom des Jahres 70 v. Chr. Aus mehr als einem Grunde ist also Vorsicht geboten mit den Informationen, die von Cicero stammen. Gleichwohl ist Cicero die einzige hinreichend aussagekräftige Quelle zu C. Verres. Und hinsichtlich der Fakten musste Cicero außerdem korrekt sein, wollte er sein zeitgenössisches und sachkundiges Publikum – Zeugen der Umstände und zum Teil auch des Prozesses – nicht verärgern. Die Analysen der Verbrechen des Verres schließlich müssen bei Cicero auch einigermaßen stichhaltig gewesen sein – betont er doch immer wieder, sich auf selbst recherchierte und dem Gericht vorgelegte Quellen zu stützen. Die Argumentation Ciceros erschien Verres letztendlich auch offenbar so unangreifbar, dass er sein Heil in der Flucht suchte.

Versuchen wir also – mit diesen quellenkritischen Einschränkungen – das Leben des C. Verres und vor allem sein Regime als Statthalter in Sizilien zu rekonstruieren: Er wurde um 115 v. Chr. als Sohn eines Senators geboren. Im Jahre 84 v. Chr. begann er seine politische Karriere als Quästor in einer politisch hochbrisanten Zeit. Italien wurde durch die Partei der Marianer, eine Gruppe um den C. Marius, beherrscht und terrorisiert. Marius' Erzrivale L. Cornelius Sulla war von 88 bis Frühjahr 83 v. Chr. im Krieg gegen Mithradates von Pontos gebunden. Anfang 83 v. Chr. landete der siegreiche Feldherr mitsamt seinem Heer jedoch in Brundisium, dem heutigen Brindisi, um mit seinen Widersachern in Italien abzurechnen – ein Bürgerkrieg war unter diesen Umständen unausweichlich. Viele Marianer liefen auf Sullas Seite über – so auch C. Verres, mitsamt einer ihm anvertrauten Kriegskasse für ein marianisches Heer in Norditalien. Will man Cicero Glauben schenken, so wechselte Verres damals zwar als Person die Seite, die Kriegskasse behielt er aber für sich.

Im Jahre 80/79 war Verres Adjutant des Statthalters in Kilikien, Cn. Cornelius Dolabella. Beide wetteiferten offenbar miteinander, wer diese im Südosten Kleinasiens liegende Provinz gründlicher ausplündern konnte. Nach Ablauf seiner Amtszeit wurde Dolabella folgerichtig wegen Erpressung angeklagt, er wurde auch verurteilt – und zwar gestützt auf Beweise und Aussagen, die sein ehemaliger Handlanger C. Verres lieferte. Durch diesen Treuebruch gegenüber seinem ehemaligen Vorgesetzten konnte Verres offenbar einen Angriff auf seine eigene Person abwenden.

Im Jahre 75 v. Chr. bewarb sich Verres – nach Cicero gestützt auf die Finanzmittel aus seiner kilikischen Beute – erfolgreich um die Prätur, um das zweithöchste Amt in der römischen Ämterlaufbahn. Die Prätur trat er im Jahre 74 an und erhielt den Amtsbereich Ziviljurisdiktion. Nach alldem, was wir bisher von den charakterlichen Qualitäten dieses Mannes erfahren haben, war dieser Amtsbereich genau das Richtige für ihn. Er nutzte diese Chance – seine Amtszeit war offenbar gespickt mit rechtswidrigen und willkürlichen Entscheidungen, namentlich in lukrativen Erbschaftsangelegenheiten. Der Verdacht Ciceros, diese außergewöhnlichen Entscheidungen seien das Ergebnis der außergewöhnlichen Bestechlichkeit des Gerichtsherrn Verres gewesen, hat einiges Überzeugendes für sich. Außerdem oblag dem Prätor Verres die Aufsicht über die öffentlichen Bauten – woraus ihm offensichtlich ebenfalls reicher Profit zufloss.

In der späten römischen Republik war es üblich geworden, dass Konsuln und Prätoren nach ihrer ordentlichen Amtszeit in Rom eine, in der Regel einjährige, Statthalterschaft in den Provinzen absolvierten. Der Prätor Verres erhielt die reiche und für Rom elementar wichtige Provinz Sizilien zugewiesen. Anfang 73 v. Chr. ging er als Proprätor dorthin. Seine Nachfolger in den Jahren 72 und 71 v. Chr. waren jedoch verhindert, weshalb seine Statthalterschaft in Sizilien insgesamt 3 Jahre währte – genug Zeit also, um diese Provinz aufs Gründlichste auszuplündern. Diese Plünderung der ältesten und wichtigsten römischen Provinz war dann schließlich der Grund der Anklage wegen Erpressung, die von Cicero so erfolgreich im Jahre 70 v. Chr. geführt wurde. Freilich war nicht die Tatsache, dass er sie ausgeplündert hat, maßgebend, sondern lediglich die besonders schamlose Art und Weise, in der er dies getan hat – darüber war man sich schon zu Ciceros Zeiten einig. Es sollte nicht übersehen werden, dass auch Cicero selbst während seiner Statthalterschaft in Kilikien im Jahre 51/50 v. Chr. ca. 2,2 Mio. Sesterzen und viele Statuen und Bilder vereinnahmt hat – allerdings, wie er betonte, *salvis legibus*, also im Rahmen der Gesetze (Cicero, fam. 5,20,9). Es war eben nicht mehr – oder noch gar nie – so, dass Feldherren und Statthalter ganz uneigennützig alle erworbenen Mittel dem Staat zur Verfügung stellten, wie dies von Cicero dem Sieger von Pydna, dem Aemilius Paullus, unterstellt wird: „Das Lob der Uneigennützigkeit richtet sich nicht nur auf den Mann [gemeint ist Scipio Africanus], sondern auch auf jene Zeit. Paulus brachte [168 v. Chr.] den ganzen Schatz der Makedonen, der überaus groß war, in seine Hand. So viel Geld führte er der Staatskasse zu, daß eines einzigen Feldherrn Beute den [direkten] Besitzsteuern [für die römischen Bürger] ein Ende setzte. Dagegen hat dieser Mann nichts in sein Haus gebracht als die unvergängliche Erinnerung an seinen Namen" (Cicero, off. 2,76). Die Wehmut, die in diesem Zitat steckt, macht deutlich, dass es zu Ciceros Zeiten ganz und gar nicht mehr so war. Manfred Fuhrmann meint deshalb auch, Verres habe sich lediglich „dem Grade, nicht aber der Art nach von manchem anderen Statthalter jener Zeit unterschieden". Die neue Ausbeutungsphilosophie war wohl schon die, die Kaiser Tiberius später einmal so umschrieben haben soll: „Ein Hirte beweise sich als guter Hirte, wenn er das Vieh [die Schafe] schere und nicht die Haut über die Ohren ziehe" (Sueton, Tiberius 32,2). So gesehen kann die Statthalterschaft des Verres in Sizilien, so wie sie uns von Cicero in der zweiten Rede gegen Verres geschildert wird, durchaus als ein Beispiel des gängigen Erwerbs in der führenden Schicht Roms während der späten römischen Republik angesehen werden. Lediglich die, auch sogar für die Zeitgenossen degoutante, Übertreibung der Ausbeutung war Gegenstand des Prozesses gegen Verres. Es lohnt sich also, diese Phase im Leben des C. Verres etwas genauer zu betrachten.

Die römische Verfassung hatte für Magistrate im Amt gewisse Sicherungsmechanismen: Annuität und Kollegialität; das Amt währte in der Regel nur ein Jahr und jedem Magistraten stand mindestens ein gleichrangiger Kollege gegenüber, der durch seinen Einspruch willkürliches Amtsverhalten verhindern konnte. Diese Sicherungen galten jedoch nur für die ordentlichen Magistrate – die Promagistrate in den Provinzen dagegen waren ohne Kollegen und deshalb mit einer nahezu unbeschränkten Machtfülle ausgestattet. Ihre Kommanden konnten auch durchaus länger als ein Jahr währen, und es gab in der späten Republik keine Instanz, die ihre Amtsführung wirksam kontrollierte und beaufsichtigte. Solches wäre eigentlich die Aufgabe des Senats von Rom gewesen – doch dieser war zu weit weg und zudem zu jener Zeit durch innere Zwistigkeiten so geschwächt, dass er dieser Aufgabe keinesfalls mehr hat nachkommen können. Eine solche Situation ist ein günstiger Nährboden für ungezügelte Korruption! Die uneingeschränkte Machtstellung eines Provinzstatthalters nutze Verres nun weidlich aus. Die Anklage des Cicero resümierte, Verres habe während seiner dreijährigen Statthalterschaft insgesamt 40 Millionen Sesterzen erpresst, und dies auf verschiedenen, durchaus raffinierten Wegen. Cicero wirft Verres insbesondere vor:

- Bestechlichkeit und Willkür in der Rechtspflege, vor allem bei Erbschaftsangelegenheiten. „Verres stellte die Rechtsverdreher an, Verres lud vor, Verres führte die Untersuchung, Verres sprach das Urteil; sehr hohe Summen wurden gezahlt, und wer zahlte, der bekam auch Recht" (Cicero, Verr. 2,2,26).
- widerrechtlicher Verkauf von Ämtern und Unterschlagung der Erträge aus diesen Verkäufen. „Gibt es in den sizilischen Gemeinden irgendein erstrebenswertes Amt, mit dem Ehre oder Macht oder Verwaltungstätigkeit verbunden ist, das du nicht zu deinem Gewinn und durch öffentlichen Schacher nutzbar gemacht hättest?" (Cicero, Verr. 2,2,120).
- widerrechtliche Erhebung von Steuern und Unterschlagung der diesbezüglichen Einkünfte. „Unter deiner Prätur wurde die Steuerveranlagung so durchgeführt, dass man hiernach in keiner Gemeinde die öffentlichen Angelegenheiten besorgen konnte" (Cicero, Verr. 2,2,138).
- Erpressungen und Unterschlagungen bei der Erhebung des Steuerzehnten und beim Einkauf von Getreide. Zum Zehnten etwa: „Nach diesem Grundsatz, ihr Richter, hat Verres den Zehnten versteigert. Da mag Hortensius, wenn er will, erklären, Verres habe den Zehnten für einen hohen Erlös versteigert. So war unter seiner Prätur die Lage der Landwirte, daß sie noch herrlich behandelt zu werden glaubten, wenn man ihnen gestattete, ihre Äcker dem Apronius zu eigenem Besitz zu übergeben. Denn sie wünschten ja nur den zahlreichen Mißhandlungen zu entkommen, die man ihnen in Aussicht stellte. Soviel Apronius als Schuld festgesetzt hatte, so viel war man dem Erlaß gemäß zu leisten verpflichtet. Auch wenn er mehr festgesetzt hatte, als erzeugt worden war? Auch dann. Nach dem Erlaß des Verres mußten ja die Behörden den Betrag eintreiben. Aber der Landwirt konnte Ersatz beanspruchen. Gewiß, jedoch vor Artemidoros als Richter" (Cicero, Verr. 2,3,70). Verres hatte sich also mit Handlangern vom Schlage eines Apronius umgeben, die offiziell als Steuerpächter auftraten, tatsächlich aber Agenten des erpresserischen Statthalters waren. Sodann hatte Verres durch Verordnungen sämtliche Schutzrechte aufgehoben, die nach altem sizilischen Recht die Bauern vor Übergriffen der Zehntpächter schützten, insbesondere schrieb Verres vor, dass die Zehntpächter die Höhe der Steuerschuld frei festsetzen konnten und dass die sizilischen Behörden verpflichtet waren, die festgesetzte Steuerschuld zwangsweise einzuziehen. Freilich gab es die Möglichkeit, die jeweilige Steuerfestsetzung gerichtlich klären zu lassen – doch hatte bisher der Steuerpächter die Beweislast bezüglich seiner Forderung, so hatte nun unter Verres der Landwirt die Beweislast bezüglich einer ungerechtfertigten Steuerbelastung. Außerdem konnte der Landwirt nur vor einem Gericht klagen, das wiederum mit Gefolgsleuten des Verres besetzt war. Die sizilischen Landwirte waren also völlig chancenlos der Willkür des Verres und seiner Leute ausgeliefert. Die Erlöse, die bei der Versteigerung der Steuerpachten für den römischen Fiskus erzielt wurden, mochten bemerkenswert hoch gelegen haben – doch Verres und seine Handlanger holten dennoch beachtliche Zugewinne zusätzlich dabei heraus. Die nachhaltige Ausplünderung

Siziliens bis hin zur Erschöpfung dieser für Rom lebenswichtigen Provinz war die unausweichliche Folge dieses Systems.
- Raub von Kunstgegenständen bei Privatleuten, Tempeln und Stadtgemeinden. „Ich behaupte: in ganz Sizilien, einer so reichen, so alten Provinz, in so vielen Städten, so vielen Häusern, die so vermögend waren, gab es kein silbernes, kein korinthisches oder delisches Gefäß, keinen Edelstein, keine Perle, keine Arbeit aus Gold oder Elfenbein, keine Statue von Erz, Marmor, Elfenbein – ich behaupte: es gab kein Gemälde, weder auf Holz noch auf Leinwand, das er nicht aufgestöbert und besichtigt und, wenn es ihm gefiel, weggenommen hätte" (Cicero, Verr. 2,4,1).

Doch noch einmal gilt es zu betonen: Dieser Fall des Verres gehörte zu den selbst in Rom als skandalös empfundenen Auswüchsen. Gleichwohl war nur das Ausmaß skandalös, nicht die Vorgänge der Bereicherung an sich. Und – anfangs hatte Verres gute Chancen, ganz ungeschoren davonzukommen. Ganz zuversichtlich hatte er – laut Cicero – schon in Sizilien öfters erklärt, „er habe [...] die drei Jahre seiner sizilischen Prätur so eingeteilt, daß er sehr gut abzuschneiden glaube, wenn er den Gewinn des ersten Jahres für sich verwende, das zweite seinen Anwälten und Beschützern überlasse, das dritte jedoch, das reichste und ergiebigste, ganz für seine Richter aufspare" (Cicero, Verr. 1,40). Er besaß in der Tat zahlreiche Gönner und Freunde; der berühmte Redner Hortensius war sein Verteidiger. Seine Querverbindungen schienen es ihm zu ermöglichen, den Prozess bis ins Jahr 69 zu verschleppen, um dann – enge Freunde des Verres waren in die höchsten Ämter gewählt worden – mit einem Freispruch rechnen zu dürfen. Allein die Hartnäckigkeit und das rednerische Talent eines Cicero zerrten die erpresserischen Exzesse noch im Jahr 70 so schonungslos ans Licht der Öffentlichkeit, dass Verres sich geschlagen geben musste.

Nun – wenn dies die, zwar in moderaterem Ausmaß, aber im Prinzip typische Erwerbsart der senatorischen Elite war, so darf es einen nicht wundern, wenn diese Herren von Wirtschaft und wirtschaftlichem Handeln nicht gar so viel hielten. Wer durch Raub und Erpressung reich und dazu sogar noch berühmt und geehrt werden konnte, dem musste der Erwerb durch Arbeit freilich als ziemlich verächtlich erscheinen. Krieg, Politik und Verwaltung – oder besser gesagt Beutemachen, Korruption, Erpressung und Raub – waren die bevorzugten Erwerbsarten der römischen Elite.

Natürlich gab es auch wirkliche Geschäftsleute, die in gewissem Sinne wirtschaftlich an der Ausbeutung der Provinzen mitwirkten. Hier mag der Fall des Rabirius Postumus interessant sein, vor allem auch, weil Rabirius gänzlich gescheitert ist. Seine Biographie erschließt sich uns aus einer Prozessrede des Cicero, mit der er Postumus im Winter 54/53 v. Chr. verteidigte (Cicero, Rab. Post.; vgl. auch: Sueton, Claudius 16,2; Cicero fam. 7,17,1).

C. Rabirius Postumus war ritterlichen Standes: „Denn in unserer Jugend war der Vater des Postumus, C. Curtius, der erste Mann im Ritterstande, ein tüchtiger und vermögender Steuerpächter" (Cicero, Rab. Post. 3). Von dieser Seite hatte er also schon ein stattliches Vermögen erhalten. Er ist aber außerdem noch von seinem Onkel mütterlicherseits, dem C. Rabirius adoptiert worden, wodurch ihm ein zweites Vermögen durch Erbe zufloss. Dieser Rabirius Postumus war einer jener risikofreudigen Geldleute im Rom des Cicero: „Er unternahm viel, er machte bei vielen Geschäften mit, er beteiligte sich in großem Stile an staatlichen Gütern [das heißt, er pachtete öffentliche Aufträge], er gab auswärtigen Völkern Darlehen, er ließ sein Geld in mehreren Provinzen arbeiten [sic!], er stellte sich auch Königen zur Verfügung" (Cicero, Rab. Post. 4). Seine Spezialität aber war, Darlehen an den ägyptischen König zu vergeben. Ägypten war damals eine viel versprechende Geldanlage – allerdings mit nicht zu unterschätzenden politischen Risiken. König Ptolemaios XII. Auletes war es im Jahre 59 v. Chr. nach mehr als 20-jähriger Bemühung gelungen, als „Freund und Bundesgenosse des römischen Volkes" und somit von Rom als König anerkannt zu werden. Damit gewann er eine gewisse Sicherheit, dass sein Herrschaftsgebiet wenigstens mittelfristig von der Expansion Roms im Osten unangetastet blieb. Überdies versprach der Bundesgenossenstatus auch eine innenpolitische Stabilisierung des Regimes von Auletes: Wenn das mächtige Rom hinter seiner Person stand, war die innere Opposition besser zu kontrollieren – eine Garantie für innere Stabilität, das zeigt der Fortgang der Geschichte, war der Bundesgenossenstatus aber auch für Auletes nicht. Dennoch – dieser Bundesgenossenstatus war für Auletes ein politischer Erfolg, der freilich nur möglich war, nachdem riesige Summen an Pompeius und Caesar, den in Rom damals tonangebenden Persönlichkeiten, geflossen sind – die Rede ist von 6000 Talenten (vgl. Sueton, Caesar 54,3). Dieses Geld hatte Auletes zwar gerade nicht in der Portokasse, aber es gab da ja die römischen Geldleute, die gerne Darlehen zu hohen Zinsen gaben – einer davon war Rabirius Postumus, mit seinem Darlehen wurde Caesar bezahlt. Für Postumus war dies auf den ersten Blick ein gutes Geschäft: Die Darlehenszinsen waren gewiss sehr hoch, doch Ägypten war ja ein reiches Land. Und das politische Risiko konnte nicht gar so groß sein, war doch Auletes gerade zum römischen Bundesgenossen gemacht worden. Es kam freilich anders. Im Jahre 58 fühlte sich Ptolemaios Auletes im eigenen Lande nicht mehr sicher und floh nach Rom, um bei Pompeius Schutz zu suchen. Für den römischen Senat war es zwar keine Frage, dass Auletes mit militärischer Unterstützung Roms wieder in seine Herrschaft eingesetzt werden solle, doch diese Rückführung des Königs schien eine so lukrative Aufgabe zu sein, dass sich ein hartes und langwieriges Intrigenspiel entspann, wer denn Auletes zurückführen dürfe – und dabei viel Geld vereinnahmen konnte. Für den unglückseligen Postumus war die Rückzahlung seines vermeintlich sicheren Darlehens und der Zinsen durch den Ägypter in weite Ferne gerückt. Um die Perspektiven etwas zu verbessern – und nur eine Rückführung des Auletes versprach die Aussicht auf Rückzahlung des Darlehens und der Zinsen –, sah er sich genötigt, dem in Rom weilenden ägyptischen König weitere Summen vorzustrecken, für die königliche Hofhaltung und auch, um die politische Maschinerie Roms ein wenig ‚ölen' zu können. „Der König fiel ihm zu Füßen, er bat um vieles und versprach alles; so mußte Postumus befürchten zu verlieren, was er geliehen hatte, wenn er den Krediten ein Ende setzte. Auch hatte der König ein ungemein einnehmendes und ungemein gewinnendes Wesen; es war leichter für Postumus zu bedauern, daß er sich auf die Sache eingelassen hatte, als sich wieder davon loszureißen" (Cicero, Rab. Post. 5). Schlimmer noch war allerdings, dass Postumus „im Zahlen und Kreditgewähren [...] ziemlich weit [ging]: er verlieh nicht nur das eigene Geld, sondern auch das der Freunde – törichterweise" (Cicero, Rab. Post. 4).

Schließlich konnte Auletes im Jahre 55 v. Chr., gegen die Zusage von 10 000 Talenten – das sind immerhin 240 Millionen Sesterzen –, den syrischen Statthalter Gabinius dazu bewegen, mit seinen Truppen die Herrschaft des ägyptischen Königs wiederherzustellen. Die enorme Bestechungssumme für Gabinius war freilich erst aufzubringen. Der Ruf des Auletes hinsichtlich seiner Schuldendienste hatte jedoch schon etwas gelitten – Gabinius jedenfalls ließ neben einer römischen Garnison auch einen römischen Ritter in Ägypten zurück, der als *dioiketes*, als Wirtschafts- und Finanzminister des Königs, die Einziehung der 10 000 Talente sicherstellen sollte – und es ist unschwer zu erraten, wer dieser römische Ritter war: Rabirius Postumus. Sicher hatte Postumus die Absicht, als *dioiketes* nicht nur die Forderungen des Gabinius einzutreiben, sondern auch seine eigenen. „Denn als er nach Alexandrien kam, ihr Richter, da eröffnete der König ihm einen einzigen Weg, sein Geld zu retten: er solle die Verwaltung und gewissermaßen das königliche Rechnungswesen übernehmen. Diese Tätigkeit konnte er nur ausüben, wenn er sich zum Dioiketen – denn so lautete der Titel – ernennen ließ. Ein undankbares Geschäft, dachte Postumus, doch es gab keinerlei Ausweg" (Cicero, Rab. Post. 28). Doch wieder einmal sah er sich getäuscht: In Alexandria erhob sich ein Aufstand gegen die römische Erpressung und Ptolemaios Auletes warf Rabirius Postumus kurzerhand ins Gefängnis. Von dort gelang Postumus zwar die Flucht, doch kam er – nach Auskunft Ciceros – völlig mittellos in Rom an. „Er war doch der Herr in Alexandrien. Im Gegenteil: er war einer äußerst rücksichtslosen Herrschaft ausgeliefert; er mußte selber das Gefängnis erdulden, er sah seine Freunde in Fesseln, er hatte oft den Tod vor Augen, er konnte sich endlich elend und mittellos aus dem Königreich entfernen" (Cicero, Rab. Post. 39).

Doch der Verlust seines Vermögens war in Rom dann nicht sein einziges Problem: Zum einen hatte er ja auch fremdes Geld verliehen und die Gläubiger saßen ihm im Nacken, zum anderen wurde er unter öffentliche Anklage gestellt, und dies – wie Cicero zu Recht bemerkte – auf einer etwas eigentümlichen Rechtsgrundlage. Der ehemalige syrische Statthalter Gabinius war inzwischen in Rom wegen Erpressung der Provinzialen angeklagt und verurteilt worden. Dieser war jedoch außerstande, die gegen ihn verhängte Geldbuße – *litis aestimatio* – aufzubringen. In diesem Falle ließ es das römische Recht zu, auch diejenigen zu belangen, an die das erpresste Geld geflossen ist. Also stellte man Postumus unter Anklage – und Ciceros Amt war es, ihn zu verteidigen. Dessen Verteidigungsstrategie lief, neben einigen prozessrechtlichen Einwänden, auf die folgende Argumentation hinaus: Rabirius Postumus hat keinen Einfluss darauf genommen, dass Gabinius in Ägypten eingriff; Gabinius habe vielmehr aus eigener Initiative gehandelt. Die Rolle als Dioiket anzunehmen war für Postumus die einzige Möglichkeit, sein Vermögen zu retten. Bei der Einziehung der Forderung des Gabinius in Ägypten sei keinerlei Aufschlag in die Taschen des Postumus geflossen. Postumus sei tatsächlich völlig mittellos in Rom angekommen, er habe kein Geld ‚beiseite geschafft', ja nur die edle Großzügigkeit Caesars habe ihn vor dem völligen Bankrott bewahrt.

Wenn man in Betracht zieht, dass die Verteidigung in einem Prozess nicht unbedingt der reinen Wahrheit verpflichtet war, sondern ihren Mandanten im besten Licht erscheinen lassen wollte, und wenn man weiterhin den Blick genauer darauf wirft, welche Vorwürfe Cicero – in dieser Rede übrigens nicht ganz so überzeugend – auszuräumen versucht, so wird die Verwicklung des Postumus in die Rückführung des Auletes durch Gabinius und die anschließende Erpressung Ägyptens doch eher wahrscheinlich. Dass Postumus den Kontakt zwischen dem im römischen Exil weilenden Auletes und Gabinius in Syrien nicht hergestellt hatte, dafür würde ich meine Hand nicht ins Feuer legen. Postumus wurde auch nur der Form nach vom König Auletes als *dioiketes* in Alexandria eingesetzt, tatsächlich stand Gabinius dahinter – wieder ein Hinweis auf die enge Zusammenarbeit der beiden. Und dass Postumus bei der Einziehung der Forderung des Gabinius so gar nichts verdient hat, mag man eigentlich auch nicht glauben – wie sonst sollte er denn seine eigenen Forderungen gegenüber Auletes ausgleichen? Ob er allerdings tatsächlich dann in Ägypten sein ganzes Vermögen verlor, oder ob er nicht doch etwas beiseite geschafft hatte, kann heute nicht mehr entschieden werden.

Es macht den Eindruck, als ob Cicero den Prozess für Postumus gewonnen hat – Genaues wissen wir jedoch nicht. Rabirius Postumus taucht im Bürgerkrieg, genauer im Jahre 46 v. Chr., in Afrika als Anhänger des Caesar in den Quellen noch einmal auf (Caesar, bell. afr. 8,1; 26,3) – ansonsten ist sein weiteres Schicksal nach dem Prozess unbekannt.

Das Leben des Postumus zeigt, wie neben der Untertanenerpressung großen Stils durch senatorische Politiker vom Schlage eines Verres, Lucullus, Gabinius und noch vielen mehr, es durchaus noch reichlich ökonomischen Spielraum für die nicht-senatorische Oberschicht, für den Ritterstand gab, wirtschaftlichen Nutzen aus der Beherrschung der Provinzen zu ziehen. Und die Tätigkeit dieser Geldleute hatte, trotz allen Wuchers, schon eher etwas mit wirtschaftlicher Tätigkeit zu tun als die bloße Räuberei der Senatoren. Interessant mag deshalb auch sein, wie Cicero, der ja selbst dem Ritterstande entstammte, das Selbstverständnis dieser nicht-senatorischen Oberschicht Roms charakterisierte: Um ein prozessrechtliches Problem zu illustrieren, stellt er den Senatorenstand dem Ritterstand gegenüber. Ein Senator „genießt den höchsten Rang in der Bürgerschaft, den kurulischen Sessel, die Rutenbündel, Kommandogewalten, Provinzen, Priesterämter, Triumphe und schließlich das Portrait, das man der Nachwelt hinterläßt". Der Ritterstand entgegnet dazu: „Wir haben diese Dinge nie geringgeschätzt – so äußerten sie sich nämlich –, aber wir befolgen nun einmal unsere ruhige und friedliche Lebensweise; die aber sollte, da sie keine Ehre einbringt, auch keinen Verdruß einbringen" (Cicero, Rab. Post. 17). Und das ruhige, friedliche Leben eines Ritters wird dann am Schicksal des Postumus exemplifiziert: „Er hat […] zwei schöne und stattliche Vermögen geerbt und seinen Besitz außerdem durch günstige und einwandfreie Geschäfte vergrößert: warum sollte er da den Glauben zu erwecken suchen, daß er ein Habenichts sei? Wollte er etwa, als er, auf Zinsen erpicht, Geld auslieh, möglichst hohe Gewinne erzielen, und dann, nachdem er die Darlehen wiedereingezogen hatte, für bedürftig gelten?" (Cicero, Rab. Post. 38 f.). Alles in allem zeichnet Cicero in Postumus das Bild eines „römischen Ritters [...] der nicht durch Genußsucht, durch Einbußen und Verluste aus bösen Leidenschaften, sondern durch den Versuch, sein Vermögen zu vergrößern, ins Wanken geraten war" (Cicero, Rab. Post. 43). Bedarf es einer klareren Aussage dazu, dass es in der römischen Oberschicht Menschen gab, die nicht in erster Linie politisch, religiös und schon gar nicht moralisch dachten, sondern fast ausschließlich ökonomisch? Und dieses stark an persönlichem Gewinn orientierte Selbstverständnis konnte geradezu zum Charakteristikum eines ganzen Standes der römischen Gesellschaft werden – diesen Eindruck vermittelt Cicero jedenfalls. Aber auch moderne Forscher wie etwa Alfred Heuss beschreiben den römischen Ritterstand folgendermaßen: „Seine Interessen waren überhaupt – und darauf kam das meiste an – weniger politisch als ökonomisch, und in dieser Hinsicht kam ihm der Staat in der großzügigsten Weise entgegen. Bereitwillig stellte er ihm diejenigen Einnahmequellen zur Verfügung, bei denen er ohne den Besitz echter Hoheitsbefugnisse sein Kapital spielen lassen und gewinnbringend investieren konnte, so etwa bei der Vergebung von Heereslieferungen, Zöllen, Steuern (zur Einziehung bei Entrichtung einer Pauschale), öffentlichen Bauten usw."

Die betriebswirtschaftlichen Konzeptionen der Agrarschriftsteller

Jochen Bleicken beginnt in seiner „Verfassungs- und Sozialgeschichte des römischen Kaiserreiches" seine theoretischen Erwägungen zur antiken Landwirtschaft mit der Behauptung, die „Sachliteratur über Landwirtschaft ist aber gering". Dies sei so, weil eben auch die Landwirtschaft für antike Menschen kein Lebensbereich gewesen sei, über den nachzudenken oder gar zu schreiben sich gelohnt hätte. Diese Behauptung ist meines Erachtens falsch und kann leicht widerlegt werden: Die beiden römischen Agrarschriftsteller Varro und Columella nennen ihre Quellen, aus denen sie geschöpft haben (Varro, rust. 1,1,7–10; Columella 1,1,7–14.; vgl. auch Plinius d. Ä., n. h. 18,22 f.). Sie kannten nicht weniger als 52 griechischsprachige – hauptsächlich hellenistische – Landwirtschaftswerke, außerdem das Monumentalwerk des Puniers Mago und immerhin 10 lateinische Landwirtschaftswerke. 63 bekannte Werke – das ist doch keine geringe Sachliteratur, auch wenn uns diese Werke zum größten Teil nicht überliefert sind.

Und es war, selbst für vornehmste Kreise, keineswegs anrüchig oder abwegig, sich über die Landwirtschaft, und zwar über deren Ökonomie, zu unterhalten und darüber zu schreiben. Der Autor senatorischen Ranges Marcus Terentius Varro begann sein in Form des platonischen Dialogs gehaltenes dreibändiges Landwirtschaftswerk etwa folgendermaßen: Fiktiv lässt er sich, seinen ebenfalls senatorischen Schwiegervater Gaius Fundanius, die Senatoren Gnaeus Tremelius Scrofa, Gaius Licinius Stolo und die Ritter Gaius Agrius und Publius Agrasius ganz zwanglos in ein Gespräch kommen, weil ihr Gastgeber, der Tempelhausherr der *tellus* in Rom, sie versetzt hat. Schnell fand man das Thema: die Landwirtschaft und mit welchen Mitteln man sie so profitabel wie möglich macht. Wenn Varro sich auf die Gepflogenheiten und Empfindungen seiner Adressaten, seine Standesgenossen nämlich, auch nur einigermaßen verstanden hat, dann entwickelte er hier eine alltägliche Situation: Vermögende Grundbesitzer unterhalten sich – immerhin über drei Bände hinweg –, wie sie durch geschickte ökonomische Maßnahmen ihre Betriebe profitabler machen können. Braucht es eines schlagenderen Beweises, dass die bewusste und planvolle ökonomische Steuerung landwirtschaftlicher Betriebe ein Thema bis in die höchsten Kreise der römischen Gesellschaft war?

Für die Forschung zur römischen Agrargeschichte sind die Werke von Cato, Varro und Columella von herausragender Bedeutung. Cato, der Zensor, ist in einem vorhergehenden Kapitel schon vorgestellt worden. Nun sind die Lebensläufe von Varro und Columella noch kurz nachzuzeichnen.

Marcus Terentius Varro wurde 116 v. Chr. entweder in Rom oder in Reate als Spross eines angesehenen Plebejergeschlechts geboren. Er strebte die senatorische Laufbahn an. Nach einer Ausbildung bei namhaften Lehrern wurde er 90 Triumvir capitalis, nach 86 Quaestor und Volkstribun, vor 67 Praetor, 67 Legat des Pompeius im Seeräuberkrieg, seit 50 v. Chr. Statthalter in der Provinz *Hispania ulterior*. Eigentlich ein Freund des Pompeius, ergab er sich als Statthalter in Spanien dennoch Caesar kampflos, auch später in Dyrrhachium vertrat er die Sache des Pompeius nur halbherzig und schwankend. Mit dem Sieger des Bürgerkriegs verständigte sich Varro schnell und fortan hielt Caesar seine Hand schützend über Varro. Von ihm wurde Varro damit beauftragt, eine öffentliche Bibliothek in Rom aufzubauen. Einige Jahre, bis zu Caesars Ermordung im Jahre 44 v. Chr., konnte Varro nun in Sicherheit und Wohlstand seiner Neigung zur Gelehrsamkeit nachgehen. Nach Caesars Tod wurde Varro durch Antonius auf die Proskriptionsliste gesetzt. Vieler seiner Besitztümer, insbesondere aber auch seiner Privatbibliotheken beraubt, retteten ihm Freunde wenigstens das nackte Leben. Als Varro im Alter von fast 90 Jahren starb, hatte er ein unglaubliches Werk von 60 bis 75 Schriften in ca. 600 Bänden hinterlassen. Das einzig vollständig erhaltene Werk Varros ist sein Landwirtschaftsbuch, die *rerum rusticarum libri tres*, das er nach eigenen Angaben im Jahre 37 v. Chr. als 80-Jähriger begonnen hatte.

Columella stammte aus Gades (dem heutigen Cádiz) in Südspanien (Columella 7,2,4). Seine Familie gehörte vielleicht zum Ritterstand, zum *ordo equester* – ansonsten ist über sie ebenso wenig bekannt wie über Columellas Leben selbst. Nur so viel weiß man: Als Militärtribun war Columella in Syrien und Kilikien. Danach kehrte er nicht nach Spanien zurück, sondern kaufte sich einige Güter in Mittelitalien (bei Caere, Carsioli und Alba). Columellas Werk *de re rustica* gilt als Höhepunkt der lateinischen Agrarliteratur. Das 12 Bücher umfassende Werk ist höchstwahrscheinlich zwischen 60 und 65 n. Chr. geschrieben worden. Sehr intensiv hat Columella die ältere Agrarliteratur – und zwar sowohl die römische (Cato, Tremelius Scrofa, Varro, C. Celsus und Vergil) als auch das Werk des Puniers Mago und Xenophons *oikonomikos* rezipiert. Gleichwohl stellte er selbst weniger das Bücherwissen, sondern vielmehr seine eigene praktische Erfahrung in den Vordergrund. Er wollte ja, ganz praxisorientiert, den römischen Gutsbesitzern ein Handbuch für die Landwirtschaft an die Hand geben, damit diese die, von Columella in seiner Einleitung schmerzlich bemerkte ‚allgemeine Missachtung der Landwirtschaft' wieder ablegten. Ein praktikables Handbuch der Landwirtschaft (und damit für uns eine unersetzliche Quelle zur römischen Agrarökonomie) zu schaffen, ist Columella gelungen – ob er die zeitgenössischen Großgrundbesitzer von ihrem Desinteresse an der intensiven Landwirtschaft abbringen konnte, bleibt aber höchst fraglich.

Worauf richtete sich nun das ökonomische Nachdenken, soweit wir es aus den römischen Agrarschriftstellern herauslesen können? Sie schrieben jedenfalls nicht für Kleinbauern, die über die Eigenversorgung hinaus kaum Güter für den Markt produzierten, sie schrieben vielmehr für die seit dem zweiten Jahrhundert v. Chr. ständig wachsende Zahl der wohlhabenden Erwerbslandwirte, sie analysierten also landwirtschaftliche Gutsanlagen, die in nicht geringem Maße über die Eigenversorgung hinaus Überschüsse erwirtschaften sollten. Diese Überschusswirtschaften wurden erkennbar in der Absicht betrieben, die Rente aus diesen Betrieben zu maximieren. Diesbezüglich entwickelten die römischen Agrarschriftsteller drei strategische Ansätze: Kostenminimierung, Steigerung der Produktivität und Marktorientierung.

Ausgangspunkt aller ökonomischen Überlegungen der römischen Agrarschriftsteller war natürlich die – bis ins 3. Jahrhundert v. Chr. sicher noch vorherrschende – *oikos* Organisation der landwirtschaftlichen Betriebe. Weitgehende Autarkie, Thesaurierung der Erträge im Haus und kleine vom Hausvater selbst geleitete Betriebe sind die Charakteristika dieser Wirtschaftsform. Der Autarkiegedanke wirkte noch lange nach, insbesondere hinsichtlich der Kostenminimierung. Cato etwa forderte beim Erwerb eines Gutes, der betreffende Hof solle sich selbst erhalten, solle einen guten Ausstattungsgrad haben, damit die Kosten für die Einkäufe gering gehalten werden können. Denn: „Wisse, daß ein Gut dasselbe ist wie ein Mensch: wenn er auch noch so sehr auf Erwerb aus ist – wenn er Unkosten hat, bleibt nicht viel übrig" (Cato, agr. 1,6). Insbesondere die Beschaffung von Material und Personal von außen wurde als – möglichst zu vermeidender – Kostenfaktor verstanden: „Der Gutsherr soll ein Verkäufer und kein Einkäufer sein" (Cato, agr. 2,8; vgl. ebenso, Cato zitierend, Plinius d. Ä., n. h. 18,31,1). Die Sparsamkeit Catos ging sogar bis zur unmenschlichen Behandlung seiner Sklaven, etwa bei ihrer Ernährung (Cato, agr. 2,4; 56; Plutarch, Cato maior 5,1). Auch bei Columella waren die Kosten der Ausgangspunkt der ökonomischen Überlegungen, etwa beim Bau und Unterhalt der Hofgebäude (Columella 1,4,7), bei der Bevorzugung kostensparender Anbauarten (z. B. Ölbaum: Columella 5,8,1–3) oder bei der Verhinderung von kostspieligen Nachlässigkeiten durch die strenge Kontrolle des Personals (Columella 1,1,18–20; 11,1,3–28). Und nicht zuletzt konnten gute Transportwege auch ganz wesentlich die Kosten gering halten, „denn dadurch […] verringern sich die Kosten für Anschaffungen, weil alles billiger dorthin gelangt, wohin es mit geringer Mühe transportiert werden kann" (Columella 1,3,3). Diese Grundhaltung – Autarkie und Kostenminimierung – galt selbstverständlich auch für kleinbäuerliche Subsistenzbetriebe. Für landwirtschaftliche Betriebe, die auf Erwerb und auf die Maximierung der Gewinne aus sind, reichte diese Strategie alleine freilich nicht aus. Deshalb trat bei den römischen Agrarschriftstellern ein zweites strategisches Ziel hinzu: die Erhöhung des Produktionsvolumens durch rationelle Organisation des Betriebes. Eine herausragende Rolle spielten bei Cato die in der Tat elementaren Standortfaktoren in der Landwirtschaft, die naturräumlichen Faktoren wie Klima, Boden, gesunde Lage oder gutes Trinkwasser. Die Qualität der Böden ist für jeden landwirtschaftlichen Betrieb natürlich ein grundlegendes Kriterium. Nur gibt es „den guten Boden" schlechthin nicht. Verschiedene Böden ermöglichen bei verschiedenen Klimata verschiedene Bodennutzungsarten, deren Wert wiederum von den damit verbundenen Kosten, vom Grad der Vermarktungsfähigkeit der betreffenden Agrarprodukte und den Erträgen auf dem Markt abhängen. Drei Kapitel bei Cato (Cato, agr. 6a; 34; 35) beschäftigen sich mit den auf verschiedenen Böden jeweils günstigsten Bodennutzungsarten. Sehr ausführlich widmete sich auch Varro den naturräumlichen Faktoren für eine profitable Landwirtschaft (Varro, rust. 1,3–1,4,4; 1,7,5–1,8; 1,44,1–3). Er gab etwa Hinweise zur allgemeinen Beurteilung der Bodenqualität (Varro, rust. 1,9) und empfahl die auf den jeweiligen Böden ertragreichsten Bodennutzungsarten (Varro, rust. 1,7,5–10; 1,23–26). Mit der ihm oft vorgeworfenen Akribie systematisierte er die naturräumlichen Kriterien für eine profitable Landwirtschaft wesentlich detaillierter, als dies Cato noch getan hat. Der landwirtschaftliche Praktiker fand bei Varro also einen ausführlichen Leitfaden zur Beurteilung der Böden und konnte seine Entscheidung für bestimmte Bodennutzungsarten auf ein solides Gerüst gründen. Dabei wollte Varro seine Hinweise nicht als normatives Regelwerk verstanden wissen, im Gegenteil, er forderte zu kreativem Umgang mit seinen Empfehlungen auf: Landwirtschaft sei Nachahmung und Experiment: „Wir müssen beides tun, sowohl andere nachahmen als auch manches probeweise anders zu machen versuchen, doch nicht aufs Geratewohl, sondern nach einem Plan" (Varro, rust. 1,18,8). Ebenso fast modern mutet eine weitere von ihm empfohlene Methode zur Bodenbeurteilung an. Wenn nicht schon eine landwirtschaftliche Nutzung vorliege, die Rückschlüsse auf die Bodenqualität zulasse, so könne durch Beobachtung der vorhandenen natürlichen Vegetation die Bodenfruchtbarkeit bestimmt werden (Varro, rust. 1,9,7). Systematisch ging Varro auch auf topographische Bedingungen ein (Varro, rust. 1,6). Ausgehend von den Grundformen Ebene – Hügel – Gebirge entwickelte er ein System von daraus folgenden klimatischen Bedingungen. Diesen wies er dann Kategorien von Bodennutzungsformen zu. In der einfachsten Form heißt das etwa Getreide in der heißen Ebene – Wein auf gemäßigt warmen Hügeln – Wald in den kühlen Bergen. Selbstverständlich wurde bei Varro dieser Wirkzusammenhang ‚Topographie – Klima – Bodennutzungsform' noch wesentlich differenzierter behandelt. Das Klima hat aber auch Auswirkungen auf die Abläufe im landwirtschaftlichen Betrieb. So gab Varro sehr genaue Hinweise, wie sich etwa die Aussaat, die Reifezeit oder die Erntezeit nach den topographisch-klimatischen Bedingungen zu richten hätten. Diesen Vorstellungen Varros zu Böden, Klimata und den jeweils günstigsten Anbauarten beziehungsweise -früchten mit dem Ziel, ein Gut „durch gute Bewirtschaftung ertragreich" zu machen (Varro, rust. 1,1,2), folgte auch Columella vollständig. Speziell bei Columella trat aber ein weiterer Gedanke stark in den Vordergrund: die Ertragssteigerung durch der Gutsgröße entsprechende Spezialisierung oder Mischung der Wirtschaftsformen. Cato hatte für sein Weingut 100 *iugera* (25 ha) und für sein Ölgut 240 *iugera* Land empfohlen. Es kann durchaus davon ausgegangen werden, dass Güter von 25 bis 60 ha im 2. Jahrhundert v. Chr. zu den größeren landwirtschaftlichen Betrieben zählten. Auch für Varro war die Betriebsgröße von ca. 200 *iugera* Kalkulationsgrundlage für seine Personalberechnungen. Dennoch geht man heute davon aus, sein Idealgut habe schon etwa die doppelte Größe von Catos Gütern besessen. Jedenfalls ist für Varro das *suburbanum* des *eques Romanus* Gaberius mit 1000 *iugera* (250 ha) kaum mehr erstaunlich (Varro, rust. 2,3,10). Dies passt gut zu den Nachrichten über Gütergrößen um die Zeitwende aus der Literatur, aus Inschriften und aus der archäologischen Evidenz. Bei Columella eröffnen sich hinsichtlich der Gütergröße ganz neue Dimensionen. Wie auch Plinius (Plinius d. Ä., n. h. 18,7,35) wandte sich Columella scharf gegen den zu seiner Zeit ausufernden Großgrundbesitz. Er geißelte den Latifundienbesitz, wie er sich besonders im Süden Italiens breit gemacht hatte: „Wie überall, so gilt also auch im Grunderwerb Selbstbeschränkung. Man soll sich nur so viel aneignen, als erforderlich ist, um den Eindruck zu erwecken, man habe den Grund zur Besitzergreifung erworben, nicht zur eigenen Belastung und um anderen seine Nutzung zu entziehen, wie es jene Gewaltmenschen tun, die das Gebiet ganzer Völker besitzen, das sie nicht einmal zu umschreiten vermögen, sondern dem Vieh zum Niedertrampeln, dem Wild zur Verwüstung [und Verheerung] überlassen oder nach der Besitzergreifung durch schuldhörige Bürger und Herden von Sklaven beherrschen" (Columella 1,3,12). Auf dem Großgrundbesitz veröde fruchtbares Land, weil es wegen der Übergröße gar nicht mehr bewirtschaftet werde. Er forderte dagegen eine Gütergröße, die gerade noch intensiv bewirtschaftet werden konnte (vgl. auch Columella 1,3,9–1). Doch bei aller deshalb notwendigen Selbstbeschränkung beim Grunderwerb dachte Columella doch in ganz anderen Dimensionen als seine Vorläufer. Für sein 240 *iugera* großes Ölgut hatte Cato 12 bis 14 Eimer (*labra*) als Ausrüstung angesetzt (Cato, agr. 10,4; 13,2). Columella kalkulierte mit 90 *labra* (Columella 12,52,11–12). Diese Gefäße wurden jedoch nicht für die dauernde Aufbewahrung des Öls verwendet, sondern für das mehrmalige Raffinieren. Deshalb wird allgemein geschlossen, Columella habe nicht an ein 6–7-mal so großes, doch aber an ein 2–3-mal so großes Ölgut gedacht, wie dies Cato noch vor Augen hatte. Bei dieser Flächenangabe sollte aber bedacht werden, dass Columella – anders als Cato – einen Mischbetrieb empfiehlt, der aus Acker-, Wiesen-, Gehölz-, Wein- und Ölbau besteht. Die aus dem Ausstattungsbedarf der *labra* errechnete Größe der Ölpflanzung von 120 bis 180 ha stellte demzufolge nur einen Bruchteil des Umfangs von Columellas Idealgut dar. Auch die bei Columella genannten Personalzahlen machen deutlich, dass Columella eine Gutsanlage vorschwebte, die mit den Idealgütern bei Cato nicht zu vergleichen war.

Bei einem solchen Ausmaß der Güter musste die Organisation des Betriebes, sowohl der Ausstattung als auch des Personals, in den Vordergrund treten. Wenn schon Cato und Varro bei ihren vergleichsweise kleinen Gütern genaue Angaben zur Einrichtung des Gutes, zu seiner Personalausstattung und -organisation machten, so war ein klares Organisationskonzept bei einem Großgut Columella'scher Dimension unerlässlich. So waren bei Columella etwa hinsichtlich der Organisation des Hofkomplexes die effiziente Funktionalität und die optimale Kontrollierbarkeit die obersten Grundsätze. Die Lage der einzelnen Bauten richtete sich zunächst nach den Erfahrungsregeln hinsichtlich der geologischen, topographischen und klimatischen Bedingungen vor Ort. Dann aber trat die Organisation der Arbeitsabläufe auch schon beim Bau in den Gesichtskreis: Die Arbeiter erreichen auf dem kürzesten Wege den Geräteschuppen, die Hirten wohnen Wand an Wand mit den Tieren. Der Verwalter (*vilicus*) wohnt neben, der Geschäftsführer (*procurator*) über dem Hofeingang, damit der Verwalter die Arbeiter und der Geschäftsführer den Verwalter ständig beobachten kann. Die zentral gelegene Küche soll jedem Arbeiter zu jeder Jahreszeit einen warmen Platz gewähren und so weiter (Columella 1,6). Auch bei der inneren Organisation seines Mischbetriebes, bei der Auswahl der Anbaufrüchte, bei den Methoden der Bodenbearbeitung strebte Columella nach Ertragssteigerungen. Die umfänglichen Empfehlungen Columellas zu allen Arten der landwirtschaftlichen Produktion (insbesondere zum Weinbau [Columella 3,3] oder zum Ölbau [Columella 5,8–9]) dienten ausschließlich diesem Zweck, ja er empfahl, wie Varro, eigene Experimente mit dem Ziel der Ertragssteigerung (Columella 1,4,4–5).

Speziell in einem Großgut Columella'scher Prägung rückte dann aber auch die straffe Organisation des Personals und der Arbeitsabläufe in den Gesichtskreis. In diesem Zusammenhang ist bei Columella ein Paradigmenwechsel gegenüber seinen Vorgängern erkennbar. Cato hatte den Personalstamm noch vorwiegend als Kostenfaktor begriffen. Selbstverständlich war er von Sklavenarbeit auf den von ihm empfohlenen Betrieben ausgegangen. So wurden bei ihm in den Kapiteln 10 und 11 genaue Angaben über den notwendigen Stamm an Sklavenpersonal auf einem Ölgut (240 *iugera* / 13 Sklaven) oder einem Weinberg (100 *iugera* / 16 Sklaven) gemacht. Aus Gründen der Rentabilität mussten diese Sklaven aber übers Jahr ständig beschäftigt werden können – die Zahlen bezüglich des Stammpersonals gaben also lediglich die ständig benötigten Arbeitskräfte an. Größere nicht ständige Arbeiten empfahl Cato durch hinzugezogene freie Arbeitskräfte erledigen zu lassen (freie Tagelöhner, Vergabe ganzer Arbeitsgänge an freie Unternehmer in Verding, Ausleihe von Arbeitskräften bei Nachbarn; Cato, agr. 4,4; 5,4; 144–145; 149–150). Um die von ihm beschriebenen Güter rentabel betreiben zu können, war Cato also nicht nur auf Sklavenarbeit angewiesen. Obwohl Sklaven seit dem Zweiten Punischen Krieg relativ günstig in Italien zu erhalten waren, wurde Sklavenarbeit nur dann eingesetzt, wenn ihre rationale und vollständige Ausbeutung gewährleistet war. Für Stoßgeschäfte im landwirtschaftlichen Betrieb war der Gutsherr nach Cato aber auf eine große Zahl verfügbarer Arbeitskräfte als Lohnarbeiter, Subunternehmer oder Pächter angewiesen.

Auch für Columella war die Sklavenarbeit noch die bestimmende Arbeitsform auf seinen Idealgütern. Daneben kannte auch Columella den Einsatz von Tagelöhnern, aber nur bei saisonalen Spitzen, oder von Kleinpächtern (*coloni*), freilich nur in wenig fruchtbaren oder ungesunden Randlagen. Der Einsatz von *coloni* war für Columella noch eine Notlösung – die Eigenbewirtschaftung durch Sklaven hielt Columella allemal für rentabler als die Verpachtung (Columella, 1,7,1– 5). Kurze Zeit später scheint sich der Kolonat aber weitgehend durchgesetzt zu haben. Was Columella von seinen Vorgängern in der Landwirtschaftskunde unterscheidet, ist, dass er bei der Personalausstattung und -organisation sein Augenmerk weniger auf die Kosten richtete, sondern vielmehr auf die Steigerung der Produktivität durch rationelle Organisation, Kontrolle und Motivation. Columella bot seinen Lesern sehr anschauliche und praktikable Berechnungen zum Verhältnis von Anbaufläche – Anbauart – und benötigtem Personal. So berechnete er etwa genau, wie viele Arbeitskräfte für eine bestimmte Fläche beim Acker- oder beim Weinbau (Columella 2,12; 3,3,8) nötig seien. Auch zur rationellsten Verwendung des vorhandenen Personals macht Columella bemerkenswert genaue Angaben: Viel Aufmerksamkeit widmete er der Personalorganisation. Zuständigkeitszuweisungen, die Leistungskontrolle und Leistungsmotivation werden ausführlich thematisiert (etwa Columella 1,8; 1,9,7 f.; 11,1,25 ff.).

Nach der Kostenminimierung war also die Steigerung der Produktivität durch rationelle Organisation das Hauptanliegen der römischen Agrarschriftsteller. Da sie ihren wirtschaftlichen Erfolg jedoch an der Geldrente maßen, die aus ihren Gütern floss, rückte nun auch der – zumeist städtische – Absatzmarkt in den Gesichtskreis. Schon Cato hatte empfohlen, beim Kauf eines Guts auf Folgendes zu achten: „eine wohlhabende Stadt sei nahe oder die See oder ein Strom, auf dem Schiffe verkehren, oder eine gute belebte Straße" (Cato, agr. 1,3). Der Hinweis auf eine gute Verkehrsanbindung, eine Straße oder ein schiffbares Gewässer, erscheint uns heute als selbstverständlich. Doch sollte bedacht werden, dass diese Kriterien nur im Zusammenhang mit einer klaren Erwerbsorientierung einen Sinn haben. Für den Subsistenzlandwirt, der den Betrieb zur Eigenversorgung führte, der im *oikos* weitgehende Autarkie anstrebte, spielte die Verkehrsanbindung keine so ausschlaggebende Rolle. Erst wenn sich die Selbstversorgungswirtschaft in eine Erwerbswirtschaft wandelte, wurden Verkehrsfaktoren relevant. Dies galt sowohl hinsichtlich der Beschaffung als auch hinsichtlich des Absatzes. Das wohl meistzitierte Beispiel für hohe Landtransportkosten von schweren Gütern stammt ja nicht von ungefähr aus Catos Werk über die Landwirtschaft. Schmerzlich musste er feststellen, wie teuer der Transport eines Kollergangs (eine Olivenquetschmaschine) über weite Strecken auf der Straße war (Cato, agr. 22,3). Sicherlich ist Cato in diesem Zusammenhang klar geworden, um wie vieles günstiger ein Transport auf dem Wasser gewesen wäre. Doch – ohne jegliche Verkehrsanbindung ist der Absatz landwirtschaftlicher Güter gar nicht denkbar. Und ohne Absatz am Markt war eine Erwerbslandwirtschaft unmöglich. Umgekehrt: War der Transport vom Markt zum Gut schwierig, so entstanden erhöhte Kosten. Deshalb erwähnte Cato in engem Zusammenhang mit den Transport- und Verkehrsfaktoren die Bedingung, eine wohlhabende, starke Stadt – *oppidum validum* – solle sich in der Nähe des Guts befinden. Dieses *oppidum validum* spielte nun insbesondere als Absatzmarkt eine herausragende Rolle. Denn wenn auch Cato ein marktgerechtes Wirtschaften als Grundvoraussetzung für die Rentabilität in seinem Werk explizit nirgends empfahl, so tat er dies implizit an vielen Stellen: Etwa wenn er die Spezialisierung auf Wein- und Ölanbau empfahl – Wein und Öl waren zu seiner Zeit auf den italischen Märkten noch begehrte Güter. Oder wenn er für ein Gut in Stadtnähe im Kapitel 7 und 8 nicht die sonst von ihm bevorzugten Anbauarten, sondern eingemachte Trauben, Rosinen, Obst, Oliven, Feigen, Blumen, Gewürze oder Nüsse als Anbaufrüchte in Verbindung mit intensiver Viehzucht empfahl, so hängt das sicherlich damit zusammen, dass wegen der Nähe zu einem kaufkräftigen Markt mit diesen in der Stadt begehrten und zum Teil leicht verderblichen Agrargütern ein hoher Ertrag möglich war. So meinte Cato etwa: „Dem Gutsherrn nützt es, wenn er den Gutshof gut gebaut hat: einen Öl- und einen Weinkeller mit vielen Fässern, damit er sich entschließt, hohe Marktpreise abzuwarten" (Cato, agr. 3,2), oder: „Er soll eine Versteigerung vornehmen: er soll das Öl verkaufen, wenn es einen [günstigen] Preis hat" (Cato, agr. 2,7). Hier klingt die Spekulation mit saisonalen Preisschwankungen am Markt deutlich an. Die dazu nötige genaue Marktbeobachtung und der erforderliche schnelle Verkauf, wenn die Preise günstig sind, erforderte ebenfalls eine größtmögliche Nähe zum Markt. Außerdem empfahl Cato ein gutes Verhältnis zu den Nachbarn, namentlich auch um ihnen die eigenen Erzeugnisse besser verkaufen zu können (Cato, agr. 4,4). Hier sah er sogar die unmittelbare Umgebung des Guts als Markt an. Immer wieder spielte bei Cato die Lage zum jeweiligen Markt implizit eine wichtige Rolle bei seinen wirtschaftlichen Entscheidungen. Vor diesem Hintergrund ist dann die Empfehlung, ein Gut in der Nähe einer wohlhabenden und starken Stadt zu suchen, sicher als ein Marktfaktor anzusehen. Er selbst schien sich jedenfalls an diese Empfehlung gehalten zu haben, Catos eigene Güter lagen ja in Stadtnähe in Kampanien oder in der Nähe von Rom. Für den Besitzer von Gütern in Stadtnähe bot sich neben der Nähe zum Markt auch noch ein weiterer Vorteil: Da er selbst in der Stadt lebte, konnte er sein Gut öfter und länger besuchen, um durch beständige Kontrolle unnötige Kosten durch Nachlässigkeiten des Personals zu verhindern (Kapitel 4 – „die Stirn ist besser als der Hinterkopf") (Cato, agr. 4,3).

Auch Varro wird sehr ausführlich, wenn es um die Verkehrsanbindung des Hofes und um dessen Lage zum Markt geht (Varro, rust. 1,16). Von herausragender Bedeutung war für ihn, ob sich der Transport von Bedarfsgütern vom Markt und von landwirtschaftlichen Überschüssen zum Markt profitabel gestalten lässt, ob Straßen oder schiffbare Flüsse in der Nähe sind. Anliegern von Straßen riet Varro sogar, Herbergen zur Bewirtung und Übernachtung von Reisenden zu bauen, um damit noch einen zusätzlichen Verdienst zu erwirtschaften (Varro, rust. 1,2,23). Freilich sollte die Umgebung, durch die transportiert werden sollte, auch von Räuberei frei sein. Wie schon bei Cato, so waren auch bei Varro die Transportkosten integraler Bestandteil des Gesamtbetriebsergebnisses. Ähnlich wie Cato empfahl auch er bei Gütern in Stadtnähe in Gartenanlagen etwa Veilchen und Rosen oder Pfauen und andere exklusive Agrarprodukte zu produzieren, für die in der Stadt eine große Nachfrage bestand. Varro empfahl hier, erstmals in der überlieferten römischen Literatur, explizit die Nähe zum Markt. In Lagen nahe beim Markt ist es Varro sogar profitabler erschienen, zugunsten der Produktion marktgerechter Güter, Getreide und Wein zur Eigenversorgung gar nicht mehr auf dem eigenen Hof anzubauen, ein wirtschaftliches Vorgehen, das Cato wohl noch völlig undenkbar erschienen wäre (vgl. Cato, agr. 2,7). Der Gewinn durch den Verkauf spezieller Güter mit hohem Ertrag machte in dieser Lage den Kostenfaktor des Einkaufs von Grundnahrungsmitteln offenbar mehr als wett. Hier ging Varro einen deutlichen Schritt über das herkömmliche ökonomische Denken hinaus: Der Gewinn bringende Verkauf von Überschüssen bei weitgehender Selbstversorgung mit allem, was auf dem Hof benötigt wird, ist nicht mehr das ausschließliche ökonomische Credo. Dieses wirtschaftliche Verhalten war zur Zeit Varros durchaus nicht neu, in den hellenistischen und römischen Städten war es die Regel, doch nun tauchte es in Varros Landwirtschaftslehre erstmals im römischen Raum im Zusammenhang mit landwirtschaftlichen Betrieben auf.

Was die Beschaffung und die Herstellung von landwirtschaftlichen Geräten angeht, so trat bei Varro ein weiterer neuer Zug zutage. Schon Cato hatte ja Hinweise gegeben, in welchen Städten und Regionen man bestimmte Geräte kaufen sollte (Cato, agr. 135,1–3). Wenn der Bau eines Gutshauses anstand oder ein Kollergang aufzubauen war, so versicherte sich Cato der Arbeit angemieteter Handwerker (Cato, agr. 14). Stand bei Cato implizit hinter dieser Praxis schon die Idee der Inanspruchnahme von – meist städtischen – Spezialisten, so erscheinen bei ihm diese Einkäufe und Werkverträge noch als ‚eben nicht vermeidbare Ausgaben', die das Prinzip der Autarkie landwirtschaftlicher Betriebe hinsichtlich der Beschaffung nicht grundsätzlich verletzen. Varro sah diese Dinge differenzierter, er wich von dem starren Schema – Nutzung des Marktes vorwiegend zum Absatz der eigenen Überschüsse und Vermeidung von Einkäufen – schon deutlich ab, wenn er folgendes Vorgehen empfahl: Dinge, für deren Herstellung keine Spezialisten notwendig sind, werden auf dem Hof selbst produziert (Varro, rust. 1,22,1–2); höherwertige Waren und Geräte werden dagegen direkt auf dem Markt gekauft; liegt der Hof entfernt vom Markt, so werden diese höherwertigen Waren und Geräte von (städtischen) Handwerkern unter befristeten Verträgen auf dem Hof selbst hergestellt (Varro, rust. 1,16,3–4). Hier wird, erstmals in der römischen Literatur, die Existenz gesellschaftlicher Arbeitsteilung zwischen Stadt und Land und die Abhängigkeit eines landwirtschaftlichen Betriebes vom Markt – als umfassendem Austausch- und Verteilungsmechanismus – ausdrücklich anerkannt. Solch ein Wirtschaften ist in Ansätzen gesellschaftlich arbeitsteilig und hat mit der Konzeption der Autarkie und der Vorratshaltung des alten *oikos* nicht mehr viel gemein.

Sehr klare Vorstellungen entwickelte auch Columella darüber, wie die angestrebte Maximierung des Geldertrags erreicht werden soll: neben der Minimierung der Kosten und der Steigerung der Produktivität eben durch die Orientierung auf den Markt und durch geschicktes Eingehen auf die Marktpreise. Schon in die Richtung einer Marktorientierung weisen Columellas Erwägungen, ob beim Wein eine schlechtere Qualität durch höhere Ernteerträge ausgeglichen werden könnte (Columella 3,2,5). Namentlich bei Columellas Lobpreis des Weinbaus taucht immer wieder der Markt als ein wichtiger betriebswirtschaftlicher Faktor auf – etwa wenn er die Marktpreise in seine Kalkulationen einbezog (Columella 3,3,10), wenn er in unmittelbarer Nähe zu einer Stadt die Produktion von Speisetrauben dem Weinbau vorzog (Columella 3,2,1) oder wenn er empfahl, haltbare Weine zu produzieren, weil dann die günstigsten Marktpreise abgewartet werden könnten: „Daher ist der Bauer jedesmal gezwungen, sich mit dem jeweiligen Mostpreis abzufinden, während sich der [Verkaufs-]Preis beträchtlich erhöht, wenn man den Absatz bis ins nächste Jahr oder mindestens bis zum nächsten Sommer verschieben kann" (Columella 3,21,6).

Und die Einschätzung und Kontrolle des Gewinns musste nach Columella auf einer soliden Buchhaltung begründet sein. Denn bei seiner Ertragsberechnung eines Weinguts rechnete Columella detailliert mit Ernteerträgen und mit Gelderträgen, die er an den ihm bekannten Marktpreisen festmachte. Ja, er ging sogar so weit, den Gewinn beim Weinbau mit der nach Columella normalen Verzinsung von 6 % bei Geldgeschäften zu vergleichen (Columella 3,3).

Die drei behandelten römischen Agrarschriftsteller – und die anderen auch – erkannten ohne Zweifel die Arbeitsteilung zwischen Stadt und Land, zwischen städtischem Beschaffungs- und vor allem Absatzmarkt und dem eigenen landwirtschaftlichen Gut. Sie begriffen diese Arbeitsteilung sogar als Chance, über die Kostenminimierung und die Produktivitätssteigerung hinaus, die eigenen Gewinne durch geschicktes Bewegen auf dem Markt zu optimieren. Kostenminimierung, Produktivitätssteigerung und Marktorientierung als die erklärten strategischen Ziele – bedarf es eigentlich noch deutlicherer Hinweise für eine konsequent betriebswirtschaftliche Sichtweise der römischen Agrarökonomen? Diese Schlaglichter auf die ökonomischen Konzeptionen der römischen Agrarschriftsteller mögen ausreichen, um deutlich zu machen: Wenigstens bei diesen gab es durchaus ein ökonomisches Denken, den Versuch, durch rationale betriebswirtschaftliche Maßnahmen die Rendite ihres Landguts zu erhöhen. Es gab sogar eine Vorstellung davon, wie hoch die Rendite liegen musste, wenn man gegenüber anderen Investitionsarten – wie Geldgeschäften, Fernhandel oder Ähnlichem – nicht ins Hintertreffen geraten wollte. Und wenn in den Landwirtschaftswerken von Cato, Varro oder Columella kein einziger ethischer, religiöser oder politischer Gedanke eine Rolle spielte, sondern ausschließlich die ‚mit spitzem Bleistift kalkulierte' Gewinnmaximierung – so erscheint, zumindest in diesem Bereich, die Ökonomie bemerkenswert autonom.

Rom – Kaiserzeit

Die kaiserzeitliche Wirtschaft – Blüte und Probleme

Die politische und wirtschaftliche Struktur des Römischen Reiches war in der Zeit der Republik geprägt vom Dualismus zwischen Italien beziehungsweise Rom als den Nutznießern des politisch-ökonomischen Systems und dem restlichen Reich als Ausbeutungsobjekt. Dies hatte einerseits zu einer gewaltigen Kapitalakkumulation in den Händen der italischen Oberschichten und damit auch zu wirtschaftlichen Impulsen in Italien geführt, dies hat aber auch eine Unmenge von wirtschaftlichen, sozialen und schließlich auch politischen Problemen hervorgerufen: Italien erstickte in Bürgerkriegen, zugleich waren die Provinzen nur unzureichend verwaltet und oft am Ende ihrer Wirtschaftskraft. Diese Zustände waren langfristig politisch nicht haltbar, sie wirkten sich auch für die Entwicklung von Produktion und Verteilung nicht günstig aus.

Mit der Errichtung des Prinzipats durch Augustus wurden reichspolitisch die Weichen anders gestellt. Der Richtungswechsel wirkte sich freilich, auch in der Ökonomie, nicht sofort aus, manche Zeitgenossen mögen die wirtschaftlichen Konsequenzen gar nicht wahrgenommen haben. Dennoch begannen sich allmählich die wirtschaftlichen Rahmenbedingungen im Reich grundlegend zu wandeln.

Zunächst einmal wurde, nach einem Jahrhundert der Bürgerkriege, ein weitgehend dauerhafter Friede erreicht. Dieser Umstand sollte nicht zu gering geschätzt werden. „Wer nämlich dächte nicht, daß durch die Vereinigung der ganzen Erde unter der Hoheit des römischen Reiches auch das Leben aus dem Handelsverkehr und aus einem gemeinsamen glücklichen Frieden Vorteile erhalten habe und alles, auch das, was früher verborgen war, zum allgemeinen Nutzen freigegeben sei?" (Plinius d. Ä., n. h. 14,2) Plinius der Ältere stellt hier Mitte des 1. Jahrhunderts n. Chr. einen klaren Zusammenhang zwischen der *Pax Romana* und der leichteren Verfügbarkeit von Waren im gesamten Reich her. Inwieweit diese Stelle als Beleg für eine starke Zunahme des Fernhandels verstanden werden darf, darauf will ich später noch eingehen. Ganz allgemein deutet sie aber eine positive konjunkturelle Entwicklung innerhalb dieses Friedens an. Tatsächlich herrschte von Spanien bis zum Euphrat, von Schottland bis zu den Wüsten Afrikas weitgehend Frieden. Dieser Frieden bedeutete aber nicht nur die Abwesenheit von kriegerischer Gewalt, er brachte auch reichsweiten Rechtsfrieden, die Sicherheit von Eigentum, eine stabile reichsweite Währung, einheitliche Maße und Gewichte und so weiter. Und schließlich ist in der Kaiserzeit nicht mehr in dem Maße, wie zur Zeit der Republik, eine die Provinzen überlastende Bevorzugung Italiens zu erkennen. Allerdings wurden auch weiterhin in den Provinzen Steuern und Abgaben erhoben. Diese blieben aber zunächst moderat – und in dieser Form konnten sie durchaus als nicht zu unterschätzende Anreize zu Produktivitätssteigerungen gewirkt haben.

Der Frieden brachte auch – und dies scheint eine anthropologische Konstante zu sein – ein regional zwar sehr unterschiedliches, aber dennoch insgesamt stetiges Bevölkerungswachstum. Die Bevölkerung wuchs auf dem Lande – zumindest legt dies eine stark steigende Landnahme im Westen, Norden, in Afrika, an der Donau und im Balkan nahe. Parallel dazu ist ein starkes Ansteigen des Urbanisierungsgrades in eben den genannten Regionen des Reiches zu bemerken. In Italien und im Osten scheint zwar die schon bestehende Urbanisierung neue Impulse erhalten zu haben, es kam jedoch nicht zu solch einem Schub wie im westlichen Reichsteil. Aber auch wenn die Urbanisierung regional rasant an Fahrt gewann, darf man nicht von einem Überwiegen der Stadt- gegenüber der Landbevölkerung ausgehen. Im Großen und Ganzen dürften 80 bis 90 % der Bevölkerung auf dem Lande gelebt haben und nur 10 bis 20 % in der Stadt – wenn auch einzelne Landstriche, wie etwa Etrurien oder Kampanien, erheblich zugunsten der Städte von dieser Regel abweichen konnten.

Für die insgesamt wachsende Bevölkerung mussten zunächst die Grundbedürfnisse befriedigt werden, es mussten also Nahrung, Kleidung und Wohnungen bereitgestellt werden – eine Nachfrage, die durchaus stimulierend auf die Wirtschaft wirken musste. Freilich muss man sich vor dem Zirkelschluss „Landnahme → Bevölkerungswachstum → Ausweitung der landwirtschaftlichen Produktion unter anderem durch Landnahme" sehr hüten. Anderseits gibt es zumindest für die untersuchte Epoche einen gewissen mittelbaren Zusammenhang zwischen Bevölkerungs- und Wirtschaftswachstum.

Es kamen aber noch weitere Impulse hinzu. Die Gewerbebetriebe in den wachsenden Städten mussten, so die Rohstofflager nicht gerade in der Nähe lagen, mit den Rohstoffen für ihre Gewerbe (Bausteine, Ziegel, Metalle, landwirtschaftliche Rohprodukte wie Holz, Häute, Haare, Fasern) versorgt werden. Umgekehrt benötigten die Landwirte Waren wie etwa Eisengerät, Ton- und Textilwaren aus der städtischen Produktion. Und große urbane Zentren, wie etwa Rom (1 Million Einwohner), Karthago, Antiochia oder Alexandria (300 000 – 400 000 Einwohner) waren hinsichtlich ihrer Lebensmittelversorgung sogar auf die Zufuhr aus entfernteren Regionen angewiesen.

Solche Warenkreisläufe auf lokaler Ebene mit einer gewissen Anbindung an den interregionalen und mittelmeerweiten Handel gab es zwar schon in der römischen Republik, nun verschoben sich aber die Gewichte. Denn die Kaiser bauten etwa die Verkehrsinfrastruktur zielstrebig aus und sorgten für deren stetige Instandsetzung. Die weithin schiffbaren Flüsse in Gallien und Spanien, vor allem die große Räume erschließenden Flüsse wie Rhein, Donau und Nil erhielten Häfen und Stapelplätze, auch haben wir Kenntnis von Kanalbauprojekten, um diese Wasserstraßen zu verbinden (Tacitus, ann. 13,53; Plinius, epist. 19,41). Rund ums Mittelmeer wurden Häfen, Speicher und Leuchttürme für die Seeschifffahrt gebaut. Und schließlich wurden immer weitere Straßen angelegt, um die ca. 2500 Städte und Märkte des Reiches immer dichter zu vernetzen, aber auch um den Anschluss selbst des entferntesten Bauernhofs an den städtischen Markt zu gewährleisten.

Die Möglichkeiten zu verstärktem lokalem, regionalem und interregionalem Warenaustausch wurden also geschaffen und die Nachfrage nach lokalen Waren, aber auch nach im Fernhandel gehandelten Gütern wuchs in vielen Teilen des Reichs an. Durchaus günstige Bedingungen für eine positive Entwicklung der Wirtschaft scheinen demnach vorgeherrscht zu haben.

Freilich wirkten einige Rahmenbedingungen auch hemmend. So war der Warentransport über Land ausgesprochen kostspielig. Konnte man kein Binnengewässer nutzen, so fraßen die Transportkosten schnell die Gewinnspannen auf. Es gibt diverse und immer noch kontrovers diskutierte Verhältnisangaben zu den Kosten der verschiedenen Transportarten in der römischen Kaiserzeit. Die in der Forschung immer noch am meisten verbreitete Position ist, dass die Transportkosten für Massengüter beim Transport über 100 römische Meilen folgende Anteile am Warenwert ausgemacht haben: Seetransport übers Meer 1,3 %, Transport über einen Fluss oder Binnensee 6,4 %, Kamelkarawane 44 %, Landtransport mit Karren 55 %. Legt man diese Zahlen zugrunde, so war bei einer alltäglichen Ware wie etwa Getreide, mit einer Gewinnspanne von ca. 5 % zwischen dem Ankaufspreis beim Bauern und dem Marktpreis, bei ca. 15 bis 20 km eben diese Gewinnspanne durch die Transportkosten aufgebraucht, beim Transport übers Meer allerdings erst bei knapp 600 km. Beim Landtransport von normalen Massengütern wäre demnach ein weiterer Transport als ca. 20 km wirtschaftlich nicht mehr sinnvoll gewesen. Sehr eindrücklich wird dieser Befund bestätigt, wenn man sich reichsweit die Verteilung von ergrabenen Bauernhöfen rund um den jeweiligen Marktort anschaut: Die Masse liegt innerhalb eines Umkreises von 20 km. Freilich gilt diese Distanzangabe nur für alltägliche Güter, die zudem ein hohes Volumen oder Gewicht bei gleichzeitig geringer Gewinnspanne besitzen. Luxusgüter oder dringend benötigte gewerbliche Güter waren oft kleiner, leichter und besaßen einen wesentlich höheren Warenwert. Hier mag es sich durchaus gelohnt haben, mit ihnen auch bei Landtransport über weitere Distanzen zu handeln. Diese wirtschaftlichen Überlegungen zu den Transportkosten griffen auch nicht, wenn etwa Legionäre mit Lebensmitteln oder Waffen versorgt werden mussten – deren Versorgung war eine staatliche Aufgabe, die erfüllt wurde, unabhängig von den damit verbundenen Kosten. Dennoch gilt generell, dass der Landtransport ein großes Handelshemmnis war. Nun war aber der lokale Handel mit Lebensmitteln, insbesondere derjenige mit Getreide, mit Sicherheit vom Volumen her am größten, man spricht in diesem Zusammenhang von ca. 75 % des gesamten Handelsvolumens. Und beim Lokalhandel mit Lebensmitteln galt in der Regel die 20-km-Grenze. Diese Zahlen machen deutlich, dass der interregionale und der mittelmeerweite Handel nicht zuletzt wegen der hohen Transportkosten nicht so bedeutend gewesen sein kann.

Diese Annahme kann auch durch eine andere Überlegung gestützt werden. In den Städten gab es zwar eine sehr wohlhabende, zugleich aber auch sehr dünne Oberschicht. Die breiteren Mittelschichten waren mäßig begütert, konnten sich wohl diverse gewerbliche Waren, weniger aber die teuren Luxusprodukte leisten. Die Masse der städtischen Unterschichten, ebenso wie der Großteil der ländlichen Bevölkerung hatten nicht die Mittel, sich in nennenswertem Umfange Waren aus dem Fernhandel leisten zu können. Auch die Konsumentenschicht war also deutlich begrenzt. Welchen Sinn sollte es denn haben, in großem Umfange Waren zu produzieren und diese über weite Strecken zu transportieren, wenn zu wenig Käufer vorhanden waren?

Einer Ausdehnung der gewerblichen Produktion hin zu Großbetrieben stand auch entgegen, dass die in Umlauf befindliche Geldmenge eher gering war und zugleich bargeldlose Verrechnungsmöglichkeiten noch nicht in ausreichendem Maße zur Verfügung standen. Diese Geldknappheit behinderte größere Unternehmungen in Gewerbe und Handel empfindlich. Später soll dieses Problem nochmals genauer analysiert werden.

Für die Entstehung größerer arbeitsteiliger Produktionsstätten und damit auch für den Vertrieb von Massenwaren wären zudem eine Mechanisierung der Produktion, die Nutzung von nichtmenschlicher Arbeitskraft und von Maschinen Voraussetzungen gewesen. Dies alles findet man in der gesamten Antike nur in ganz geringfügigen Ansätzen.

Die Transportkosten, die geringe Kaufkraft, der geringe Geldumlauf und der geringe Grad an Mechanisierung gehören zu den Rahmenbedingungen, die ein Wachsen der Gewerbe und des Handels eher einengten.

Wirtschaftlich gesehen war die Raumordnung im Römischen Reich also ungefähr so strukturiert: Der größte Teil des Warenkreislaufs fand in sehr überschaubaren Gebieten statt. Dabei war der lokale Marktort das Zentrum des Warenaustausches, auf dem hauptsächlich die Überschüsse aus der landwirtschaftlichen Produktion gegen die Überschüsse der städtischen gewerblichen Produktion und gegen die zugeflossenen Mittel aus der staatlichen Wiederverteilung von Steuern beziehungsweise Tributen und aus den Renten für Landbesitz getauscht wurden. Im Wesentlichen galten in diesen lokalen Warenkreisläufen die Gesetze des Marktes, das heißt, sie regulierten sich selbst. In deutlich geringerem Umfange waren diese lokalen Märkte an den interregionalen und reichsweiten Warenaustausch angeschlossen.

Diese Raumordnung konnte allerdings verzerrt worden sein. So setzte etwa die Notwendigkeit, die *Pax Romana* auch militärisch abzusichern, neue Schwerpunkte. Das Militär war dort konzentriert, wo die größten äußeren Gefahren zu befürchten waren: in Germanien/Gallien entlang des Rheins, im Balkan entlang der Donau und entlang der östlichen Reichsgrenze in Kleinasien, Syrien und Judäa. Und diese Stationierungen an den Grenzen initiierten ganz beachtliche Entwicklungen in den jeweiligen regionalen Ökonomien. Man bedenke: In der ersten Hälfte des 1. Jahrhunderts n. Chr. lag der Jahressold für normale Soldaten zwischen 750 Sesterzen (bei Auxiliartruppen) und 900 Sesterzen (Legionssoldaten), derjenige von Offizieren konnte bis zu 54 000 Sesterzen gehen. Freilich ist in der Forschung umstritten, ob denn diese Summen voll zur Auszahlung gelangt sind oder ob nicht große Teile des Soldes mit der gestellten Verpflegung und Ausrüstung verrechnet wurden. Wenn wir nun annehmen, es seien nur ca. 30 % des Soldes tatsächlich ausbezahlt worden, so sind bei einer vollbesetzten Legion (Sollstärke 6000 Mann) mit den Entlassungsgeldern jährlich etwa 1 250 000 Denare (oder 5 Millionen Sesterzen) angekommen. Diese Summe entspräche einem jährlichen Zufluss von staatlichen Geldern in der Größenordnung von deutlich über 4 Tonnen Silber pro Jahr. Hinzuzurechnen wären dann noch die gänzlich und in bar ausbezahlten Entlassungsgelder, die Legionssoldaten nach ihrer ehrenhaften Entlassung erhielten, sowie die Geldspenden, die die Kaiser sporadisch an die Legionen verteilten. Es kamen also ungeheure Geldsummen schon bei einer einzigen Einheit an. Im ersten Jahrhundert standen aber ca. 28 Legionen unter Waffen, hinzu kamen die ca. 325 Auxiliareinheiten (500–600 Mann Sollstärke).

Außerdem sind die in den Provinzen und dort hauptsächlich in den Städten tätigen Zivilbeamten zu berücksichtigen, die für die Rechtsprechung, für die öffentliche Ordnung, den Einzug der Steuern und Abgaben, die Verwaltung kaiserlichen Besitzes und so weiter sorgten. Die hohen Verwaltungsbeamten bezogen Gehälter von 60 000 bis 300 000 Sesterzen jährlich. Prokonsularische Statthalter aus dem Senatorenstand konnten bis zu 1 Million Sesterzen verdienen. Über die Besoldung der zahlreichen untergeordneten Beamten wissen wir nur wenig – in der Summe dürfte es sich aber um durchaus beträchtliche Beträge gehandelt haben.

Diese Rechenbeispiele sollten zeigen, welche Kaufkraft die Militäreinheiten und die Verwaltungen in den Städten entwickelt haben mochten und welche wirtschaftlichen Impulse davon ausgegangen sind. Die Militärkonzentrationen an den nördlichen und östlichen Grenzen spielten durchaus eine tragende Rolle für die regionale wirtschaftliche Entwicklung; man kann sagen, sie waren die Basis und die Initialzündung für den dortigen wirtschaftlichen Boom in der Kaiserzeit. Im Einzelnen führte die von den Truppenstandorten und von den Zivilverwaltungen ausgehende Nachfrage zu einer schnellen landwirtschaftlichen Erschließung des jeweiligen Umlandes, zu einer Ausdehnung und Differenzierung der Gewerbe in den städtischen und stadtähnlichen Zentren und zur Erschließung von Randgebieten des Reiches durch den lokalen, regionalen sowie reichsweiten Handel. Dies gilt umso mehr, als die bis dahin barbarischen, das heißt der römischen Zivilisation nicht besonders zugeneigten Bevölkerungsteile unter diesen Umständen die römische Zivilisation recht rasch übernahmen (vgl. Tacitus, Agricola 21).

Gerade dieser Umstand, dass der Zufluss von staatlichen Geldern und von Landrenten die Wirtschaft von einzelnen Regionen und von Städten ganz wesentlich stützten, wird von Teilen der historischen Forschung als ein Indiz für die „Primitivität" der kaiserzeitlichen Wirtschaft gesehen. Speziell die Städte hätten nicht aus eigener Kraft, das heißt gestützt auf ihre gewerbliche Produktion gelebt, sondern überwiegend von der Wiederverteilung von Steuern und Abgaben. Meines Erachtens ist eine solche Position nicht haltbar, sie missversteht den ökonomischen Charakter von Dienstleistungen. Würde man etwa heute Lehrern, Richtern, Polizisten, Soldaten oder Verwaltungsbeamten, ja sogar

Finanzbeamten ihren Beitrag zur gesamtgesellschaftlichen Wertschöpfung absprechen wollen? Müsste man heutige Verwaltungs- oder Universitätsstädte als „primitiv" klassifizieren, nur weil große Teile ihrer Kaufkraft nicht im primären oder sekundären Sektor erwirtschaftet wurden, sondern aus der Wiederverteilung von Steuern stammen? Nein – ökonomisch ist die Wertschöpfung aus Dienstleistungen derjenigen aus der Landwirtschaft und aus den Gewerben durchaus gleichgestellt. Die oben angesprochene Position ist deshalb – wenigstens vom ökonomischen Standpunkt aus gesehen – völlig unsinnig.

Landwirtschaft

Über eines sind sich die Wirtschaftshistoriker durchaus einig: Die Landwirtschaft bildete das Rückgrat und die mit Abstand wichtigste Produktionsform in allen antiken Gesellschaften. Dann aber beginnen die Diskussionen in der Forschung: Welche Mengen wurden wovon produziert? Kann man Schwerpunkte und Tendenzen erkennen? Wie waren Boden, Kapital und Arbeit verteilt? Wie wurde produziert, welche Technik, welche betriebswirtschaftlichen Strukturen herrschten vor, wie war die Arbeit organisiert? Kurz, die konkrete Ausgestaltung der Wirtschaftsordnung in der Landwirtschaft ist über weite Strecken nicht so klar erkennbar.

Die erste Frage nach dem Produktionsvolumen der kaiserzeitlichen Landwirtschaft führt zu enttäuschenden Antworten. Uns sind keine Buchhaltungen landwirtschaftlicher Betriebe überliefert, keine Lagerbücher, keine Frachtpapiere von Lebensmittelhändlern und schon gar nicht aufbereitete makroökonomische Zahlen, wie wir sie von heutigen statistischen Ämtern erhalten. Es gibt eigentlich nur Schätzungen – etwa die oben schon gegebene, dass ca. 80 bis 90 % der Bevölkerung auf dem Lande lebte und überwiegend mit der Produktion von Lebensmitteln beschäftigt war. Mehr kann aber nicht gesagt werden.

Ein anderer Fragenkomplex gilt den dynamischen Tendenzen in der kaiserzeitlichen Landwirtschaft. Schon oben ist angesprochen worden, wie mit einigem Recht ein Zusammenhang zwischen regionalem Bevölkerungswachstum und einer Steigerung der dortigen landwirtschaftlichen Produktion gesehen wird. Doch welcher Art war dieses Wachstum? Es ist dabei unumgänglich, industrielles von vorindustriellem Wachstum begrifflich zu unterscheiden. Im 19. Jahrhundert konnten in Deutschland die Erträge bei Weizen und Roggen verdoppelt werden, die Milchleistung einer Kuh wurde mehr als verdoppelt – und dies, obwohl die landwirtschaftliche Fläche insgesamt schrumpfte und der Anteil der in der Landwirtschaft Beschäftigten an der Gesamtbevölkerung von 75 % auf 25 % zurückging. Der Einsatz von Maschinen, von mineralischen Düngern, optimiertem Saatgut und neuen Betriebsformen hatten diesen ungeheuren Sprung in der Produktivität möglich gemacht. Beim vorindustriellen Wachstum wird man solche Sprünge vergeblich suchen. Dort gibt es keine solchen sprunghaften Veränderungen der technischen, chemischen, botanischen und betriebswirtschaftlichen Voraussetzungen und damit auch keine Sprünge in der Produktivität. Deshalb herrschte in vorindustriellen Gesellschaften aber keineswegs völliger Stillstand vor. Vielmehr konnte durchaus eine stetige, aber moderate Steigerung der Produktivität möglich sein, und zwar durch Ausweitung, Intensivierung, Spezialisierung, bessere Arbeitsorganisation und Kommerzialisierung innerhalb der bestehenden Rahmenbedingungen.

Eine Ausweitung der Produktion kann man während der Kaiserzeit etwa in Germanien, Gallien, Spanien und Afrika deutlich erkennen, große bis dahin unbebaute Landstriche wurden dort neu unter den Pflug genommen.

Ein Beispiel für Intensivierung gibt der ältere Plinius: „Furius Cresimus, ein Freigelassener, wurde, weil er auf seinem ziemlich kleinen Acker einen viel größeren Ertrag erzielte als seine Nachbarschaft auf ihren sehr großen [Grundstücken], aus Neid verdächtigt, er ziehe fremde Früchte durch Zauberkünste auf seinen eigenen Acker herüber. Er wurde deshalb von dem kurulischen Ädil Spurius Albinus für einen bestimmten Termin vorgeladen. Da er eine Verurteilung fürchtete […] brachte er sein gesamtes Ackergerät auf das Forum und brachte sein kräftiges und, wie Piso sagt, wohlgenährtes und gut gekleidetes Gesinde mit, ferner seine ausgezeichnet gefertigten Eisengeräte, schweren Hacken, gewichtigen Pflugscharen und seine gut gefütterten Ochsen. Dann sagte er: ‚Dies, Quiriten, sind meine Zauberwerkzeuge; mein nächtliches Arbeiten, mein Wachen und meinen Schweiß kann ich euch aber nicht zeigen und auf das Forum mitbringen.' Er wurde daher einstimmig freigesprochen" (Plinius d. Ä., n. h. 18,41 ff.). Durch Intensivierung waren offenbar durchaus beachtliche Ertragssteigerungen möglich. Und wie die fortschrittlichsten römischen Agronomen ihre Betriebe zu optimieren versuchten, hat das obige Kapitel über Cato, Varro und Columella schon gezeigt.

Solche Intensivierungsbemühungen in der Landwirtschaft waren aber immer nur innerhalb des bestehenden Landnutzungssystems möglich. So war die Zweifelderwirtschaft, das verbreitetste Bodennutzungssystem, für eine rasantere Intensivierung eher hinderlich. In der Zweifelderwirtschaft wurde, um einer rapiden Bodenauszehrung vorzubeugen, zwischen Anbau im einen Jahr und Brache im folgenden Jahr abgewechselt. Das Brachfeld diente dann zumeist als Weide, was zudem auch noch die natürliche Düngung des betreffenden Feldes ermöglichte. Bei bestimmten Böden konnten sich auch vereinzelt Formen von dreijähriger Bewirtschaftung entwickeln (etwa: Getreide – Hülsenfrüchte – Brache). Nur bei besten Böden und guter Düngung wurde auf die Brache verzichtet. In der antiken Zweifelderwirtschaft waren aber verschiedene Fruchtwechselsysteme bekannt (vgl. Varro, rust. 1,44,2 f.), etwa Weizen – Hackfrüchte – Emmer, oder Gerste – Hirse – Hackfrüchte – Weizen oder Gerste.

Neben der Brache war systematische Düngung ein Mittel, die Auszehrung des Bodens auszugleichen. Es wurde mit Tauben-, Hühner-, Esels-, Schafs-, Ziegen-, Rinder- und Schweinemist oder gar mit menschlichem Kot gedüngt. Darüber hinaus war auch die Gründüngung durch Unterpflügen der Stengel und Blätter von Bohnen, Lupinen oder Wicken üblich. Doch bei allen Bemühungen – das bestehende Landnutzungssystem verhinderte größere Produktivitätssprünge. So kann trotz der bis in die Spätantike voranschreitenden Optimierung der Kulturpflanzen, der Bodenbearbeitungstechniken, der Düngung und der Betriebsweise für die Antike eine nach heutigen Maßstäben nur geringe Produktivität des Ackerbaus angenommen werden: Selbst bei sehr hohen Keimverlusten (durch Vogelfraß, Krankheiten, Fäulnis und so weiter) – und diese können in der antiken Landwirtschaft angenommen werden – wären in der heutigen hoch entwickelten Landwirtschaft auf normalen Böden ca. 30-fache Getreideerträge zu erwarten (Faustregel heute: 30–40-facher Ertrag, bei günstigen Böden bis zu 80-facher Ertrag). Es lagen die Getreideernteerträge in Deutschland bis 1750 beim 2- bis 4-Fachen und bis zum 19. Jahrhundert nur beim 5- bis 10-Fachen; sie liegen heute bei nichtmaschinisiertem Subsistenzackerbau in Entwicklungsländern auch nur beim 4- bis 8-Fachen. Vor diesem Hintergrund scheinen die Angaben zu den Ernteerträgen bei Varro für einige Gegenden in Italien oder bei Cicero für Sizilien, nämlich 8- bis 15-faches Korn bei intensivem Ackerbau als durchaus glaubhaft, liegen aber im Vergleich mit anderen vorindustriellen Ackerbaukulturen bemerkenswert hoch. Von Columella besitzen wir den Hinweis, dass ein 4-facher Getreideertrag in weiten Teilen Italiens, also bei nicht besonders intensivem Ackerbau auf kargen Böden oder bei ungünstigsten klimatischen Verhältnissen üblich war. Der Rohertrag war also sehr überschaubar, und auch der Geldertrag lag nicht überraschend hoch: So lag der Nettoertrag auf das investierte Kapital beim antiken Ackerbau bei etwa 3 bis 5 %, er konnte beim Weinbau allerdings über 10 % liegen. Dennoch konnte der Ackerbau lohnend sein: Aufgrund ihrer besonders fruchtbaren Böden und ihrer klimatischen Bedingungen wurden etwa die Schwarzmeergegend, Nordafrika, Ägypten und Sizilien zu Zentren des Getreideanbaus. Von dort kamen genügend Überschüsse, um auch die städtischen Zentren des Römischen Reichs zu versorgen. Reiche Grundbesitzer der anderen Regionen investierten deshalb lieber in Obst-, Wein- oder Ölplantagen oder in die extensive Tierzucht, um ihre Erträge zu optimieren. Kleinere Bauern, denen hierzu die Kapitalien fehlten, mussten hingegen beim Ackerbau bleiben.

Die Viehzucht wurde im römischen Italien zunächst in der traditionellen Form der Transhumanz gepflegt: Der Viehbestand, Eigentum von sesshaften Ackerbauern, wurde von Lohnhirten auf die Wanderweide geführt. Durch die Zugehörigkeit des Viehs zu einem sesshaften Bauern unterscheidet sich die Transhumanz vom Nomadismus, durch die Fernweide ohne Winterstallfütterung aber auch von der intensiveren Viehwirtschaft auf den Gutshöfen, wo zwar die Sommerweide, aber auch die Überwinterung im Stall üblich war. Vor allem im süditalischen Raum, in den Tälern der Abruzzen und des Apennins und in den Ebenen Apuliens wurde diese Fernweidewirtschaft, vorzugsweise mit Schafherden, gepflegt. Die wahrscheinlich im römischen Italien dominierende Form der Viehwirtschaft war die Tierproduktion im Gutsbetrieb. Als Weideflächen im Sommer dienten Wälder, brachliegende Äcker und Wiesen, wobei das weidende Vieh grundsätzlich von Hirten begleitet wurde, um Diebstahl, Angriffe von Raubtieren oder Krankheit der Tiere zu vermeiden. Im Winter wurde das Vieh dann in Ställen auf dem Gutshof gehalten und musste dort gefüttert werden. Deshalb war auch die Futtermittelproduktion (Heu, Luzerne, Wicken, Leguminosen, Getreide, Laub, Eicheln und Stroh) von nicht geringer Bedeutung. Jedenfalls galt die Verpachtung von Wiesen und der Verkauf von Heu als einträgliche Wirtschaftsform. Während, wie schon gesagt, Schafe und

Ziegen (als Fleischlieferanten, aber auch von Wolle, Milch und Milchprodukten) häufig in Fernweidewirtschaft gehalten wurden, hat man die wichtigeren Fleischlieferanten Rind und Schwein eher auf dem Gutshof mit Sommerweide gehalten. Das Rind war ohnehin als Arbeitstier auf jedem Hof zu finden. Es gab aber auch die alleine auf die Fleisch- und Häuteproduktion abzielende Herdenhaltung bei Rindern. Der wichtigste und begehrteste Fleischlieferant der Römer war jedoch das Schwein. Schweine konnten im Sommer günstig in Mischwäldern geweidet werden, mussten aber im Winter aufwendig im Stall mit Bohnen, Gerste, Hirse, Eicheln und getrockneten Feigen gefüttert werden. Neben Schafen konnten besonders auch Schweine in den auf Öl- oder Weinanbau spezialisierten Villenwirtschaften in nicht geringer Zahl gehalten werden. Diese Viehwirtschaft, gewissermaßen neben den eigentlichen Schwerpunkten des Hofs, konnte die Rentabilität des jeweiligen Betriebes deutlich verbessern – allerdings war auch dort für das Winterfutter zu sorgen. Anders waren die Produktionsschwerpunkte der Viehwirtschaft zumindest in den nördlichen und westlichen Provinzen: Dort dominierte ganz eindeutig das Rind als Lieferant von Fleisch, Häuten und der dort eher geschätzten Kuhmilch.

Generell kann aus der Auswertung von Tierknochenfunden jedoch eine beachtliche Leistungssteigerung in der römischen Viehzucht herausgelesen werden. Durch Auslesezucht und intensive Fütterung war die römische Viehwirtschaft in der Lage, ihre Erträge deutlich zu verbessern.

Über den antiken Gartenbau geben die römischen Agrarschriftsteller (Cato, Varro und Columella) am genauesten Auskunft. Es wurden die verschiedensten Gartenkulturpflanzen angebaut: Gemüse, Gewürzkräuter oder Handelsblumen. Freilich erforderte der Gartenbau eine besonders intensive Pflege der Beete. Bei solch einer arbeitsintensiven Produktion ist es verständlich, dass der Gartenbau auf landwirtschaftlichen Betrieben normalerweise nur für den Eigenbedarf betrieben wurde. Lediglich die Nähe eines Betriebes zu einer Stadt als kaufkräftigem Markt (etwa das Umland von Rom) konnte es rentabel erscheinen lassen, die leicht verderblichen Produkte gezielt und in größerem Umfange für den Verkauf zu produzieren.

Also: Sorten- und Rassenauswahl, Verbesserung der Anbau- und Viehhaltungsmethoden, systematische Düngung, Marktorientierung, Spezialisierung auf stark nachgefragte Produkte und Kapitaleinsatz (Anschaffung der jeweils nützlichsten Gebäude, Maschinen, Arbeiter, Pflanzen) – das waren zunächst einmal die Faktoren, in denen Optimierungspotenziale für die römische Landwirtschaft steckten. In dem Zitat von der Gerichtsverhandlung des Furius Cresimus steckte aber noch ein Hinweis auf ein weiteres Optimierungspotenzial: die Arbeit – als einer der Grundfaktoren für Wirtschaft. Auf den intensiv bewirtschafteten mittleren Großgütern griff eine sehr differenzierte Arbeitsteilung um sich. Columella berichtet uns, wie auf seinem Idealgut Spezialisten wie Winzer, Pflüger, spezielle Arbeiter fürs Säen und Ernten sowie Hirten eingesetzt wurden (etwa Columella 1,3,8; 2,12). Durch die Spezialisierung konnte eine wesentlich größere Fachkenntnis bei den einzelnen Arbeitern erzielt werden, was sich natürlich in ihrer Produktivität niederschlug. Freilich konnte eine solche differenzierte Arbeitsteilung nur auf Gütern stattfinden, die über einen Personalstamm von mindestens 50 Sklaven verfügten. Ein Kleinbauer mit seinen vielleicht zwei bis drei Sklaven konnte die Arbeit nicht in dieser Weise verteilen. Andererseits war bei höheren Personalzahlen die Organisation und die Kontrolle der Arbeit ein Problem. Wiederum von Columella erfahren wir, dass deshalb das Personal in Dekurien à 10 Personen unter der Aufsicht eines Vorarbeiters eingeteilt wurde. Diese Dekurien wurden wiederum von dem Verwalter des Guts angewiesen und kontrolliert (Columella 1,8; 1,9,7 f.). Oft unterlag der Verwalter dann noch der Kontrolle durch einen Prokurator (Columella 1,6,7). Durch solch eine straffe, fast militärische Organisation und Kontrolle konnten noch einmal Potenziale der Arbeitsproduktivität freigesetzt werden – und dies geschah im Römischen Reich!

Damit haben wir die wichtigsten Optimierungspotenziale der Landwirtschaft im Römischen Reich benannt. Doch sind diese Potenziale überhaupt genutzt worden, und wenn ja, wo und warum? Dieser Frage soll in einem der folgenden Kapitel nachgegangen werden.

Gewerbe
Allgemein wird von einem Aufblühen der Gewerbe in der römischen Kaiserzeit gesprochen. Dabei ist zu fragen, wie die Gewerbe ihren Aufschwung erfuhren und welche Anreize dabei ausschlaggebend waren. Schnell kommt man zu dem Schluss, dass fast ausschließlich Nachfragesteigerungen durch Bevölkerungswachstum und Städtebildungen sowie die Differenzierung der Nachfrage nach alltäglichen, kunstgewerblichen oder luxuriösen Waren und Dienstleistungen den Ausschlag gaben. Kaum hingegen können wir erkennen, dass technische Möglichkeiten die Antriebe zur Erhöhung der Produktivität waren. Die Mittel zur Steigerung der Produktion waren vielmehr, wie in der Landwirtschaft, Extensivierung und Intensivierung der gewerblichen Produktion. Unter Extensivierung dürfen wir uns die Erhöhung der Produktionsstätten bei gleichbleibender Produktivität vorstellen: Bei steigender Nachfrage wurden einfach neue Handwerksbetriebe gegründet, die in Größe und Produktivität den bisherigen gleichkamen. Bei der Intensivierung darf man sich wiederum nicht an den Produktivitätssprüngen der industriellen Gesellschaften orientieren, sondern man muss vielmehr auch hier von einem auf den Traditionen beruhenden, moderaten, aber stetigen Produktivitätszuwachs ausgehen. Vor allem in der Arbeitsteilung und der Spezialisierung lagen noch Produktivitätschancen, die durchaus genutzt wurden.

Die Produktion für den lokalen Markt war auch in den Gewerben die dominierende Dimension. Wie schon in der Republik herrschten kleine Handwerksbetriebe mit maximal zehn Arbeitskräften, weitgehend ohne Einsatz von Maschinen und selten arbeitsteilig produzierend, vor. Nachfragesteigerungen hatten in diesem Bereich zumeist nur die Neugründung weiterer ebenso kleiner Betriebe zur Folge. Durch Spezialisierung konnte freilich ein gewisser Produktivitätszuwachs erreicht werden. So kennen wir in der Tat über 500 lateinische Ausdrücke für verschiedene Gewerbe, und für die Stadt

Rom kennen wir aus Inschriften ca. 200 gewerbliche Berufe. Eine Spezialisierung hat also in der untersuchten Epoche durchaus stattgefunden.

Die Entstehung von größeren Betrieben war aber durch einige Einschränkungen behindert. Die Nachfrage nach speziellen Waren, vor allem nach Waren im höheren Preissegment, war zwar vorhanden, aber – wie oben schon dargestellt – durchaus begrenzt. Da zudem nur ein geringer Teil der gewerblichen Produkte über den lokalen Warenkreislauf hinaus regionale oder interregionale Verbreitung fanden, hatte eine Massenproduktion auf Halde nur selten einen Sinn. Außerdem hätten dann auch verstärkt technische Hilfsmittel eingesetzt werden müssen – dies aber ist ja bekanntermaßen in Kleinbetrieben nicht geschehen. Warum man dem Einsatz von Maschinen so distanziert gegenüberstand, das ist bis heute nicht schlüssig erklärt worden. Das technische Wissen hierfür war doch durchaus vorhanden: Der Einsatz von tierischer Arbeitskraft oder von Wasserkraft und deren mechanische Umsetzung war etwa bei Mühlen durchaus gebräuchlich, auch Windkraft und sogar Dampfkraft waren bekannt, die Wirkung von Hebeln und des Seilzuges wurde beim Militär und im Baugewerbe (Katapulte, Kranen) eingesetzt. Die Frage ist nun, weshalb diese Möglichkeiten zur Beschaffung von nichtmenschlicher Arbeitskraft und deren Einsatz in einer maschinisierten Produktion in den Gewerben nicht genutzt wurden. Die zumeist zu hörende Antwort darauf, die Sklaven als Arbeitskräfte seien so billig gewesen, dass man kein Interesse an einer Potenzierung der Produktivität durch Maschinen gehabt habe, befriedigt nicht so ganz. Denn im 2. und 3. Jahrhundert n. Chr., als die Sklaven durchaus nicht mehr in Massen und billig zu bekommen waren, setzte kein Mechanisierungsschub ein. Die andere, oft geäußerte Ansicht, das allgemeine Desinteresse der antiken Menschen an allem Wirtschaftlichen habe eine Mechanisierung der Produktion verhindert, befriedigt auch nicht. In diesem Buch möchte ich doch gerade zeigen, dass antike Menschen an der Wirtschaft gar nicht so desinteressiert waren, wie das oft behauptet wird. Allenfalls die fehlende Neigung von Geldleuten und Banken, Kredite für die Intensivierung von gewerblichen Betrieben zu vergeben, könnte eine mögliche Erklärung sein. Freilich müsste man dann die Distanz der Kreditgeber gegenüber dem Industriekredit erklären – was auch nicht schlüssig möglich ist. Und außerdem investierten die Wohlhabenden durchaus auch in gewerbliche Betriebe, aber eben in ihre eigenen.

Solche größere private Betriebe existierten etwa in den Branchen Keramik, Baustoffe und Bau, Textilien und Leder, Metall, Glas und Beschreibstoffe – und ihre Produkte fanden regionale und interregionale Verbreitung. Dies aber nur, wenn die Nähe zu Rohstoffvorkommen einen gewissen Standortvorteil bot und/oder wenn eine besonders starke Nachfrage dazu anreizte. Selten waren allerdings beide Bedingungen vollständig erfüllt. So hatten die Feinkeramikzentren in Norditalien und später in Südgallien zwar die Rohstoffe vor Ort und auch eine gewisse Nachfrage in der Region, ein nicht geringer Teil der Produktion ging aber in den interregionalen Handel. Die metallverarbeitenden Großbetriebe in Rom dagegen genossen zwar eine starke Nachfrage nach ihren Produkten, die Rohstoffe für ihre Produktion mussten aber durch den Fernhandel herbeigeschafft werden. In solchen Großbetrieben herrschten auch bedeutend mächtigere Optimierungspotentiale vor: Wesentlich mehr Personal war vorhanden, dieses Personal wurde arbeitsteilig eingesetzt und es wurden wenigstens tierische Arbeitskraft und einfache Maschinen verwendet.

Bleiben wir kurz bei der Produktion von Feinkeramik. Dort ist ein ganz interessantes und, wie ich meine, ungeheuer aufschlussreiches Phänomen zu beobachten. Das erste bekannte Zentrum der Feinkeramikproduktion befand sich in *Arretium*, dem heutigen Arezzo. Dort sind mehrere Betriebe mit den Namen ihrer Besitzer bekannt. Aus den auf Gefäßbruchstücken einzelner Betriebe eingeritzten oder gestempelten Namen hat man geschlossen, dass es sich bei den Arbeitern in Arezzo nahezu ausschließlich um Sklaven gehandelt habe. Es gibt weiterhin Anzeichen dafür, dass die Werkstätten organisiert versucht haben, die auf dem Markt eingeführten Marken in Form, Muster und Qualität zu sichern und kapitalintensive Produktionsmittel (etwa Brennöfen) gemeinsam zu nutzen. Auch eine differenziertere Arbeitsteilung in den einzelnen Betrieben ist erkennbar: Modelle herstellen, Gefäße und Muster modellieren, Gefäße brennen, bemalen und so weiter. Dieser Betriebsform folgten dann auch kleinere Zentren, etwa in Cremona, Montegrotto, Puzzuoli und auf Sizilien. Um die Zeitwende war die Feinkeramik aus Italien, besonders aber die aus Arezzo, auf dem mediterranen Markt konkurrenzlos, überall im Reich wurde italische Feinkeramik gehandelt. Ab Mitte des 1. Jahrhunderts n. Chr. entstand aber in Südgallien eine mächtige Konkurrenz. Gelegentlich wird bei den südgallischen Keramikzentren auch von Auslagerungen der arretinischen Betriebe zum Zwecke einer Aufteilung des Marktes gesprochen. Diese Annahme ist jedoch nicht schlüssig und auch nicht belegt. In Südgallien, speziell in La Graufesenque, wurden die Tonböden an der Tarn zu Feinkeramik verarbeitet, später kam noch Lezoux bei Clermont-Ferrand hinzu. In Lezoux etwa wurden archäologisch 70 Fabriken, 160 Töpferöfen und ca. 3000 Namen auf Gefäßresten nachgewiesen. Aus Südgallien wurden bald Spanien, Gallien, Germanien, Britannien und der Donauraum beliefert und es gelang, die Arezzoware dort zu verdrängen. Ja, sogar in Pompeji wurde eine noch verpackte Kiste mit Keramik aus La Graufesenque gefunden. Die südgallischen Keramikzentren dominierten also bald einen großen Teil des Marktes, und sogar in Italien selbst konkurrierten sie erfolgreich mit Arezzo. Wie ist die Überlegenheit jener Betriebe zu erklären? Zum einen mag der Rohstoff Ton dort einfacher und in besserer Qualität zu besorgen gewesen sein, andererseits waren die dortigen Produktionszentren näher an den Konsumentenregionen, zumal das treffliche Flusssystem in Gallien kostengünstigen Transport zum Mittelmeer, nach Norden und Westen ermöglichte. Die südgallischen Töpfereizentren hatten also Standortvorteile. Noch etwas ist aber auffallend: Die gallischen Gefäßstempel enthalten keine Anzeichen für Sklavennamen. Im Gegensatz zu Arezzo und den anderen italischen Produktionsstätten wurden dort offenbar freie Handwerker beschäftigt. Aus den Stempeln schließen die Archäologen weiterhin, dass die dort genannten Handwerker zugleich die Eigentümer oder die Pächter der jeweiligen Werkstätten waren. Es gibt also Anzeichen dafür, dass die Besitzer der vielen kleinen Werkstätten in den südgallischen Keramikzentren sich ähnlich organisiert haben wie die Betriebe in Arezzo – nur dass dort eben Freie arbeiteten statt Sklaven. Dies würde bedeuten, dass sich die provenzalischen Kleinhandwerker genossenschaftlich zusammengeschlossenen haben, um gemeinsam die Entwicklung ihrer Produkte, die Kontrolle der Produktion und der Qualität sowie deren Vermarktung in Angriff zu nehmen. Und offenbar sind in den südgallischen Keramikzentren Produktivitätspotenziale freigesetzt worden, die sie den italischen Betrieben überlegen machten. Wie sonst sollte man deren Wettbewerbsvorteile, sogar beim Transport über weite Strecken, erklären können? Und man liegt sicher nicht falsch, wenn man in der, gegenüber der Sklavenarbeit, wesentlich höheren Arbeitsmotivation der kleinen Selbständigen oder Pächter die Haupttriebfeder für die höhere Produktivität vermutet. Was damit gesagt werden soll, ist Folgendes: Das Vorherrschen von kleinen Handwerksbetrieben bedeutet keineswegs die Unfähigkeit zu Produktivitätssteigerungen. Es konnte durchaus auch eine Ansammlung von Kleinbetrieben, wenn nur gut organisiert und motiviert, eine überlegene Produktivität und eine Massenproduktion entwickeln, die das ganze Reich zu versorgen im Stande war. Also: Spezialisierung, Arbeitsteilung, rationelle Organisation bis hin zur genossenschaftlichen Organisation mehrerer Kleinbetriebe – das waren die Mittel, um ganz beachtliche Produktivitätssteigerungen in der gewerblichen Wirtschaft des römischen Kaiserreiches zu erreichen.

Was die soziale Stellung der Handwerker angeht, so scheint hier in der Kaiserzeit eine gewisse Aufwertung stattgefunden zu haben. Freilich war das Ansehen, das ein Handwerker genoss, durchaus abhängig von der Betriebsform, in der er tätig war. So stellte es doch einen großen Unterschied dar, ob jemand im Heimwerk etwa Textilien herstellte, ob er als Lohnarbeiter etwa als Koch oder Gehilfe in einem Handwerksbetrieb tätig war oder ob er Besitzer einer eigenen Werkstatt war und einige Sklaven oder Lohnarbeiter als Arbeitskräfte einsetzte. Im letzteren Falle war noch von Bedeutung, ob es sich bei der Produktion um reine Auftragsarbeit handelte und die Rohstoffe vom Kunden gestellt wurden oder ob der Betrieb vom Einkauf der Rohstoffe bis hin zum Verkauf auf dem Markt die Wertschöpfungskette kontrollierte. All diese Formen gab es; mit welcher Gewichtung sie in den verschiedenen Reichsteilen auftraten, ist allerdings sehr schwer zu bestimmen. Es scheint jedoch so zu sein, dass es im 1. und 2. Jahrhundert n. Chr. immer häufiger den Typ des Selbständigen oder des Pächters gab, der die Rohstoffe auf eigene Rechnung einkaufte, die Waren vollständig selbst fertigte und schließlich auch vertrieb. Und diese Leute, zumal wenn sie noch in einem Handwerkerkollegium organisiert waren, genossen durchaus ein gewisses Sozialprestige, das sich auch in einem wesentlich selbstbewussteren Auftreten, als dies in der Republik üblich war, äußerte. Davon soll in einem der folgenden Kapitel Näheres berichtet werden.

Handel

Es ist oben schon ausgeführt worden, dass der weitaus größte Teil der Warenkreisläufe sich im lokalen Bereich abgespielt hat. Die Masse der kleinen Städte und stadtartigen Siedlungen mit maximal 5000 Einwohnern wird hauptsächlich von den Lebensmitteln gelebt haben, die in ihrem jeweiligen lokalen Umfeld produziert wurden. Und dorthin gingen auch der Hauptteil der gewerblichen Waren und die Dienstleistungen, die in der Stadt hergestellt worden sind. Freilich gibt es nicht wenige Hinweise dafür, dass die Bauern ihre landwirtschaftlichen Produkte selbst zum städtischen Markt brachten und dort verkauften. Umgekehrt wissen wir von einem ausgeprägten Produzentenhandel der Gewerbetreibenden, namentlich in solchen kleineren Siedlungen: Die Töpfer, Schmiede, Weber und so weiter verkauften ihre Produkte selbst in einem kleinen Ladengeschäft – unter anderem an die an den Markttagen in der Stadt weilenden Bauern. Überdies fand auf einigen Höfen nachweislich auch gewerbliche Produktion statt: Keramik, Textilien, Baumaterialien, Eisenwaren. Diese Waren wurden in einem uns nicht bekannten Umfange auf dem Lande selbst und gewissermaßen an der Stadt und einem Handelsgewerbe vorbei direkt ausgetauscht – eventuell sogar im Naturaltausch. Unter diesen Bedingungen kann schwerlich ein eigener Stand von Händlern, ein ausgeprägtes Handelsgeschäft entstanden sein. Produzenten und Händler waren oft nicht eindeutig voneinander zu trennen. Dieses Bild finden wir vor allem im Westen des Reiches vor und ganz besonders in den weniger urbanisierten Regionen wie Gallien, Germanien oder Nordafrika. Im Osten haben wir hingegen Hinweise, dass sich die hellenistische Differenzierung der Wirtschaft gehalten hat. Das heißt, dort findet man eher ein von den Produzenten klar unterschiedenes Handelsgewerbe vor, auch in den kleineren Siedlungen.

In den größeren Städten mit über 10 000 Einwohnern gab es selbstverständlich Händler und ein lokales Handelsgewerbe. In Städten wie Pompeji mit ca. 30 000, Lyon mit ca. 50 000, Mailand mit 100 000 bis 200 000, Alexandria mit 300 000 bis 400 000 oder gar Rom mit rund 1 Million Einwohnern waren selbst die lokalen Märkte so groß und unübersichtlich, dass sich dort ein eigenständiges Lokalhandelsgewerbe etablieren konnte. Freilich musste dieses, wie eingangs schon ausführlich dargestellt, mit dem Makel der sozialen Deklassierung leben. Aus Rom kennen wir auch Beispiele, in denen sich wohlhabende Familien etwa zweifach im Textilgeschäft engagierten: Ihre Freigelassenen waren einerseits in der Textilproduktion tätig, andere ihrer Freigelassenen betrieben kleine Geschäfte zum lokalen Vertrieb dieser Textilprodukte – hier erkennen wir eine klare Trennung von Produktion und Handel. In den Großstädten entstanden dann auch die ständigen Bazare, die den Charakter von Warenhäusern hatten: in Rom etwa das *emporion* unterhalb des Aventin am Tiberufer. Später wurde dieser Bazar dann in die Richtung des Monte Testaccio verlegt. Auf solchen ständigen Märkten wurde eine Vielfalt von Waren permanent bereitgehalten und es fanden sich offenbar auch genügend Käufer in solch großen Läden ein.

Wenn auch der Lokalhandel in den großen Metropolen nicht unterschätzt werden darf, so fand der volumenmäßig größte Teil des Warenaustauschs also zwischen kleinen lokalen Zentren und ihrem Umland statt – und dort eher ohne ein eigenständiges Handelsgewerbe.

Gab es dann wenigstens ein Handelsgewerbe für den regionalen und interregionalen Warenaustausch? In der Forschung wird diesbezüglich von mehreren Großräumen gesprochen. Im Osten befanden sich die schon längere Zeit hoch entwickelten und weitgehend eigenständigen Wirtschaftsräume Ägypten, das Zweistromland, Kleinasien und Griechenland mit den Inseln. Hier hatte sich schon in hellenistischer Zeit ein differenziertes Großhandelsgewerbe herausgebildet, das allerdings in der römischen Kaiserzeit keine nennenswerte Entwicklung mehr erfuhr. Im Norden blieben die Räume Illyrien-Pannonien, Noricum und Raetien sowie Britannien hinsichtlich des Handels eher unterentwickelt. In diesen Großräumen, wie übrigens auch in ganz Nordafrika (Mauretanien, Afrika und Kyrenaika), beschränkte sich der Großhandel im Wesentlichen auf die Lieferung der dort gefundenen oder produzierten Rohstoffe in andere Regionen. Dann gab es aber noch Wirtschaftsräume, die, obwohl im 1. Jahrhundert n. Chr. noch unterentwickelt, eine beachtliche wirtschaftliche Dynamik entfalteten und in denen sich dann auch ein schnell wachsendes Großhandelsgewerbe etablierte: Spanien, Gallien, Germanien.

So weit der allgemeine Befund. Hier ist freilich weiter zu differenzieren: Gehandelt wurden etwa die unverzichtbaren Rohstoffe, wie Lebensmittel, Metalle, Pech, Mineralien und so weiter. Diese mussten vom Erzeugungsort zum Konsumptionsort gebracht werden, koste es, was es wolle. Und hierbei ist nochmals zu differenzieren: Metalle konnten entweder am Ort der Förderung weiterverarbeitet und dann die Fertigprodukte gehandelt werden, wie etwa in Gallien geschehen, oder sie wurden als Rohmetalle zur Weiterverarbeitung über weite Strecken transportiert, wie zum Beispiel norisches Eisen nach Aquileia. Daneben gab es auf dem kaiserzeitlichen Markt auch die eigentlich verzichtbaren, dennoch aber sehr begehrten Luxuswaren: edle Öle, Weine, Edelsteine, Gewürze, Drogen, edle Textilien, Keramik, Metall- und Holzwaren. Deren Preis lag so hoch, dass ein Handel auch über weite Strecken durchaus lukrativ sein konnte – unter der Voraussetzung freilich, dass sich eine Käuferschicht fand, die diese Preise zahlen konnte. Verschieden hohe Kaufkraft in den Regionen war eine der Bedingungen für die differenzierte Ausprägung des Luxuswarenhandels im Reich. Aber auch noch andere äußere Bedingungen waren prägend: War in vorklassischer Zeit (11.–7. Jahrhundert v. Chr.) nur ein sehr eingeschränkter Handel und nur mit Luxuswaren üblich, so entwickelte sich ab dem 6. Jahrhundert v. Chr. ein immer regerer mediterraner Handel, nun auch zunehmend mit Massenwaren (Lebensmittel, Baustoffe, Textilien, Metall- und Keramikwaren), in hellenistischer Zeit wird sogar ein Überwiegen der Massenwaren im Fernhandel angenommen. Mit dem Ausgreifen Roms im Mittelmeer wurde jedoch das vorhandene Netz von Handelsplätzen weitgehend zerschlagen, was einen deutlichen Rückgang des Fernhandels, besonders bei den Massenwaren, zur Folge hatte. Außerdem konzentrierte sich der mediterrane Fernhandel fortan auf die italischen Einfuhrhäfen Ostia, Puteoli und Brindisi. Abgaben und Tribute der Provinzen (Getreide, Rohstoffe und Geld) flossen über diese Häfen nach Rom und Italien. Im Gegenzug wurden in Italien gefertigte Massen- und Luxuswaren in die Provinzen geliefert. Dies gilt wenigstens für den Westen des Reichs und für Nordafrika. Lediglich der Osten konnte sich eine gewisse wirtschaftliche Selbständigkeit erhalten. Diese für die Republik so charakteristische Struktur der Ressourcenflüsse prägte den Fernhandel im Reich nachhaltig. Spätestens ab Ende des 1. Jahrhunderts n. Chr. trat aber ein entscheidender Wandel ein. Einige Provinzen begannen ökonomisch aufzuholen, sie versorgten sich zunehmend selbst mit Massen- und auch mit so manchen Luxusgütern. Italien und Rom brachen zum Teil die provinzialen Absatzmärkte weg. Mehr noch: Einige provinziale Produkte gelangten sogar auf den italischen Markt. Die Funde auf dem Monte Testaccio oder in Ostia zeigen, dass Öl und Wein aus Spanien, Gallien und Afrika zunehmend den italischen Markt erreichten (vgl. auch Columella 1, praef. 20, Plinius d. Ä., n. h. 15,8). Von der Keramik aus der Provence, die auch in Italien auftauchte, ist oben schon gesprochen worden. Diese Veränderungen hatten auch für den Handel tiefgreifende Folgen. Zunächst einmal muss der innerprovinziale Handel in den Wachstumsregionen stark angewachsen sein, wenn diese Provinzen sich mit Massen- und Luxuswaren selbst versorgten. Dies wird einen teilweisen Rückgang des interprovinziellen Handels zur Folge gehabt haben. Schwerer wog aber, dass – außer wenn es um die Lebensmittelversorgung Roms und Italiens ging – der Handel zwischen den einzelnen Provinzen, gewissermaßen an Rom und Italien vorbei, an Schwung gewonnen hat. Die Verbreitung provenzalischer Keramik im Norden des Reichs und in den Donauprovinzen ist ein beredtes Zeugnis hierfür. Eine in Kaiseraugst gefundene Inschrift unterstreicht diesen Befund: Dort ist von einem *collegium negotiatorum cisalpinorum et transalpinorum* die Rede, einem Händlerkollegium, das (von Italien aus gesehen) diesseits und jenseits der Alpen tätig war. Und tatsächlich saßen die Mitglieder dieses Händlerkollegiums in Lyon, Mailand, Köln, Augst, Avenches und Budapest.

Nehmen wir einzelne Sparten genauer unter die Lupe. Beim Handel mit Luxuslebensmitteln rückt vor allem das Viereck Spanien – Gallien – Italien – Nordafrika in den Blickpunkt. Neben Getreide wurde in dieser Großregion eben auch Öl, Wein und *garum* (die Fischwürzsauce) ganz intensiv gehandelt. So ist die archäologische Evidenz eindeutig: Ab dem 1. Jahrhundert n. Chr. drängten spanische Fischsauce, spanisches Öl, afrikanisches Öl und Wein aus der Provence auf den italischen Markt. Gleichzeitig wurden diese Produkte – über die Rhône und die Saône – auch ins Limesgebiet nach Trier, Mainz und Köln geliefert. Und tatsächlich kennen wir aus Lyon, einem wichtigen Handelsstützpunkt an der Mündung der Saône in die Rhône, mehrere vermögende Händler, die sogar der städtischen Oberschicht angehörten. Die Inschriften berichten, dass sie sich mit Wein- und Ölhandel befasst haben.

In der Produktion feiner und begehrter Tuche waren Kleinasien, Syrien, Ägypten, Süditalien und Gallien führend. Diese Textilien waren rund ums Mittelmeer begehrt und wurden deshalb international gehandelt. In der *Expositio totius mundi et gentium*, einer antiken Handelsgeographie aus dem 4. Jahrhundert n. Chr., lesen wir etwa über Syrien: „Tuchproduktion betreiben folgende Städte: Skythopolis, Laodikeia, Byblos, Tyros, Berytos, die Tuche in die ganze Welt exportieren." Und weiter: „Alle Städte bestehen durch Handel und haben in jeder Hinsicht reiche Männer." Ein anderes Zentrum der Herstellung teurer Tuche war das kleinasiatische Hierapolis-Laodikeia. Dort erscheint im 3. Jahrhundert n. Chr. ein Pupurhändler, der Mitglied der städtischen Ratsversammlung, also ein durchaus wohlhabender Mann war. Schon im 1. Jahrhundert war in demselben Ort ein Flavius Zeuxis tätig, der nach Auskunft seines Grabsteines in seinem Leben 72-mal nach Italien gereist war. Dieser Zeuxis war sicherlich ein Tuchhändler oder ein Reeder, der die Tuche aus Hierapolis-Laodikeia exportierte. In Lyon hingegen ist ein Italicus Verecundus bekannt, der mit Gewändern aus Laodikeia Handel trieb. Zwar war der Osten, wie schon gesagt, schon immer etwas autonomer in wirtschaftlichen Dingen gewesen, dennoch: Auch beim Handel mit feinen Tuchen war Italien zwar noch ein wichtiger, aber keineswegs mehr der einzige Partner. In der Kaiserzeit hat der Fernhandel wieder den Charakter eines weit verzweigten Netzwerks mit vielen Konsumptionsstellen im ganzen Reich angenommen.

Im Zusammenhang mit dem Fernhandel ist noch kurz der Außenhandel anzusprechen. Dieser war nach Auskunft der Zeitgenossen keineswegs gering. Kaiser Tiberius klagte etwa darüber, dass durch den Import von Edeltextilien und Edelsteinen das römische Geld „zu fremden oder gar feindlichen Völkern" abwandere (Tacitus, ann. 3,52–54). Und Plinius der Ältere berichtet, China, Indien (wohl auch das Zweistromland) und die arabische Halbinsel entzögen dem Reich jährlich 100 Millionen Sesterzen (Plinius d. Ä., n. h. 12,18). Wenn man Plinius' Angaben glaubt und zugleich bedenkt, dass der römische Staatshaushalt unter Kaiser Vespasian auf ca. 1500 Millionen Sesterzen geschätzt wird, dann war dieser Geldabfluss beträchtlich: knapp 7 % des Staatshaushalts. Aus China kam vor allem Seide. Seit dem 2. Jahrhundert v. Chr. wurde dieses begehrte Tuch rund 7000 km auf dem Landwege über die Seidenstraße, von China über Samarkand nach Syrien, Kleinasien oder Südrussland gebracht und von dort jeweils über den Seeweg in der Mittelmeerregion verteilt. Freilich behinderten die andauernden Feindseligkeiten mit dem Partherreich diesen Chinahandel mitunter erheblich. Aus Indien kamen vor allem Gewürze, Drogen, Duftstoffe und exotische Tiere ins Reich. Dieser Handel wurde vorwiegend per Seeschiff über das Rote Meer und unter Nutzung der Monsunwinde direkt durchs Arabische Meer abgewickelt (Strabo 17,1,13). Dass der Handel mit Indien ein beträchtliches Volumen hatte, dafür spricht eine Auskunft wieder von Plinius dem Älteren: 55 Millionen Sesterzen. Überdies zeugen davon die in Indien so häufig gefundenen alexandrinischen und römischen Gold- oder Silbermünzen. Zum Außenhandel im Osten gehörte auch der Warenimport aus den Anrainerregionen am Roten Meer, aus der arabischen Halbinsel und aus Ostafrika. Von dort kamen Sklaven, Elfenbein, Edelsteine, Gewürze und Drogen ins Reich. Auch nach Norden gab es Außenhandelsverbindungen. Schon in hellenistischer Zeit blühte der Handel mit Südrussland und dem Bosporanischen Reich, er blieb auch in römischer Zeit ungebrochen, denn dort wurden in großer Menge römische Münzen und römische Keramik gefunden. Von dort wurden vor allem Sklaven, Getreide, Häute, Wolle und Fische importiert. Und ähnlich wie die Seidenstraße im Osten, so erschlossen die sogenannte Bernsteinstraße und einige weitere westlicher gelegene Routen den Norden, also das freie Germanien und Skandinavien für den Handel. Von dort kamen Bernstein, Felle, Tiere und auch Sklaven ins Reich. Die Münzfunde zeigen überdies, dass die Germanen durchaus geschäftstüchtig waren. Ursprünglich bevorzugten diese das römische Silbergeld. Aus der Zeit ab Mitte des 2. Jahrhunderts n. Chr. wurden jedoch deutlich weniger römische Münzen in Germanien gefunden. Dies hängt aber wohl nicht damit zusammen, dass der Germanienhandel in dieser Zeit stagniert hat. Vielmehr war der Grund, dass die römischen Münzen ab Mitte des 2. Jahrhunderts n. Chr. immer weniger Edelmetall enthielten, weshalb die Germanen wohl lieber zum Naturaltausch zurückkehrten. Über das Volumen des Nordhandels haben wir leider keine antiken Angaben, es ist auch keine Schätzung möglich.

Geldumlauf und Geldwirtschaft

Unter Kaiser Augustus hatte sich das Gold-Silber-Buntmetall-Währungssystem etabliert, das trotz so mancher Modifikation im Prinzip bis Mitte des 3. Jahrhunderts n. Chr. Bestand hatte.

Dieses Geldsystem basierte auf dem Prinzip des Metallismus, das heißt, der Wert des Geldes steht in Beziehung zum Edelmetallwert der Münze. Der Wert des Geldes wurde also nicht in erster Linie, wie etwa bei unserem heutigen Papiergeld, durch staatliche Garantien und die Deckung durch Gold, Devisen, Wertpapiere gesichert, sondern durch den Eigenwert des Edelmetalls. Beim römischen Geldsystem waren zwei Edelmetalle relevant: Gold und Silber. Die Prägung und Ausgabe der Wertmünzen aus Gold oder Silber war ein kaiserliches Privileg, diese Münzen waren die Reichswährung, in Gold und Silber durfte es (außer in Kleinasien, Syrien und Ägypten) keine lokalen Prägungen geben. Daneben gab es die Scheidemünzen aus Kupfer, Messing oder Bronze. Deren jeweiliger Wert war an die Relation zu den Leitmünzen geknüpft, die Buntmetallmünzen waren vom Aureus und vom Denar abhängig. Ihre Ausprägung war auch nicht dem Kaiser vorbehalten, weshalb es auch zu lokalen Prägungen der Buntmetallmünzen kam: kurzzeitig in Spanien, Gallien und Germanien, im Osten bis in die Spätantike. Ja, sogar illegales Falschgeld in Buntmetall wurde vielerorts staatlicherseits geduldet, um akutem Kleingeldmangel zu begegnen. Solange diese Scheidemünzen in ihren Relationen zu den Leitmünzen fest in das Währungssystem eingebunden waren, waren solche lokalen Besonderheiten kein Problem. Ein Problem war vielmehr, dass die Wertmünzen aus verschiedenen Metallen bestanden. Der Wert einer Edelmetallmünze war ja abhängig vom Edelmetallpreis auf dem Markt. Dieser konnte jedoch schwanken. So versiegten etwa die athenischen Silberminen, während die spanischen und gallischen Gold- und Silberminen expandierten. Unter Kaiser Trajan kamen aus den ergiebigen dakischen Goldminen große Mengen von Gold auf den Markt. All diese Veränderungen hatten selbstverständlich Einfluss auf die Edelmetallpreise. Wenn aber die Edelmetallpreise schwankten, so war die Relation zwischen den zwei Leitmünzen in Gefahr. Um dieser Gefahr zu begegnen, blieben eigentlich nur zwei Wege offen: Eine Möglichkeit bestand darin, dass der Staat strikt das Angebot von Gold und Silber auf dem Markt kontrollierte. Und in der Tat waren seit Kaiser Tiberius die meisten Edelmetallminen des Reiches in Staatsbesitz. Die Edelmetallausschüttung auf den Markt konnte so weitgehend kontrolliert werden. Die andere Möglichkeit, die Währungsrelation bei schwankenden Edelmetallpreisen zu erhalten, sah vor, die

138 Rom – Kaiserzeit

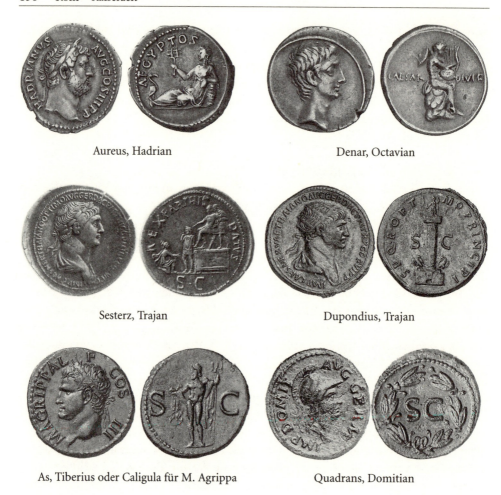

Aureus, Hadrian

Denar, Octavian

Sesterz, Trajan

Dupondius, Trajan

As, Tiberius oder Caligula für M. Agrippa

Quadrans, Domitian

Abb. 5: Das Währungssystem im römischen Kaiserreich

1 (Gold-)Aureus (7,76 g)	=	25 (Silber-)Denare
1 (Silber-)Denar (3,98 g)	=	4 (Messing-)Sesterze
1 HS = 1 (Messing) Sesterz (27,3 g)	=	2 (Messing-)Dupondien
1 (Messing-)Dupondius	=	2 (Kupfer-)Asse
1 (Kupfer-)As (11,2 g)	=	4 (Kupfer-)Quadranten à 3 g

Die Gewichtsangaben gelten nur für die augusteische Zeit! Die Relationen gelten allerdings bis Mitte des 3. Jahrhunderts.

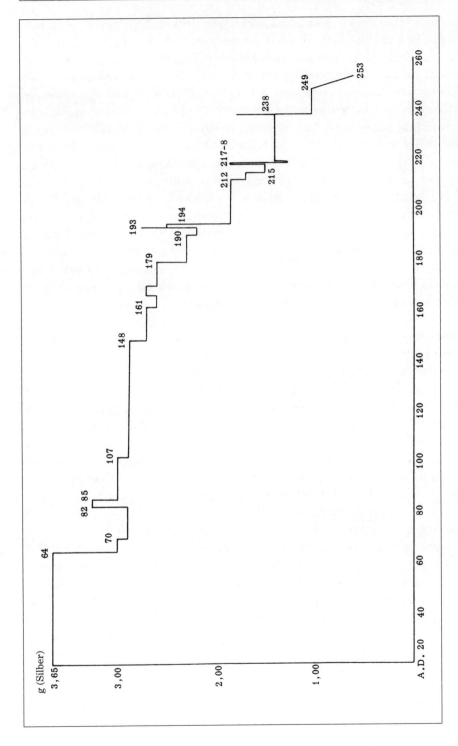

Grafik 2: Der Silbergehalt beim Denar. Die Kurve zeigt die stetige Verknappung des Edelmetallgehalts vom 1. bis zum 3. Jahrhundert n. Chr.

Münzen hinsichtlich ihres Gewichts und Edelmetallgehalts an die vorgegebene Relation anzupassen. Es kam tatsächlich zu einer fortgesetzten Verknappung des Silbergehalts beim Denar. Welche Gründe hierfür tatsächlich maßgeblich gewesen sein mögen – zu denken wäre vor allem an steigende Staatsausgaben bei knappen Edelmetallressourcen –, ein Effekt war jedenfalls, dass die Relation der Leitmünzen stabil gehalten werden konnte.

Normalerweise hätte eine solche Münzverschlechterung nun aber eine inflationäre Entwicklung mit sprunghaft ansteigenden Preisen zur Folge haben müssen. Dies ist zunächst nicht eingetreten. Bis Mitte des 3. Jahrhunderts n. Chr. haben wir eine bemerkenswerte Preisstabilität im Römischen Reich. Aus aufgefundenen Papyri können die Weizenpreise in Unterägypten rekonstruiert werden. Auffälligerweise blieben sie bis Ende des 2. Jahrhunderts ziemlich stabil. Von Augustus bis Caracalla (Anfang 3. Jahrhundert n. Chr.) – im Laufe von ca. 200 Jahren also – stiegen die Soldzahlungen an die Soldaten nur um etwa 33 %. Auch dies mag ein Ausdruck für die Stabilität des römischen Geldsystems sein und für das Vertrauen, das die Menschen in den ersten zwei Jahrhunderten n. Chr. in das römische Geld setzten. Ab Mitte des dritten Jahrhunderts kam es dann jedoch zu dem massiven Vertrauensverlust, mit galoppierender Inflation und weit verbreiteter Rückkehr zum Naturaltausch. Davon soll in einem der folgenden Kapitel noch die Rede sein.

Was die Versorgung mit Geld anging, so war Italien wohl flächendeckend mit Wert- und Scheidemünzen versorgt, im Osten herrschten die römischen Wertmünzen und – wahrscheinlich in ausreichendem Umfang – lokal geprägte Scheidemünzen vor, lediglich im Westen und in Afrika scheint ein Geldmangel, insbesondere beim Kleingeld, geherrscht zu haben. Dort können wir solche Phänomene wie geviertelte Asse zur Zeit des Augustus oder behördlich tolerierte Falschmünzerei zur Behebung des Kleingeldmangels beobachten. Höchstwahrscheinlich war im Westen und in Afrika deshalb auch der Naturaltausch noch weit verbreitet. Dennoch: Steuern, Löhne, Sold, Gehälter und Mieten wurden in Geld gezahlt, Preise und ebenso private Vermögen wurden in Geld angegeben. Kein Zweifel kann daran bestehen, dass die römische Wirtschaft in der Kaiserzeit weitgehend auf dem umlaufenden Geld beruhte. Dennoch stand der römische Staat hinsichtlich des Monetarisierungsgrades vor schwierigen Problemen. So machte etwa Kaiser Augustus einen geldpolitischen Fehler; Sueton berichtet nämlich: „Seine Freigebigkeit zeigte er allen Ständen bei zahlreichen Gelegenheiten. Einmal, als er im Triumphzug über Alexandria den Schatz der Ptolemäer in die Hauptstadt brachte, kam mit einem Mal so viel Geld in Umlauf, daß die Zinsen sanken und dafür die Grundstückspreise gewaltig in die Höhe schnellten" (Sueton, Augustus 41). Zu viel umlaufendes Geld, das heißt, es gab mehr Geld als die durch das Geld zu bewertenden Güter, hatte inflationäre Tendenzen mit starkem Preisanstieg zur Folge. Den gegenteiligen Fehler machte Kaiser Tiberius; Tacitus berichtet: „Daraus ergab sich eine Geldknappheit, weil gleichzeitig allen Schuldnern das Darlehen gekündigt und infolge der vielen Verurteilungen und der jeweiligen Versteigerung der Güter das geprägte Silber im Fiskus oder im Staatsschatz zurückgehalten wurde. [...] Da der Überfluss der Verkaufsangebote einen Druck auf die

Preise zur Folge hatte, machte es, je verschuldeter einer war, um so mehr Mühe, den Besitz loszuschlagen, und viele wurden um ihr Hab und Gut gebracht. Der Verlust des Vermögens gefährdete Stellung und guten Ruf, bis der Kaiser helfend eingriff: er stellte über die öffentlichen Banken 100 Millionen Sesterzen zur Verfügung und schuf damit die Möglichkeit für zinslose Darlehen auf drei Jahre, wenn der Schuldner dem Volksvermögen mit seinen Grundstücken in doppelter Höhe Sicherheit leiste. So wurde der Kredit wiederhergestellt, und allmählich fanden sich auch wieder private Geldgeber" (Tacitus, ann. 6, 17). Eine Verknappung von Geld hatte also Preisverfall, Deflation zur Folge. Beides, Inflation oder Deflation, war aus Gründen der politischen Stabilität unbedingt zu verhindern und die politisch Verantwortlichen waren sich über die geldpolitischen Zusammenhänge und die nötigen Konsequenzen durchaus im Klaren – zumindest das letztere Beispiel zeigt dies deutlich.

Insgesamt müssen wir im Römischen Reich eher mit einer Geldunterversorgung, besonders auf dem Lande, rechnen. Und dies, obwohl doch durch fast permanente Neuprägungen die Geldmenge ständig erhöht wurde? Man würde doch annehmen, dass das Geld, das durch öffentliche Ausgaben in die Gesellschaft gepumpt wurde, über provinziale Abgaben und Steuern wieder zurückgekommen ist. Der Kreislauf des Geldes im römischen Staat war jedoch nicht vollständig geschlossen. Zum einen verlangte ein Zuwachs an zu bewertenden Gütern – und von einem solchen ist in den ersten zwei Jahrhunderten n. Chr. auszugehen – auch eine höhere Geldmenge. Sodann gingen dem Kreislauf durch die negative Außenhandelsbilanz große Mengen an Geld verloren, oben sprachen wir von ca. 7 % des Staatshaushalts. Und die an auswärtige Völker gezahlten Summen, um deren Neigung, das Reich zu bedrohen, etwas zu mindern, bedeuteten einen weiteren zeitweise erheblichen Geldverlust. Aber auch im Reich selbst wurde Geld dem Kreislauf entzogen. Privatleute wie auch der Staat horteten Wertmünzen als Rücklagen. Solches thesauriertes Geld stand dem Kreislauf dann längere Zeit nicht zur Verfügung. Und dann gab es auch noch das sogenannte Giralgeld. Wenn ein römischer Geldgeber, sagen wir 1 Million Sesterzen zu 12 % Zinsen verlieh, so hatte er nach einem Jahr eine Forderung von 120 000 Sesterzen. Diese Summe existierte zunächst jedoch nur als buchhalterische Forderung. Sollte eine akute Geldverknappung durch eine Häufung solcher nicht körperlich existierender Geldmengen vermieden werden, so mussten wohl oder übel weitere Wertmünzen geprägt werden. Es gab also triftige Gründe, die Geldmenge ständig zu erhöhen, und es gab mehrere Kanäle, durch die das römische Geld dem Geldkreislauf entzogen wurde. Deshalb waren die Neuprägungen in der geschätzten Größenordnung von 20 % jährlich sicherlich nicht zu umfangreich. Unterversorgung mit Geld könnte im Römischen Reich jedoch durch den, zumindest in ländlichen Gebieten im Westen noch verbreiteten, Naturaltausch und durch die in geldwirtschaftlich hoch entwickelten Gebieten wohl vorhandene Möglichkeit, gegenseitige Forderungen bargeldlos miteinander zu verrechnen, ausgeglichen worden sein.

Eine in solchem Maße monetarisierte Wirtschaft benötigt eigentlich einen Geldmarkt, der Geld in Form von Darlehen anbietet und vorhandenes Geld verwaltet, ein ausdifferenziertes Bankengeschäft also. Doch auch diesbezüglich lagen die Verhältnisse im Reich regional sehr verschieden. In Italien waren in jeder größeren Stadt Banken tätig, insbesondere in Rom sind zahlreiche Banken nachgewiesen. In dem vom hellenistischen Bankwesen geprägten Osten des Reiches, namentlich in Kleinasien, Syrien und Ägypten, agierten ebenfalls zahlreiche Banken: Tempelbanken – etwa im Artemision in Ephesus –, Privatbanken, ja sogar Staatsbanken sind bekannt. In den westlichen Reichsteilen haben wir aber deutlich weniger Hinweise auf Bankgeschäfte, lediglich in den großen Städten gibt es vereinzelte Zeugnisse. Hier mögen eine generell geringere Monetarisierung und das hinsichtlich des Geldgebrauchs stärkere Gefälle zwischen Stadt und Land die Gründe für ein vergleichsweise unterentwickeltes Bankengeschäft gewesen sein. Dass Banken aber, wenigsten in den Städten, reichsweit eine alltägliche Erscheinung waren, das zeigen auch die zahlreichen bekannten Rechtsvorschriften für das Bankengeschäft.

Die Römer haben im Wesentlichen die in den hellenistischen Reichen schon entwickelten Bankformen übernommen. Als noch diverse Scheidemünzen kursierten, mag das Wechselgeschäft noch lukrativ gewesen sein. Es verlor jedoch stark an Bedeutung. Das Depositengeschäft, bei dem die Bank Einlagen gegen Zins annahm, florierte ebenso wie das Darlehensgeschäft. Kredite wurden von Banken allerdings nur gegen Sicherheiten in Form von Hypotheken auf Landbesitz oder in Form von Hinterlegung von Sachwerten gegeben. Und schließlich gab es regional auch noch ein Girogeschäft, das einen bargeldlosen Zahlungsverkehr ermöglichte. Die für die Wirtschaft bedeutendsten Geschäftsarten sind das Darlehens- und das Girogeschäft; sie sollen noch etwas genauer untersucht werden. Über das Darlehensgeschäft sind wir am genauesten aus dem kaiserzeitlichen Ägypten unterrichtet. Bargeld wurde dort gegen Sicherheiten verliehen. Aber es handelte sich zumeist um kleine Darlehenssummen, 150 Denare, selten mehr. Oft wurden Darlehen im Zusammenhang mit der Landwirtschaft gegeben: Kredit vor der Ernte – Rückzahlung nach der Ernte. Kaum jedoch gab es Kreditvergaben für ein gewerbliches oder ein Handelsgeschäft. Einen ähnlichen Eindruck gewinnt man auch aus Italien. Die erhaltenen Geschäftsquittungen des Bankiers L. Caecilius Iucundus aus Pompeji ergeben für die Jahre von 52 bis 62 n. Chr. ein Gesamtdarlehensvolumen von ca. 300 000 Sesterzen. Bei dem von diesem Bankier verlangten Zins von etwa 5 % ergäbe dies – wenn man einmal annehmen wollte, diese Summe sei die gesamten 10 Jahre verliehen gewesen – einen Zinsgewinn von 150 000 Sesterzen, oder lediglich 15 000 Sesterzen pro Jahr. Es ist deshalb kein Wunder, wenn jener L. Caecilius Iucundus neben dem Bankgeschäft auch noch den Berufen eines Auktionators und städtischen Steuerpächters nachging. Auch in Italien vergaben Banken also vorwiegend Kleinkredite für Konsumptionsbedürfnisse und nur sehr selten produktive Kredite. Überdies war deren Einzugsgebiet zumeist nur lokal, es gab keine regional bedeutenden Großbanken. Bei den wirklich großen Summen, etwa wenn der jüngere Plinius ein Landgut kaufen wollte oder wenn Petronius' Trimalchio eine Flotte von Seeschiffen ausrüsten wollte, sprangen Freunde oder Verwandte als Darlehensgeber ein: im Falle von Plinius die Schwiegermutter, im Falle von Trimalchio die Ehefrau.

Die zwei Beispiele sind symptomatisch für große Darlehen in der Kaiserzeit: Hier überwog ganz eindeutig der Privatkredit.

Was den Giroverkehr angeht, so haben wir hierfür eindeutige Beweise nur aus Ägypten. Dort allerdings finden wir auf Papyri sehr häufig Zahlungsanweisungen an Banken, etwa: „Zahle an den Redner Licinius 400 Silberdrachmen" (aus Hermopolis, 110 n. Chr.). Auch die römischen Steuerpächter bedienten sich des Giroverkehrs. Die Steuerpflichtigen zahlten ihre Steuern auf ein Konto bei der örtlichen Staatsbank oder einer Privatbank ein. Die Beträge wurden dann von dort in die Zentrale nach Alexandria überwiesen. Doch wie gesagt, solch eindeutige Hinweise für Giroverkehr kennen wir nur aus Ägypten. Ein ähnliches Verfahren, aber reichsweit ausgeübt, ist das Verrechnen von staatlichen Ein- und Ausgaben in den Provinzen; hier zumindest fanden Geldtransaktionen nicht körperlich, sondern lediglich auf dem Papier statt. Solch ein Verfahren setzt freilich ein verzweigtes Netz von miteinander kommunizierenden Banken voraus, und in dieser Hinsicht waren die Rahmenbedingungen in Italien und im Osten wesentlich günstiger als im Westen. Wenn solcher bargeldloser Zahlungsverkehr im Römischen Reich verbreitet war, dann eher in Italien und im Osten als im Westen.

Wenn man also in den ersten zwei Jahrhunderten n. Chr. im Römischen Reich von einem generellen Aufschwung von Gewerbe, Handel und Geldwirtschaft durchaus sprechen kann, so muss man dabei immer im Auge behalten, dass die Verhältnisse doch regional sehr differenziert waren und in verschiedenen Phasen auch die unterschiedlichsten Ausprägungen erhalten haben.

Selbstdarstellung römischer Handwerker und Händler in Inschriften und Bildern

Zweifelsohne hat das in der hohen Kaiserzeit spürbare Ansteigen der Nachfrage nach gewerblichen Produkten Auswirkungen auf die soziale Stellung der Handwerker gehabt. Hinsichtlich des Sozialprestiges von Handwerkern konkurrierte die weiterhin von den Vornehmen gepflegte Verachtung der handwerklichen Arbeit mit dem neuen Selbstbewusstsein der gewerblichen Produzenten selbst.

Dieses wachsende Selbstbewusstsein von Handwerkern kann man etwa in der Grabkunst fassen.

Die in Abb. 6 gezeigte Grabstele aus Aquileia (S. 144) stammt aus dem Ende des 1. Jahrhunderts v. Chr. Da die Inschrift fehlt, bleibt uns der abgebildete Verstorbene unbekannt. Seinen Beruf können wir aber aus dem Bild herauslesen: Ganz unten sind ein Anker und ein Steuerruder erkennbar, was den Unbekannten als einen Seemann, wahrscheinlich als einen Steuermann ausweist. In der weitgehend traditionellen Form der Grabkunst – der Verstorbene ist als Halbfigur in einer Aedikula dargestellt – wird der Beruf zwar schon deutlich gemacht, aber fast ein wenig verschämt am unteren Rand.

Abb. 6: siehe Text S. 143

Abbildung 7 zeigt eine Grabstele aus Fossano bei Turin (S. 145). Sie wurde von dem Handwerker (*faber*) Quintus Minicius für sich und seine Angehörigen in Auftrag gegeben. Nicht nur, dass er sich eine solche Inschrift überhaupt leisten konnte, auch nicht, dass der vermutliche Freigelassene in seinem Heimatort das Amt des *sevir augustalis* erreichte, sondern auch der erstaunlich große Grabplatz (in der Inschrift im Sockel angegeben) machen deutlich, dass dieser Handwerker es zu einem ganz ansehnlichen Wohlstand gebracht hat. Darauf weist er auch hin: *ab asse quaesitum* – von kleinsten Verhältnissen hat er sich hochgearbeitet. Das Giebelfeld (ein Mann auf einer Kline, davor eine Frau, flankierend Haustiere) und die Inschrift sind durchaus konventionell. Auffällig ist jedoch, dass der spezielle Beruf des Quintus Minicius – und zwar im Inschriftenfeld – deutlich gemacht wird: Ein Mann arbeitet in eine Tunika gekleidet mit einer *ascia* an einem Speichenrad. Q. Minicius war also Radmacher. Ganz so verschämt tritt hier der Beruf nicht mehr ins Blickfeld des Betrachters.

Abbildung 8 (S. 146) zeigt eine Grabstele aus einem nicht mehr bekannten Fundort in Italien, datiert ins späte 2. Jahrhundert n. Chr. Sie ist leider in der Mitte abgebrochen. So viel ist jedoch erkennbar: Der verstorbene Titus Valerius Placidus war *refector pectinarius* – Ausbesserer von Kämmen. Vermutlich hat er sich zur Spezialaufgabe gemacht, defekte Metallkämme wieder instand zu setzen. Zum einen fällt die doch sehr weitgehende Spezialisierung des Handwerkers auf. Noch viel auffälliger aber ist, dass sein Handwerk wenn auch in konventionellen Formen, so doch aber über der Inschrift im Giebelfeld dargestellt ist.

Diese drei Beispiele aus der Bildkunst mögen genügen, um zu zeigen, wie die römischen Handwerker in der Kaiserzeit immer selbstbewusster ihre Profession zu erkennen gaben.

Wie kam es zu dem doch beachtlichen Zuwachs an Selbstbewusstsein bei den Handwerkern?

Die Handwerker in der Kaiserzeit waren keineswegs eine homogene Gruppe. Einzelne Handwerkergruppen genossen ein zum Teil gravierend differenziertes Sozialprestige. Da gab es etwa die – oftmals wandernden – Lohnarbeiter, die ohne eigene Betriebsmittel und ohne eigene Rohstoffe etwa im Baugewerbe Arbeiten für den jeweiligen Auftraggeber verrichteten. In der Regel bildete diese Gruppe die unterste Schicht der Handwerker, die dann auch kaum Sozialprestige genoss. Freilich muss man auch hier differenzieren: Es gab unter ihnen vereinzelt auch außerordentlich gefragte Spezialisten, die gut bezahlt und hoch angesehen waren.

Sodann gab es offenbar eine große Zahl von Handwerkern, die in kleinen eigenen oder gepachteten Betrieben mit eigenen Rohstoffen für den Markt produzierten. Es ist nicht genau zu erkennen, wann ein solcher Handwerker auf Bestellung seines Kunden oder selbständig für den Markt produzierte. Die große Zahl von Schmieden, Webern, Töpfern, Bäckern und anderen, die

Abb. 7:   siehe Text S. 144

neben ihrer Werkstätte eben auch einen kleinen Laden betrieben, in dem sie ihre eigenen Produkte verkauften, lässt vermuten, dass oft beide Formen – Auftragsarbeit und Produktion in kleinem Umfange für den Markt – nebeneinander bestanden haben. Reich und angesehen konnte man freilich mit einem Geschäft in diesem Umfange selten werden. Gleichwohl gehörten der Radmacher und der Kammausbesserer, von denen oben die Rede war, sicher zu dieser Gruppe. Es war also für solche Handwerker durchaus möglich, sich durch Fleiß und harte Arbeit in den Mittelstand der kaiserzeitlichen Städte hochzuarbeiten.

Wer großes Glück hatte und zudem mit viel Fleiß seinen Betrieb ausbaute, konnte sogar die Dimension des Kleinbetriebes überschreiten. War ausreichend Nachfrage vor-

Abb. 8: siehe Text S. 144

handen, so konnte die Produktion für den Markt noch einen Schritt weiter gehen, hin zur personalintensiveren und arbeitsteiligen Massenproduktion auf Halde. Dies war etwa bei der Produktion von Feinkeramik geschehen, dies war aber auch in sehr großen Städten bei anderen Handwerken möglich. Als ein Beispiel hierfür sei das Grabmahl des Eurysaces (Rom, Porta Maggiore, 2. Hälfte 1. Jahrhundert v. Chr.) und zwar der Süd-, Nord- und Westfries vorgestellt (siehe Abb. 9 S. 147).

Marcus Vergilius Eurysaces war, so gibt die beistehende Inschrift an, Bäcker von Beruf. Das *cognomen* Eurysaces deutet an, dass er Freigelassener, also ein ehemaliger Sklave aus den östlichen Reichsteilen war. Gerade diese Gruppe, die Freigelassenen, entwickelte erkennbar die stärkste Dynamik, was das Geschäft und das Streben nach sozialem Aufstieg anging.

In den drei erhaltenen Friesen seines Grabmahls werden typische Szenen des antiken Backhandwerks dargestellt. Der Rang der abgebildeten Personen ist an ihrer Bekleidung zu erkennen: In Toga gekleidet sind der Chef und die Kunden. In Tunika (gegürtet oder ungegürtet) oder einfach nur in Lendenschurz (bei der Arbeit in der heißen Backstube) gekleidet sind die Arbeiter. Mehrere Arbeitsgänge in dieser Großbäckerei sind zu erkennen:

1. Umfüllen des Korns. Ein Mann füllt Korn in einen großen am Boden stehenden Trog. Ein Mann in Toga und mit einer Schreibtafel überwacht die Arbeit. 2. Abrechnung des Korns. Ein Mann in Toga (Eurysaces?) sitzt an einem Tisch, dahinter stehen drei Männer, von denen der mittlere etwas auf eine Schreibtafel notiert. 3. Mahlen des Korns. Zwei Drehmühlen werden jeweils von einem Esel getrieben. An der rechten Mühle fasst ein Mann das Mehl zusammen, an der linken Mühle treibt ein Mann mit Peitsche das Zugtier an. 4. Sieben des Mehls. Über einem Tisch halten zwei sich gegenüberstehende Männer je ein rundes Sieb. Links davon sind zwei weitere Arbeiter ebenfalls mit dem Sieben beschäftigt. Sie reichen einem Mann in Toga, der mit einem Jungen herantritt, eine Mehlprobe. 5. Teigknetmaschine. Die Maschine in Form eines Zylinders mit einer Mittelachse wird von einem Zugtier gedreht. Ein Arbeiter schöpft Teig aus

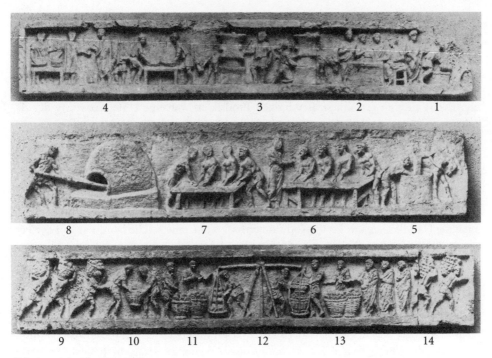

Abb. 9: siehe Text S. 146 ff.

diesem Behälter. 6. Formen des Teigs. An einem langen Tisch mit erhöhtem Rand formen vier Arbeiter den Teig und folgen aufmerksam den Anweisungen eines Mannes in Toga. 7. Noch einmal Teig formen. 8. Backen. Ein Mann schiebt mit einer langen Backschaufel das Brot in einen kugelförmigen Backofen. Zwischen seinen Beinen ist der Fuß eines weiteren Mannes zu sehen – der linke Rand des Frieses ist leider verloren. 9. Drei Männer tragen je einen Korb mit Broten auf den Schultern. 10. Zwei Arbeiter setzen einen Korb auf der Erde ab. 11. Hinter vollen Körben steht ein Mann mit Schreibtafel und Stift. 12. Drei Arbeiter sind an einer großen Waage beschäftigt (links die Waagschale, rechts die Brotkörbe). 13. Ein Mann in Toga und mit einer Tafel überwacht den Vorgang hinter zwei Körben, bei ihm stehen weitere Männer in Toga. 14. Zwei Arbeiter tragen gefüllte Brotkörbe fort.

Einige Details werden aus diesem Bildprogramm sehr deutlich: Dies war nun nicht mehr ein Betrieb, in dem der Hausherr mit ein bis zwei Gehilfen tätig war. Wir dürfen sicher nicht, wie die ältere Literatur, von einigen hundert, wohl aber von 20 bis 40 Beschäftigten ausgehen. Sehr deutlich erkennt man auch eine ausgeprägte und differenzierte Arbeitsteilung in diesem Betrieb von der Anlieferung des Korns bis zur Auslieferung der Brote. Fraglich muss bleiben, wohin die Arbeiter die fertigen Brote trugen, sprich, ob Eurysaces die Vermarktung seiner Produkte auch selbst übernommen hat oder ob er an einen Händler verkauft hat. Noch etwas ist auffällig in diesen Friesen: Für die schweren

Arbeiten wie das Mahlen des Korns und für das Teigkneten wurden Maschinen eingesetzt, die mit tierischer Arbeitskraft angetrieben wurden.

Solch ein Betrieb konnte seinen Besitzer durchaus vermögend machen, vermögend genug, um sich ein erstaunlich großes Grabmal in der Hauptstadt selbst setzen zu können.

Noch eine weitere sozial hochstehende Gruppe von handwerklichen Unternehmern wäre hier zu erwähnen: Bei einigen Produkten war eine Differenzierung der Arbeitsgänge unumgänglich. So waren etwa in der Textilproduktion die Herstellung von gesponnener Wolle, das Weben, das Walken, das Färben, das Schneidern separate Handwerke, die jeweils nur einen Teilschritt zum fertigen Produkt leisteten. In solch einer Fertigungskette kann es leicht zu einer Dominanz eines der Beteiligten, etwa durch die Beschaffung der jeweiligen Rohstoffe oder durch eine Dominanz bei der Vermarktung des Fertigproduktes kommen. Gelang es einem der beteiligten Handwerker, oft waren es auch die Händler, die das Fertigprodukt vermarkteten, eine solche Dominanz in der Fertigungskette zu erlangen, so waren für jene beträchtliche Gewinne möglich.

Solche Leute wie auch die Eigentümer von Großbetrieben konnten durchaus die Mittel besitzen, in Kleinstädten auch in die lokalen Eliten aufzusteigen. Und sie verheimlichten nun die Grundlage ihres Aufstieges, das Handwerk, keineswegs mehr, vielmehr trugen sie es ostentativ zur Schau. In einem Grabstein aus Arles aus dem 2. Jahrhundert n. Chr. geschah dies etwa folgendermaßen: „Den Totengeistern des Quintus Candidus Benignus, des korporierten Zimmermanns aus Arelate. Er besaß die höchste Fertigkeit im Metier, Eifer, Gelehrsamkeit und sittsames Verhalten; große Künstler/Handwerker nannten ihn stets Meister. Gelehrter als er war niemand; niemand konnte ihn übertreffen, der es verstand, Wasserorgeln zu machen und den Lauf des Wassers zu leiten. Er war immer ein angenehmer Teilnehmer beim Gastmahl und verstand es, seine Freunde zu erfreuen; was Talent und Eifer angeht, war er gelehrig, gütig, was seinen Sinn angeht. Candida Quintia ihrem süßesten Vater und Valeria Maxsimina ihrem liebsten Gatten" (CIL 12,722; ILS 7715; Drexhage [2002] S. 302 f.).

Einen weiteren Schub erhielt das Selbstbewusstsein eines Handwerkers, wenn er in einem Berufsverein organisiert war. Solche *collegia* waren genossenschaftliche Zusammenschlüsse von Menschen des gleichen Berufsstandes. So kennen wir Berufsvereine von Schmieden, Zimmerleuten, Tischlern, Bauhandwerkern, Schiffsbauern, Töpfern, Schustern, Walkern, Gerbern, Färbern, Webern, Filzdeckenherstellern, Seilmachern, Bäckern, Metzgern und noch einigen Spezialberufen. Solche *collegia* konnten, je nach der Größe der Stadtgemeinde, beachtliche Mitgliederzahlen erreichen – zum Beispiel zählte das *collegium* der Schiffsbauhandwerker in Ostia um 200 n. Chr. ca. 350 Mitglieder (CIL XIV 256). Mitglieder waren Freie und Freigelassene, teilweise auch Sklaven (mit der Zustimmung ihrer Herren). Weitgehend demokratisch organisiert, regelten die Mitglieder auf den regelmäßigen Vereinsversammlungen das Vereinsleben selbst: Gemeinsame Statuten gaben den Ordnungsrahmen, die Kasse, der Grundbesitz und das Vereinshaus wurden per Vereinsbeschluss verwaltet, die Vorstände wurden gewählt, die Tätigkeiten des Vereins, wie etwa Feste, religiöse Veranstaltungen, Begräbnisfürsorge für die verstorbenen

Mitglieder, die Geschenkeverteilung an die Mitglieder, Ehrungen und so weiter wurden beschlossen. Es gibt sogar Hinweise, dass diese Vereine teilweise auch in Bedrängnis geratenen Mitgliedern aushalfen – eine Art berufsgenossenschaftliche Versicherung also. Keine Hinweise haben wir freilich dafür, dass die Organisation des jeweiligen Berufsstandes am Ort, die Ausbildung, die Sicherung der Qualität der Produkte, die Festsetzung von Preisen und Löhnen oder der Schutz vor Konkurrenz zu den Aufgaben der Handwerkerkollegien zählten. Der Vergleich mit den mittelalterlichen Zünften und ihren klar wirtschaftlichen Funktionen verbietet sich hier. Als sicher kann hingegen gelten, dass die Zugehörigkeit zu einem Handwerkerkollegium einen gewissen sozialen Rückhalt, eine gewisse soziale Anerkennung verschaffte. In Pompeji etwa beteiligten sich Berufsvereine aktiv an den Magistratswahlen – in zahlreichen Graffiti empfehlen sie bestimmte Personen zur Wahl. Oder es übernahmen in zahlreichen Gemeinden die Zimmerleute, Holzfäller und Filzdeckenhersteller den Feuerlösch- und Sicherheitsdienst. Und schließlich konnten im Verein die Mittel für die prestigeträchtigen Inschriften und Denkmäler aufgebracht werden, die den Einzelnen unter Umständen überfordert hätten. Das in der Kaiserzeit ohnehin gewachsene Selbstbewusstsein der Handwerker wurde durch die Organisation in einem Berufsverein jedenfalls nachhaltig unterstützt.

Von Kleinhändlern haben wir verschwindend wenig ähnliche Nachrichten: Die Reliefs und Inschriften, die von Kleinhändlern zeugen, stellen in den meisten Fällen gewiss die sogenannten Produzentenhändler dar, also Handwerker, die ihre Produkte selbst in einem kleinen Ladengeschäft vermarkteten. Solch einen Produzentenhändler haben wir etwa bei dem Messerschmied und -verkäufer aus dem 1. Jahrhundert n. Chr. vor uns (siehe Abb. 10, S. 150).

Die erste Seite des Grabaltars stellt eine Werkstattszene dar, die zweite eine Verkaufsszene. Der Schmied und sein Freigelassener bieten in einem kleinen Regal über einer Schubladenkommode ihre Erzeugnisse an. Wie wir aus Pompeji oder Ostia wissen, waren solche kleinen Werkstätten im Erdgeschoss der großen Mietshäuser nicht selten. Vor den Werkstätten, zur Straße hin wurden die Erzeugnisse in kleinen Buden dann direkt verkauft.

Die Fernhändler waren in der ‚besseren' römischen Gesellschaft – das wissen wir etwa von Cicero (off. 1,42) – ohnehin von dem Verdikt, lediglich betrügerische Krämer zu sein, befreit. Sie stellten sich in Inschriften und Reliefs auch durchaus selbstbewusst dar und stolz verwiesen sie auf ihre soziale Stellung in den Gemeinden. Zunächst einmal waren die *negotiatores*, die mit Wein, Öl und *garum* handelten, oder die *mercatores frumentarii*, die Getreidehändler, sehr wohlhabende und einflussreiche Leute, sie gehörten der städtischen Oberschicht an und hatten wichtige Ämter in der Gemeinde und in ihren Vereinen inne. Doch auch beim Handel mit anderen Materialien konnte man es zu beachtlichem Wohlstand bringen. So kennen wir etwa aus Puteoli den Cn. Haius Doryphoros, der als Freigelassener sich dem Pupurhandel zugewandt hatte und dabei Reichtümer ansammeln konnte. Immerhin schaffte er es in die für Freigelassene höchste soziale Klasse, er war *sevir augustalis*, einer seiner Abkömmlinge stieg später sogar in die

Abb. 10: siehe Text S. 149

lokale Elite auf, er wurde Mitglied des Rats in Puteoli (vgl. Pleket [1990] S. 130). In Augsburg schaffte es ein Freigelassener namens Ti. Claudius Euphrates als Gewand- und Leinenhändler ebenfalls bis zum *sevir augustalis* aufzusteigen – zweifellos ein Beleg für beachtlichen Reichtum (vgl. Pleket [1990] S. 130). Es sei auch nochmals an die spätantike Handelsgeographie, die *Expositio totius mundi et gentium* erinnert, die etwa erwähnt, dass die syrischen Städte im östlichen Mittelmeer „Tuche in die ganze Welt exportieren" und „in jeder Hinsicht reiche Männer" haben sollen. Tatsächlich war in Hierapolis-Laodikeia ein *purpurarius* – ein Pupurhändler – Mitglied der städtischen Ratsversammlung, der gesellschaftlichen Elite also (vgl. Pleket [1990] S. 129). Die wenigen Beispiele aus der Tuchhandelsbranche sollen genügen, um zu zeigen, dass Fernhändler, wenn sie auch vielleicht nicht immer so vermögend waren, um in die lokalen Eliten aufzusteigen, so doch sozial deutlich höher rangierten als etwa die kleinen Handwerker und die lokalen Wiederverkäufer.

Um schließlich noch einen solchen Handelsmann selbst zu Wort kommen zu lassen – in Petronius' Satire beschreibt der Freigelassene Trimalchio die Anfänge seines immensen Reichtums folgendermaßen: „Ich habe zu Handelsgeschäften Lust bekommen. Um euch nicht lange aufzuhalten: fünf Schiffe habe ich gebaut, Wein geladen – und damals wog er Gold auf –, nach Rom geschickt. Es war, als hätte ich's bestellt: alle

Selbstdarstellung römischer Handwerker und Händler   151

Abb. 11:   Fußbodenmosaik vor dem Büro der Navicularii Karthaginenses (Händler oder Schiffseigner aus Karthago) am Forum der Corporationen in Ostia. Dargestellt sind zwei Handelsschiffe, die vermutlich Getreide aus Nordafrika nach Ostia/Rom brachten.

Schiffe sind gekentert, Tatsache, kein Theater. An einem Tag hat Neptun dreißig Millionen geschluckt. Denkt ihr, ich hätte schlapp gemacht? Weiß Gott, mir ist dieser Schaden egal gewesen, so wie gar nicht geschehen. Ich habe andere machen lassen, größer und besser und einträglicher, so daß keiner da war, der mich nicht einen Leistungsmenschen nannte. Ihr wißt, ein großes Schiff kann Großes leisten. Ich habe wieder Wein geladen, Speck, Bohnen, Parfüm, Sklavenware. An diesem Punkt hat Fortunata [Trimalchios Gattin] ein gutes Werk getan; nämlich ihren ganzen Schmuck, die ganze Garderobe hat sie verkauft und mir hundert Goldstücke in die Hand gedrückt. Das war die Hefe für mein Vermögen. Schnell kommt, was der Himmel will. Mit einer einzigen Fahrt habe ich zehn Millionen zusammengehamstert. Sofort habe ich alle Grundstücke eingelöst, die meinem früheren Herrn gehört hatten. Ich baue ein Haus, kaufe Knechte ein, Packtiere; was ich anfaßte, setzte alles an wie eine Wabe. Nachdem ich so weit war, daß ich mehr hatte als meine ganze Gemeinde hat – Strich darunter!" (Petronius 76). Bei aller satirischer Überspitzung wird hier doch das Selbstverständnis eines Händlers deutlich, der zielstrebig und ohne verschämte Zurückhaltung den Gewinn sucht – eine Haltung, die offenbar weit verbreitet war, finden wir doch auch in Pompeji Graffiti mit den Aufschriften *salve lucrum* (es lebe der Gewinn) oder *lucrum gaudium* (Gewinn macht Freude).

Auch die Händler organisierten sich in Korporationen. So können aus den erhaltenen Fußbodenmosaiken am Forum der Corporationen in Ostia Zusammenschlüsse der Händler aus Karthago, Sabratha und noch weiteren nordafrikanischen Städten, aus Sardinien, Korsika und Südgallien identifiziert werden.

Diese Zusammenschlüsse von Händlern unterhielten in Ostia Kontore, um ihre ständige Präsenz an diesem überaus wichtigen Handelsort sicherzustellen. Es gab aber auch in Rom ein Kollegium der Händler (vermutlich mit Olivenöl) aus dem spanischen Málaga, in Málaga firmierte ein Verein der syrischen Händler (vermutlich mit Textilien) und in Mailand, Lyon, Köln, Budapest, Augst und Avenches lagen Kontore des *corpus negotiatorum cisalpinorum et transalpinorum* (vgl. Pleket [1990] S. 66, 132).

Diese Korporationen der Händler scheinen nun – anders als die Handwerkerkollegien – deutlich klarere wirtschaftliche Funktionen gehabt zu haben. So konnten etwa die fünf Kollegien der *navicularii* aus Arles um 200 n. Chr. dem für die Getreideversorgung zuständigen Präfekten in Rom drohen, sie würden die Getreidelieferungen nach Rom einstellen, wenn Unregelmäßigkeiten bei der staatlichen Bezahlung ihrer Leistungen nicht geklärt werden (CIL 3,14165, ILS 6987). Aus Tebtynis, einem Ort im ägyptischen Gau Arsinoites, ist ein Kollegium der Salzhändler bekannt, das als Korporation offenbar die Aufgabe hatte, Verkaufsbezirke, Preise, Höchstmengen und (Mindest-) Qualitäten festzusetzen (P. Mich. 5/245). Zumindest in diesen beiden Händlerkollegien traten neben die Geselligkeit und das Bedürfnis, im Verein ein höheres soziales Prestige zu genießen, ganz eindeutig die ökonomische Organisation und Kontrolle des Handels.

Die Kaiser und die Lebensmittelversorgung der Stadt Rom

Wollen wir untersuchen, wann, weshalb und in welcher Form der römische Staat oder die Kaiser in den Wirtschaftsprozess eingegriffen haben, so bietet sich die Nahrungsmittelversorgung der Hauptstadt als Exempel an. Einerseits haben wir zu diesem Thema verhältnismäßig viele Informationen aus den Quellen, andererseits sind, wenn es um die Versorgung Roms ging, die weitreichendsten Eingriffe in die Wirtschaft gemacht worden. Freilich darf man dabei nicht aus dem Auge verlieren, dass die staatliche Steuerung der hauptstädtischen Versorgung ein außergewöhnlicher Sonderfall war – der uns aber zeigen kann, welche wirtschaftspolitischen Maßnahmen prinzipiell denkbar waren.

Die Sorge für die Nahrungsmittelversorgung der Hauptstadt war seit Augustus (genau seit 22 v. Chr.) ein kaiserliches Amt. Im Jahre 6 n. Chr., Augustus hatte gerade die Steuerlast erhöht, kam es in Rom zu einer Hungersnot und zu diversen Feuersbrünsten. Cassius Dio berichtet dazu: „Die Massen aber, durch die Hungersnot, die Steuer und die Brandschäden schwer getroffen, zeigten sich sehr erregt und erörterten nicht nur in aller Öffentlichkeit zahlreiche Putschpläne, sondern hefteten auch bei Nacht Anschläge [...] an" (Cassius Dio 55,27).

Angesichts dieser revolutionären Stimmung musste Kaiser Augustus schnell etwas unternehmen: „Infolgedessen wurden die Gladiatoren und die zum Verkauf stehenden Sklaven einhundert Meilen weit von Rom entfernt. Außerdem entließen Augustus und die übrigen Römer den größeren Teil ihres Gefolges, es wurden Gerichtsferien angesetzt und die Senatoren erhielten die Erlaubnis, die Stadt zu verlassen und sich ein beliebiges Ziel zu wählen [...] Weiterhin wurden Exkonsuln dazu bestellt, die Aufsicht über die Getreide- und Brotversorgung zu übernehmen, so daß nur eine bestimmte Menge an jede Einzelperson abgegeben werden konnte. Augustus fügte zwar den Empfängern von Getreidespenden die gleiche Menge noch kostenlos hinzu, als sie an sich schon empfingen, doch als auch diese Maßnahme für ihre Bedürfnisse nicht ausreichte, verbot er sogar die öffentliche Bewirtung an seinem Geburtstag" (Cassius Dio 55,26, vgl. auch Sueton, Augustus 42).

Augustus reagierte auf die Krise also zunächst mit diversen Maßnahmen, um die Nachfrage nach Lebensmitteln zu reduzieren. Sodann wurde versucht, mit Rationierung des vorhandenen Getreides Hamsterkäufe und Spekulationen zu verhindern. Und schließlich sollten Getreidesonderspenden des Kaisers die Verknappung lindern.

Ein zweites Beispiel. Tacitus berichtet über eine Maßnahme des Kaisers Tiberius (regierte 14–37 n. Chr.): „Da sich das Volk über eine drückende Teuerung beschwerte, setzte er für das Getreide einen Höchstpreis fest, den der Käufer zu bezahlen habe: zwei Sesterzen werde er den Händlern zusätzlich für jeden Modius bezahlen" (Tacitus, ann. 2,87). Leider ist in diesem Falle der festgesetzte Höchstpreis nicht genannt. In einem Höchstpreisedikt des Kaisers Nero wird der Preis aber mit 3 Sesterzen pro *modius* angegeben. Wenn bei akuten Verknappungen der Getreidepreis auf dem römischen Markt aber auf 20 Sesterzen pro *modius* oder noch höher klettern konnte und der staatlich festgelegte Höchstpreis bei 3 Sesterzen pro *modius* lag, so sind die 2 Sesterzen Entschädigung durch Tiberius für die Kornhändler ein eher lächerlicher Betrag gewesen.

Solche Höchstpreisfestsetzungen hatten aber ihre Tücken: Wurden sie nicht mit einer strengen Rationierung kombiniert – und davon ist in den genannten Fällen keine Rede –, so führten sie zu Hamsterkäufen bei Privatleuten und zu massenhaften Einkäufen der Kornspekulanten – die Gelegenheit, derart günstiges Korn zu erwerben, bot sich selten. Die nicht gerade häufige Anwendung von Höchstpreisfestsetzungen lässt sich wahrscheinlich auf die Erfahrung zurückführen, dass sie in der Regel die Verknappung nur verschärften und nicht linderten.

Herrschte Not und entstanden aus dieser Not politische Gefahren, dann reagierten die Kaiser rigoros dirigistisch: Die Nachfrage wurde reduziert, als Antispekulationsmaßnahmen wurden Rationierungen durchgeführt, Höchstpreisfestsetzungen sollten die Teuerung bremsen, und als letzten Ausweg gab es dann noch die kaiserliche *liberalitas*, die außerordentliche Spende aus dem Vermögen des Princeps. Solche Notmaßnahmen blieben aber immer zeitlich befristet. In diesem Zusammenhang sei auch an die oben schon angesprochenen währungspolitischen Maßnahmen der Kaiser erinnert.

Und wie war das in den Städten, Gemeinden und Dörfern des Reiches? Zwar griffen einzelne Kaiser in Notsituationen auch außerhalb Roms ein, aber zumeist nur in den wichtigsten Städten und Regionen. Kaiser Hadrian versuchte etwa Preissteigerungen auf dem athenischen Fischmarkt durch Privilegien für Fischer, die auf dem heimischen Markt verkauften, und durch Strafen auf überhöhte Gewinne beim (Fisch-)Zwischenhandel zu bremsen (IG 2/3,1103). Derselbe Kaiser stundete beziehungsweise erließ auch einem Teil der ägyptischen Bauern die Abgaben, als ihre Lage nach zwei dürftigen Ernten prekär wurde (P. Heid. 7/396). Es gibt auch Beispiele aus kleineren Gemeinden: So beauftragte der Statthalter Kaiser Domitians, Antistius Rusticus, als in der Stadt Antiochia in Pisidien in den 90er Jahren des 1. Jahrhunderts n. Chr. eine akute Hungersnot herrschte, den dortigen Rat und den Bürgermeister, bis zur neuen Ernte Rationierungen durchzuführen und einen von ihm festgesetzten Höchstpreis durchzusetzen (JRS 14,179 ff.; AE 1925,126). Doch in der Regel griffen die Kaiser außerhalb Roms nur in Ausnahmefällen ein und dann zumeist nur durch Spenden, um eine akute Not zu lindern. Die Bewältigung von Hungerkrisen oder Katastrophen war normalerweise die Sache der lokalen Märkte – und bei Marktversagen waren die lokalen Eliten gefragt. Der Staat, die Kaiser hielten sich aus dem Geschehen in den vielen lokalen Märkten jedenfalls weitgehend heraus.

Aus akuten Krisen konnten durchaus aber auch längerfristige wirtschaftspolitische Aktivitäten entstehen. Über Kaiser Claudius (regierte 41–54 n. Chr.) wird bei Tacitus folgende Begebenheit berichtet: „Viele Wunderzeichen erschienen in diesem Jahr. Unglücksvögel ließen sich auf dem Kapitol nieder, durch häufige Erdstöße stürzten Häuser ein, und während die Angst vor weiterem Unheil um sich griff, wurden von der Volksmenge in ihrer Aufregung alle schwächlichen Leute niedergetreten; auch Getreidemangel und die daraus entstandene Hungersnot wurden als Vorzeichen angesehen. Und nicht nur im geheimen klagte man darüber; als vielmehr Claudius Recht sprach, umringten sie ihn mit erregtem Geschrei, trieben ihn in die äußerste Ecke des Forums und setzten ihm mit Gewalt zu, bis er mit einer Schar Soldaten die erbitterte Menge durchbrach. Daß nur für 15 Tage, nicht mehr, Lebensmittel für die Stadt vorhanden waren, stand fest, und nur durch die große Güte der Götter und die Milde des Winters konnte der äußersten Not abgeholfen werden" (Tacitus, ann. 12,43).

Dieser Vorfall im Jahre 51 n. Chr. war durchaus ernst zu nehmen. Sueton bestätigt: „Als aber wegen der anhaltenden schlechten Ernten die Getreidevorräte recht knapp wurden, wurde er einmal von einem Volkshaufen mitten auf dem Forum am Weitergehen gehindert und mit Schimpfworten und gleichzeitig mit Brocken von Brot so massiv angegriffen, daß er nur mit knapper Not und nur durch eine Hintertür in den Palast entkommen konnte" (Sueton, Claudius 18). Die Versorgungslage war tatsächlich ernst. Mitten im Winter waren Nahrungsmittel für nicht mehr als zwei Wochen in den Speichern. Da im Winter normalerweise nicht gesegelt wurde, war auch kein schneller Nachschub aus den Getreideprovinzen zu erwarten. Man braucht nicht viel Phantasie, um die Entwicklungen am Markt zu rekonstruieren: Die sich abzeichnende Verknappung hatte Hamsterkäufe und vermutlich spekulatives Zurückhalten von vorhandenem Getreide zur Folge,

Abb. 12: Ein Sesterz des Nero, der den von Claudius begonnenen neuen Hafen in Ostia abbildet. Die Hafenmolen umschließen den Hafen, am Eingang steht ein Leuchtturm, unten sind der personifizierte Tiber und im Hafenbecken verschiedene Schiffe abgebildet. Die Umschrift: *POR(tus) OST(iensis) S(enatus) C(onsulto) AUGUSTI.*

die Verknappung verschärfte sich und die Getreidepreise schnellten in die Höhe. Sueton erläutert, wie diese Getreideverknappung hat behoben werden können: „Da sann er [Claudius] auf Mittel und Wege, auch für die Dauer des Winters Lebensmittel in die Stadt zu schaffen. Denn er stellte auch den Kaufleuten lukrativen Gewinn in Aussicht, da garantiert war, daß er für den Verlust aufkam, sollten einem die Stürme übel mitgespielt haben, und denjenigen, die Schiffe für den Handel bauen ließen, stellte er große Privilegien entsprechend der Rechtsstellung eines jeden in Aussicht" (Sueton, Claudius 18). Hier wurden also ganz andere Strategien zur Krisenbewältigung angewandt: staatliche Verlustausfallgarantien und finanzielle Anreize für die Getreidehändler. Ihrem Wesen nach waren das nun Maßnahmen, die eine Dauerhaftigkeit erforderten – und tatsächlich wurde dieses System, die Getreidehändler durch Anreize an die staatliche Getreideversorgung zu binden, von den Nachfolgern des Claudius zielstrebig und dauerhaft ausgebaut.

Noch von einer weiteren längerfristigen wirtschaftspolitischen Strategie wird im Zusammenhang mit den Vorfällen im Jahre 51 n. Chr. berichtet: „Abgesehen von den Ladungen, die in der Sommerszeit hereinkamen und in den Speichern gelagert wurden, hatte die Stadt den Winter über keine Versorgung; wagte nämlich einer in diesen Monaten eine Ausfahrt, konnte er sicher mit einem Unfall rechnen. Angesichts dieser Schwierigkeiten entschloß sich nun der Kaiser [Claudius] zum Bau eines Hafens" (Cassius Dio 60,11). In diesem Fall wird ein direkter Zusammenhang zwischen einer staatlichen Infrastrukturmaßnahme und einer wirtschaftspolitischen Zielsetzung hergestellt: Um eine reibungslose Versorgung der Hauptstadt zu gewährleisten, wurde in Ostia ein leistungsfähiger Hafen gebaut.

Und wenn solche wirtschaftspolitische Zielsetzungen einen Grund für den Bau von Häfen, Speicheranlagen und wahrscheinlich auch Leuchttürmen darstellten, warum sollten dann die kaiserlichen Bemühungen um den Straßenbau oder der militärische Schutz vor Räuberei nicht ebenfalls einen wirtschaftspolitischen Hintergrund gehabt haben?

Hinzu trat die staatliche Organisation und Kontrolle der Lebensmittelversorgung. Wie schon in der Republik, so blieb auch in der Kaiserzeit der Transport von Lebensmitteln eine private Aufgabe, das heißt, private Unternehmer, eventuell auch Korporationen von solchen Transportunternehmern übernahmen den staatlichen Auftrag, ägyptisches, nordafrikanisches Getreide, spanisches Öl oder gallischen Wein nach Italien und Rom zu transportieren. Um die kontinuierliche Versorgung der Hauptstadt zu gewährleisten, benötigten die Kaiser dann allerdings einen Verwaltungsapparat, der diese privatwirtschaftlichen Lebensmitteltransporte organisierte. Zwischen 8 und 14 n. Chr. schuf Augustus das Amt des *praefectus annonae*. Die Aufgaben des *praefectus annonae* betrafen vor allem die Kontrolle und die Organisation der Beschaffung, des Transports, der Lagerung und der Weiterverarbeitung der Nahrungsmittel. Mit ihm schlossen die Transportunternehmer ihre Verträge ab, von ihm wurden sie kontrolliert. In den *corpora* der Schiffseigner und Transportunternehmer gab es als Vorstände die *curatores*, die sich um die Gestellung von Schiffen kümmerten und koordinierten, wer aus dem Verein welche Fahrten in öffentlichem Auftrag unternahm. Diese *curatores* waren dem *praefectus annonae* unterstellt. Der Verwaltungsapparat des *praefectus annonae* überprüfte die im Hafen angekommenen Lebensmittel, insbesondere die Mengen und den unbeschadeten Transport in die Speicher, er organisierte die Weiterverarbeitung der Lebensmittel, kontrollierte die Gewichte, die Güte und die Preise der Brote, ahndete Unterschlagungen und so weiter. Deshalb unterstanden das Hafenpersonal, die Lagerarbeiter, die *pistores* und die anderen Berufe, die mit der Weiterverarbeitung und Distribution der Lebensmittel in der Stadt befasst waren, dem Befehl des *praefectus annonae*. Für seine vielfältigen Aufgaben benötigte der Annonapräfekt natürlich auch umfangreiches Personal – insgesamt unterstand ihm eine nicht unbedeutende Verwaltungseinheit. Unterstützt wurde der Annonapräfekt durch eine ganze Reihe von Kollegen: Da gab es etwa den *praefectus Aegypti*, der das ägyptische Getreide akquirierte. In anderen Provinzen waren die jeweiligen Statthalter für die Akquisition der Lebensmittel zuständig. Daneben gab es seit Augustus auch noch eine spezielle kaiserliche Verwaltung für die Verteilung des kostenlosen Getreides an bedürftige Bürger.

Wo dies geboten war, wurde also ein kontrollierender und organisierender staatlicher Ordnungsrahmen für die grundsätzlich noch freie unternehmerische Tätigkeit geschaffen. Darf man dann bei dem Bemühen der Kaiser um eine stabile Währung im Reich, um reichsweit einheitliche Maße und Gewichte, um eine Rechtssicherheit im ganzen Reich, um die Weiterentwicklung des Handelsrechts, um eine ausgewogene Zollpolitik oder um Einrichtung neuer zentraler und lokaler Märkte (vgl. etwa Freis [1984], Nr. 125; Drexhage [2002], M 50) nicht ebenfalls – wenigsten zum Teil – wirtschaftspolitische Motive vermuten?

Und schließlich die eindeutig dirigistischen Maßnahmen: Seit Domitian versuchten die Kaiser etwa durch gezielte wirtschaftspolitische Maßnahmen die italische Landwirtschaft zu stützen. Einige dieser kaiserlichen Maßnahmen sollen hier erwähnt werden: Kaiser Domitian (regierte 81–96 n. Chr.) hatte in protektionistischer Absicht verboten, in Italien neue Weinberge anzulegen, und befohlen, die Hälfte der Wingerte in den Provinzen zu zerstören (Sueton, Domitian 7,2). Wird diese Maßnahme häufig als – spontan einleuchtender – Hinweis darauf gedeutet, dass Getreidemangel und Weinüberschuss geherrscht habe, so kann man daraus auch einen zunehmenden Konkurrenzdruck von überseeischem Wein auf die italischen Weinproduzenten ablesen. Die zweite Maßnahme macht den Niedergang der italischen Landwirtschaft noch deutlicher. Kaiser Traian (regierte 98–117 n. Chr.) hatte bestimmt, dass diejenigen, die in den Senat eintraten, ein Drittel ihres Grundbesitzes in Italien anlegen mussten. Dagegen gab es Widerstände – Kaiser Marcus Aurelius (regierte 161–180 n. Chr.) jedenfalls reduzierte den Anteil auf ein Viertel (Plinius, epist. 6,19,4; SHA, vita Marci 11,8). Und noch ein weiteres Beispiel, diesmal aus einer Provinz: Wenn wir der Ansicht einiger Althistoriker folgen, dass die oben schon angesprochene *Lex Manciana* eine kaiserliche Ordnung Traians war, die die Pachtverhältnisse in Afrika ganz allgemein regelte, dann müssen wir darin einen Versuch dieses Kaisers – und übrigens auch seiner Nachfolger – sehen, die Interessen der Kolonen zu verteidigen und zugleich die Produktivität in den afrikanischen Domänen zu fördern. Und der im Jahre 193 n. Chr. nur wenige Monate regierende Kaiser Pertinax sah sich offenbar veranlasst, den Rückgang der landwirtschaftlich bebauten Flächen im Reich aufzuhalten; er hatte nämlich verfügt, dass jeder Reichsbewohner brachliegendes Land, sei es Privatland oder *ager publicus*, unter den Pflug nehmen dürfe, auf dieses Land 10 Jahre Steuerfreiheit erhalte und schließlich das von ihm bebaute Land in Erbpacht erhalten solle (Herodian 2,4,6).

Dennoch erscheinen solche größeren und längerfristig angelegten Eingriffe in die ansonsten freie Wirtschaft ziemlich selten in den Quellen. Überdies sind sie hinsichtlich ihrer Zielrichtung, ihres tatsächlichen Umfangs und ihrer Wirksamkeit reichlich unklar. Man darf, ohne die Quellen zu missachten, sicher sagen, dass solche langfristige dirigistische Eingriffe der Kaiser in den Wirtschaftsprozess eher die Ausnahmen von der Regel waren.

Anders lag der Fall bei den kaiserlichen Domänen und bei staatlichen Monopolen. Es sei daran erinnert, dass Ägypten quasi als kaiserliche Domäne galt und dass dort die von den hellenistischen Herrschern übernommene Staatswirtschaft ungebrochen fortgeführt wurde. Auch die ausgedehnten kaiserlichen Domänen, etwa in Afrika, wurden straff organisiert und kontrolliert. Wenn, wie dort, die kaiserlichen Domänen ganze Regionen umfassten, so bekommen die streng genommen lediglich betriebswirtschaftlichen Regulierungen auf den Domänen doch einen fast wirtschaftspolitischen Charakter. Auch die staatlichen Monopole, etwa die Edelmetallminen im Reich, waren in ähnlicher Weise straff organisiert und direkt der kaiserlichen Verwaltung unterstellt. Es gab also durchaus auch bedeutende Bereiche des Wirtschaftslebens, die nicht frei waren, sondern der unmittelbaren Einflussnahme durch staatliche Stellen unterlagen.

Obwohl nun also sowohl kurzfristig als auch teilweise längerfristig die Instrumente zu massiven Eingriffen in das Wirtschaftsleben bereitstanden, nutzten die römischen Kaiser diese Mittel – außerhalb der staatlich kontrollierten Bereiche – in der Regel nur befristet in Notzeiten und fast nur in der Hauptstadt, selten längerfristig und wenn, dann mit wenig Erfolg. Was von kaiserlicher Seite allerdings mit großem Nachdruck betrieben wurde, war die Entwicklung günstiger Rahmenbedingungen für die Wirtschaft (Währung, Infrastruktur, Maße und Gewichte, Recht und so weiter) und die Bereitstellung staatlicher Anreize für Wirtschaftleute.

Heutzutage würde man ein solches wirtschaftspolitisches Verhalten als wirtschaftsliberal bezeichnen wollen: eine freie Selbstregulierung durch die Märkte, der Staat greift – jedenfalls solange die Märkte ihre Aufgabe erfüllen – möglichst gar nicht, und wenn, dann nur marktkonform regulierend ein. Nur im Falle eines Marktversagens kann und muss der Staat direkt regulierend auf die Märkte wirken. Unter normalen Umständen beschränken sich die Aufgaben des Staats daher lediglich auf die Gestaltung der Rahmenbedingungen für den Wirtschaftsprozess, also hinsichtlich des Rechts, der Währung, der Kommunikation und der Infrastruktur. Überdies kann er durch partielle Umverteilungen aus Steuermitteln und durch Schaffung von finanziellen Anreizen wirtschaftsfördernd und sozialpolitisch wirken.

Nun sollte man den Vergleich nicht überstrapazieren. Die heutigen liberalen Wirtschaftspolitiker stützen sich auf ökonomische Theorien und leiten daraus die wirtschaftspolitische Praxis ab. Die römischen Kaiser hatten keine solche Theorie zur Verfügung, sondern bestenfalls einen Erfahrungsschatz. Und selbst diesen mussten sie sich im Trial-and-error-Verfahren erarbeiten. Oftmals erscheinen die einzelnen Maßnahmen der Kaiser merkwürdig naiv und tastend – erfolgreiche Methoden der Steuerung wurden dann aber häufiger angewendet. Auch ist nicht immer klar erkennbar, ob nun rein wirtschaftspolitische Ziele verfolgt wurden, oder ob andere politische Zielsetzungen im Vordergrund standen und die auf die Wirtschaft wirkenden Maßnahmen lediglich daraus resultierten. Es spielt jedoch überhaupt keine Rolle, ob diese staatlichen Eingriffe in den Wirtschaftsprozess einen primären Charakter hatten oder eher sekundär waren. Sehr wahrscheinlich war bei der Kolonisation und der Veteranenversorgung die kaiserliche Fürsorgepflicht das ausschlaggebende Motiv, die Sicherung der Reichsgrenzen bei der Urbanisierung und Entwicklung der Randgebiete im Reich, militärische Erwägungen mögen auch beim Straßenbau oft im Vordergrund gestanden haben oder kaiserliches Prestigedenken bei der unzählige Lohnarbeiter beschäftigenden Baupolitik (vgl. Sueton, Vespasian 18). All dies mag vielleicht auch zeigen, dass Wirtschaftspolitik im Denken der antiken Eliten keinen so hohen Stellenwert besaß, nicht aber, dass es sie überhaupt nicht gegeben hat. Auch als Unterfunktion anderer Politikfelder war sie ihrem Wesen nach nichts anderes als eben Wirtschaftspolitik.

Ein Gedanke scheint jedoch bei den Planungen der Kaiser immer präsent gewesen zu sein – das Subsidiaritätsprinzip: Wenn die untergeordneten Einheiten sich selbst regulieren konnten, dann gab es keinen Grund dafür, dass die Kaiser regulierend eingriffen. Auf die Wirtschaftspolitik übertragen heißt dies: Wenn das Römische Reich – wie oben schon ausgeführt – in wirtschaftlicher Hinsicht ein locker verknüpftes Netz von lokalen Märkten war, die sich zudem noch fast vollständig selbst regulierten – welchen Grund sollten die Kaiser gehabt haben, in diese sich selbst regulierenden Systeme dirigistisch einzugreifen? Erst bei Marktversagen und wenn dieses Marktversagen politisch gefährlich wurde – etwa hinsichtlich der Lebensmittelversorgung Roms, bei Hungerkrisen oder Katastrophen in anderen Städten oder wenn die Wirtschaft ganzer Großregionen stagnierte –, dann erst griff man mit regulierenden Maßnahmen ein. Dies zumeist aber auch nur kurzfristig, eben nur so lange, bis der betreffende Markt sich wieder selbst regulieren konnte. So gesehen ist die in der Forschung oft bemängelte wirtschaftspolitische Abstinenz der römischen Kaiser eher ein – auch ökonomisch – höchst einsichtsvolles Verhalten gewesen.

Das wirtschaftliche Denken beim Hausvater Plinius dem Jüngeren

Wie in allen wirtschaftlichen Systemen werden Optimierungen erst dann angegangen, wenn es dafür Anreize gibt. Die Anreize für Optimierungen sind nun aber wieder von den Betriebsformen, von staatlichen Rahmenbedingungen und von den natürlichen Gegebenheiten abhängig. So waren etwa in Regionen mit guten Böden und idealem Klima (etwa Sizilien oder Ägypten) die Neigung und die Möglichkeiten zu Optimierungen in der Landwirtschaft eher gegeben als in kargen und trockenen Gebieten (etwa Zentralgriechenland). Zu den staatlichen Rahmenbedingungen wären etwa die Steuern zu zählen. Diese lagen mit 10 bis 20 % in den ersten zwei Jahrhunderten n. Chr. offenbar nicht in unerträglicher Höhe. Im Gegenteil – sie mögen zu Optimierungen in der landwirtschaftlichen Produktion angeregt haben. Die Landwirte mussten nolens volens außer einer anständigen Rente für sich selbst eben auch noch die Steuer erwirtschaften und deshalb die Erträge ihrer Güter erhöhen. Überforderte die Steuerlast die Leistungskraft der Landwirte, so dass diese keine realistische Chance mehr sahen, ihren Betrieb rentabel zu führen, dann allerdings wirkte die Besteuerung als krasse Optimierungsbremse. Ab der zweiten Hälfte des 2. Jahrhunderts kippte die Anreizfunktion der Besteuerung in ihr Gegenteil. Ebenfalls zu den staatlichen Anreizen könnte man die immense Nachfrage nach Lebensmitteln an den Militärstandorten oder bei neu gegründeten Städten rechnen, dies ist oben schon angesprochen worden.

Und schließlich stecken in den Betriebsgrößen und -formen der Landwirtschaft Anreize oder Bremsen für die Intensivierung. Der Überschaubarkeit halber seien die in der römischen Kaiserzeit verbreiteten Typen von landwirtschaftlichen Betrieben einmal graphisch dargestellt:

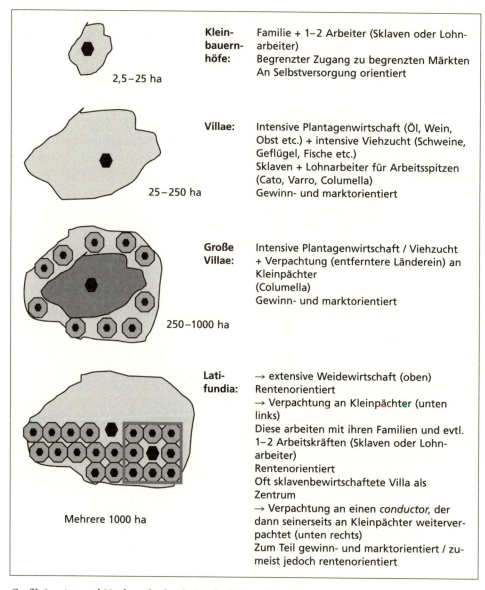

Grafik 3: Art und Umfang der landwirtschaftlichen Betriebe: Arbeitskräfte – Anreize zu Intensivierungen

Der Kleinbauer, der gerade mal seine Familie auf seinem schmalen Grund und Boden ernährte, hatte nicht die Mittel, nicht die Flächen und deshalb auch keine Motivation, seine Produktion zu intensivieren. Die intensiv bewirtschafteten Mittel- und Großbetriebe nutzten jedoch alle Möglichkeiten zu Optimierungen. Die Besitzer von Latifundien hingegen nutzten ihre Flächen vielfach in extensiver Weidewirtschaft, wenn sie diese nicht verpachteten. Die Landnutzung großer Flächen durch Pächter wurde aus den hellenistischen Reichen übernommen. Pächter auf Latifundien tauchen schon im ersten Jahrhundert v. Chr. im Römischen Reich auf. Voll entfalten sollte sich der Kolonat, die Verpachtung landwirtschaftlicher Flächen, aber erst in den ersten beiden Jahrhunderten n. Chr. Hier gab es nun mehrere Möglichkeiten. Teilweise wurde auf einem zentralen Herrenhof eine intensive Landwirtschaft, zumeist mit Sklaven, betrieben, während die entfernteren Lagen des Besitzes an Kleinpächter vergeben wurden.

Die ausgedehnteren Latifundien, dazu oft noch in Streubesitz, konnten nicht mehr in der Villenwirtschaft betrieben werden, jedenfalls nicht vorwiegend. Die Organisation eines so großen Betriebes hätte wohl zu hohen Aufwand an Kosten, Verwaltung und Kontrolle verursacht. Es scheint so, als ob bei übergroßem Besitz keine Rentabilitätsvorteile mehr durch eine intensive Eigenbewirtschaftung möglich waren. Deshalb wurde die landwirtschaftliche Fläche parzelliert und an Kleinbauern verpachtet. Diese hatten dem Verpächter dafür eine Pachtgebühr, in Nordafrika war dies ein Drittel und in Ägypten zwei Drittel bis drei Viertel der Ernte, abzuliefern und noch gelegentliche Dienste zu erledigen. Eine andere Variante war, größere Landstücke an einen Großpächter (*conductor*) zu verpachten, der dann seinerseits an Kleinbauern weiterverpachtete. Aus Nordafrika ist ein *conductor* bekannt, der ca. 1600 ha Land, den *fundus Aufidianus*, pachtete und von einer intensiv bewirtschafteten Hauptvilla aus seine zahlreichen Unterpächter zu Intensivierungen durch Spezialisierung auf Wein, Öl und Obst drängte und die Zahlung der Steuern und Pachtabgaben streng überwachte. Ebenfalls aus Nordafrika sind eine *Lex Manciana* und diverse spätere Modifikationen dieser Ordnung bekannt. Die dort getroffenen Regelungen hatten keinen Gesetzescharakter, wie es der Name nahelegen würde, sondern waren eine Vereinbarung zwischen einem privaten Grundeigentümer und seinen Pächtern. Gleichwohl hatten sich die Vereinbarungen offenbar so gut bewährt, dass sie von anderen Grundeigentümern beziehungsweise Großpächtern dort übernommen wurden. In diesen Pachtordnungen wurde zunächst den Pächtern eine gewisse Rechtssicherheit verschafft, indem die Pachtabgaben auf ein Drittel festgelegt wurden, außerdem wurde ein gewisser Schutz in Streitfällen zugesichert. Andererseits ist dort aber auch von Anreizen für die Pächter die Rede. So wird etwa von Pachtzinsnachlässen bei Intensivierungsversuchen gesprochen. Solche, an Produktivitätssteigerungen orientierte Verpächter dürften aber eher die Ausnahme gewesen sein. Vielen mag es einfacher erschienen sein, die Pachtabgaben und andere Leistungen der Pächter ständig zu erhöhen und wenig an Investitionen in die Ländereien zu denken. Jedenfalls wurden die Kaiser, speziell in Nordafrika, ständig um Hilfe gegen erpresserische Verpächter angerufen (etwa CIL 8, 10570, CIL 8, Suppl. 14464, CIL 8, 14428).

Hatten also die Großgrundbesitzer, ebenso wie die *conductores*, in der Regel wenig Interesse an Intensivierungen, was war dann mit den Pächtern? Für sie galt zunächst einmal das, was oben schon über die Kleinbauern gesagt wurde: Zumeist war zu wenig Besitz und Kapital vorhanden, überdies gingen beträchtliche Anteile des Ertrags als Pachtzins an den Verpächter und befand man sich außerhalb Italiens, dann kam da ja auch

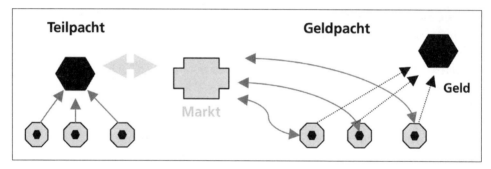

Grafik 4: Teilpacht und Geldpacht

noch die Steuer hinzu. 33 % Pachtzins und 10 % Steuer summierten sich dann auf ca. 40 % auf, die vom Ertrag abzugeben waren. Schließlich war noch die Pachtvereinbarung ausschlaggebend dafür, ob Pächter Anreize zu Intensivierungen hatten oder nicht. Ursprünglich war die kurzfristige Pacht üblich, in der Regel wurde auf die Dauer eines Lustrums, das sind 5 Jahre, verpachtet. Ohne die Gewissheit, dass Intensivierungsbemühungen langfristig auch genossen werden können, wird wohl kaum ein vernünftiger Mensch Investitionen tätigen. Diesem Gedanken verschlossen sich schließlich auch die Verpächter nicht, es wurden immer mehr längerfristige Pachtverträge, ja sogar die Erbpacht üblich. Auf der anderen Seite war maßgeblich, in welcher Form der Pachtzins abzugeben war: Entweder wurde die Pachtgebühr in Naturalien gezahlt (Teilpacht) oder in Geld (Geldpacht). Wieder soll ein Schaubild die grundsätzliche ökonomische Struktur dieser Systeme aufzeigen (siehe Grafik 4).

Bei der Teilpacht hatte der Verpächter den Kontakt zum Markt und die Chance, durch marktgerechtes Wirtschaften seinen Gewinn zu steigern. Bei diesem Pachtsystem wird die Initiative zu Intensivierungen eher vom Verpächter ausgegangen sein. Bei der Geldpacht hingegen liegen diese Möglichkeiten und Chancen – aber eben auch die Risiken – bei den Pächtern, der Verpächter ist fern des Marktgeschehens und eher an einem stetigen Zufluss der Pachtzinsen interessiert. Kleinstpächter waren jedoch aus den oben schon genannten Gründen selten in der Lage, kapitalintensive Investitionen zu machen.

Diese Vielfalt der Betriebssysteme war im gesamten Römischen Reich vorzufinden – es gab gleichwohl Schwerpunkte: Herrschte in weiten Teilen Italiens ursprünglich die intensive Villenwirtschaft vor, so ging diese zurück, als die Westprovinzen hinsichtlich der landwirtschaftlichen Produktivität aufholten und dem italischen Wein und Öl Konkurrenz machten. Die Landbesitzer wichen dann auf die Verpachtung an Kleinpächter aus, wenn sie ihr Land nicht ganz brachliegen ließen. Im Süden Italiens war ohnehin schon die extensive Weidewirtschaft verbreitet. In den boomenden Wirtschaftsräumen in Spanien, Gallien, Nordafrika, in den Donau- und Balkanprovinzen hingegen waren die Villenwirtschaft mit Verpachtung von Randgebieten und die – allerdings auf Intensivierung konzentrierte – Verpachtung dominierend. Der Einsatz von Sklavenarbeit war dort selten. Auch scheint bei diesen Betriebsformen eher die Teilpacht vorgeherrscht zu haben – was ein Intensivierungsinteresse der Verpächter stimulierte. Zumindest in den ersten beiden Jahrhunderten n. Chr. schienen von diesen Betriebsformen noch die stärksten Leistungsimpulse ausgegangen zu sein. Im Osten den Reiches herrschte traditionell der Kolonat vor, hier jedoch in einer eher rentenorientierten Form.

Ein Brief von Plinius d. J. (epist. 3,19) beleuchtet nun diese Zusammenhänge und auch die ökonomischen Umbrüche am Anfang des 2. Jahrhunderts n. Chr. schlaglichtartig. Dem mit Grundbesitz in geschätztem Umfang von 35 000 *iugera* (= 8700 ha) ausgestatteten Plinius wurde bekannt, dass ein seinen umbrischen Besitzungen benachbartes Gut zum Verkauf anstehe. Plinius wendet sich nun in einem Brief ratsuchend an seinen Freund Calvisius: Die gut bewässerten und fruchtbaren Ländereien des Nachbarguts seien in einer Mischwirtschaft bewirtschaftet, was stetige Einkünfte gewährleiste. Allerdings seien die Pächter wenig leistungsfähig. Calvisius war sich aufgrund der Hinweise in dem Brief über das Pachtsystem im Klaren. Die Landstücke waren in Form von Geldpacht an Kleinbauern verpachtet. Diese Regelung brachte normalerweise beiden Seiten Vorteile. Der Verpächter hatte kalkulierbare regelmäßige Einkünfte, und der Pächter konnte bei guten Ernten oder wenn er besonders gut wirtschaftete den ökonomischen Erfolg für sich selbst einheimsen. Anders war dies, wenn die Ernte schlecht und der Geldertrag schmal war und womöglich der Pachtzins hoch lag. Die Pacht konnte dann den ganzen Ertrag des Kleinbauern auffressen – für die Bauern und ihre Familien blieb dann nichts zum Überleben. In solchen Fällen kam es dann regelmäßig zu Zahlungsverzug. Reagierte der Verpächter darauf mit Zwangspfändungen, so konnte er zwar kurzfristig sein Einkommen sichern, langfristig ruinierte er dadurch aber die Ertragsfähigkeit seines Guts. Den überschuldeten Pächtern wurde dadurch jede Motivation genommen, aus eigenen Kräften wieder in den Ertragsbereich zu gelangen. Im Gegenteil, sie werden versucht haben, mit wenig Kostenaufwand noch das Beste aus den gepachteten Ländereien zu holen. Ein Raubbau, der zu einer dauerhaften Auslaugung der Böden führte, war die Folge. Aus dieser Spirale von Zahlungsverzug und Zwangspfändung gab es innerhalb des Systems der Geldpacht normalerweise kein Entrinnen. Alternativen hierzu waren die Eigenbewirtschaftung des Guts durch Sklaven, die Einführung des Teilpachtsystems oder die Umstrukturierung des Betriebes hin zu größeren und mit mehr Personal betriebenen Pachteinheiten.

Auf die letzte Alternative kommt Plinius in seinem Brief zu sprechen: Er müsse die Pächter mit Sklaven ausstatten, wenn er deren Leistungsfähigkeit erhöhen wolle. Man darf wohl annehmen, bei den ansonsten hervorragenden Bedingungen des betreffenden Guts habe der Mangel an motivierten und auch leistungsfähigen Pächtern das Hauptproblem dargestellt. Noch einen interessanten Hinweis gibt Plinius: Er selbst beschäftige Sklaven überhaupt nicht, und auch dort beschäftige niemand Sklaven. Dieser Hinweis sollte für Calvisius genügen, um die Struktur des Guts zu charakterisieren. Man muss davon ausgehen, dass eine Ansammlung von Kleinpächtern um einen zentralen Herrenhof das Gut bewirtschaftete. Da ein Sklaveneinsatz bei den Pächtern des Plinius unüblich war, werden die Bauernstellen kaum größer als die reinen Familienbetriebe von ca. 10 bis 40 *iugera* (2,5–10 ha) gewesen sein. Solche Kleinbetriebe waren weit verbreitet, zeichneten sich aber in der Tat nicht durch besondere Leistungsfähigkeit aus. Andererseits zog Plinius immerhin in Erwägung, die Pachtbetriebe mit Sklaven auszustatten. Eine solche Maßnahme hatte aber erst dann Sinn, wenn gleichzeitig die Betriebe selbst vergrößert wurden – eine grundsätzliche Veränderung der Besitzstrukturen auf dem Gut also. Eine solche Maßnahme hätte einerseits Kosten und Mühen verursacht, andererseits aber mit hoher Wahrscheinlichkeit die Ertragslage erheblich verbessert. Zumindest nach Auskunft des Briefes an Calvisius scheint Plinius eine solche Veränderung der Betriebsstruktur nicht ernsthaft angestrebt zu haben. Und dies, obwohl wegen der geringen Leistungsfähigkeit der Pächter nicht nur die laufenden Einnahmen, sondern auch der Wert des ganzen Guts stetig gesunken waren.

Andere Rationalisierungsmaßnahmen schienen ihm nähergelegen zu haben: So glaubte er seine Kosten senken zu können, wenn er mit nur einem Oberaufseher und nur mit einer geringfügig höheren Zahl von Verwaltern beide Güter, das schon in seinem Besitz befindliche und das benachbarte zum Kauf angebotene, verwalten könnte und wenn nur ein Landhaus repräsentativ ausgestattet werden müsste. Die Beispiele sind Legion, in denen vom römischen Hausvater zunächst die Reduktion von Kosten gefordert wird, bevor er an kostenintensive Maßnahmen zur Verbesserung der Erträge denkt. Der römische Hausvater lebte eben weniger vom ‚Einnehmen' als vom ‚Nicht-Ausgeben' (vgl. etwa Cato, agr. 1,6; 2,8; Varro, rust. 1,22). Insoweit kann Plinius aus seinen Erwägungen nicht vorgeworfen werden, er bleibe hinter dem Standard der ökonomischen Gepflogenheiten seiner Zeit zurück.

Plinius hat wohl keine Kosten-Ertrags-Kalkulation des Verkäufers vorgelegen. Es ist sogar sehr fraglich, ob er selbst solch eine Buchführung wirklich studiert hätte: In epist. 5,14 gibt er doch selbst zu, wie widerwillig und flüchtig er die Buchhaltung seiner Güter überprüft. Wichtig war ihm jedenfalls, überhaupt einen Ertrag zu erwirtschaften. Hierfür standen ihm im vorliegenden Fall die einfachen, aber zuverlässigen Parameter ‚häufige Zwangspfändungen' und ‚Wertverlust des betreffenden Guts' und andererseits die Möglichkeit, durch Zusammenlegen der beiden Güter die Kosten zu senken, zur Verfügung. Die Höhe des Ertrags und die Möglichkeiten, diesen zu optimieren, waren ihm dabei offenbar gar nicht so wichtig. Die Beständigkeit der Einkünfte ist Plinius zumindest ebenso wichtig wie deren Höhe. Diese Grundhaltung klingt etwa an bei seiner Abwägung zwischen der Möglichkeit, auf großem zusammenhängendem Besitz rationeller wirtschaften zu können, bei der gleichzeitigen Gefahr durch Witterung oder Krieg alles auf einmal zu verlieren – oder auf verstreutem Besitz keine Rationalisierungsmöglichkeiten zu haben, dafür aber ein sichereres Einkommen. Oder gibt seine Bevorzugung der Mischwirtschaft vor gewinnträchtigeren, aber auch risikoreicheren Monokultur-Wirtschaften einen Hinweis darauf, wie wichtig ihm ein sicheres stetiges Einkommen gegenüber allen Möglichkeiten zu höheren, aber gefährdeterem Einkommen war? Hat Plinius unter diesen Umständen überhaupt die Rentabilität seiner Güter einschätzen können? Durchaus –

denn die Maßnahmen zur Kostensenkung auf seinen Gütern hatten, so scheint es, die Ertragslage nicht dauerhaft verbessern können. In einem späteren Brief meinte er etwa: „Im vergangenen Lustrum sind die Rückstände [der Pächter] trotz starker Nachlässe angewachsen; infolgedessen bemühen sich manche schon gar nicht mehr, ihre Schulden abzuzahlen, weil sie daran verzweifeln, sie überhaupt jemals abtragen zu können; ja, sie treiben Raubbau und verzehren alles, was wächst, weil sie meinen, es komme doch nicht ihnen zugute, wenn sie sparten. Es gilt also, den steigenden Übelständen zu begegnen und ihnen abzuhelfen. Die einzige Möglichkeit der Abhilfe wäre, wenn ich nicht gegen Zahlung einer Geldsumme, sondern gegen Ablieferung eines Teils des Ertrags verpachte und dann aus meinem Personal ein paar Aufseher einsetzte und den Ertrag überwachen ließe" (Plinius, epist. 9,37).

Keineswegs war es Plinius also entgangen, wenn das Einkommen aus seinen Gütern sank, und keineswegs war er unfähig zu analysieren, welche ökonomischen Ursachen dies hatte. Schließlich war er durchaus auch in der Lage, die aus dieser Ursachenforschung sich ergebenden Konsequenzen, hier die Umwandlung vom Geldpacht- in ein Teilpachtsystem, zu ziehen. Im Zusammenhang mit der Reform des Pachtsystems auf seinen Gütern wird aber Folgendes deutlich: Es geht Plinius nicht (mehr) um die Maximierung der Gewinne, sondern um ein Aufhalten der stetigen Ertragsverschlechterung. Das von ihm gepriesene „ehrliche Einkommen" aus den Gütern ist nicht das maximale, sondern das stetige Einkommen.

Um noch einmal auf die eingangs dieses Abschnitts angesprochenen Gedanken zurückzukommen: Ab einer gewissen Gutsgröße scheinen tatsächlich die Betriebsstrukturen das ökonomische Verhalten maßgeblich beeinflusst zu haben. Die Eigenbewirtschaftung war auf Latifundien wahrscheinlich wegen der hohen Aufwendungen für Organisation und Kontrolle nicht rentabel. Bei Pachtbewirtschaftung boten sich zwar Möglichkeiten zur Optimierung, diese wurden jedoch, zumindest von Plinius, nicht genutzt. Plinius scheute die Anstrengung und die Kosten für eine grundsätzliche Reform seiner Güter, er stattete die Pächter eben nicht mit größeren Bauernstellen und mit Sklaven aus – kurz, er gab ihnen nicht die Möglichkeiten und die Anreize für Optimierungen. Was dem Gutsbesitzer dann noch blieb, war dafür zu sorgen, dass wenigsten überhaupt ein Ertrag aus den Gütern floss. Bei dem Umfang der Güter des Plinius kam dann schließlich doch noch genügend Landrente zusammen, um dem Großgrundbesitzer ein durchaus standesgemäßes Leben zu sichern. Kurz nach Columella, der ja mit aller Macht die wirtschaftliche Optimierung der Landgüter vorantreiben wollte, erscheint nun bei Plinius eine Mentalität, die gekennzeichnet ist durch eine große Distanz zu eigenem wirtschaftlichen Tun, durch einen Verzicht auf Optimierungen und durch ein Sich-zufrieden-Geben mit einer vielleicht geringeren, aber stetigen Landrente. Diese in der Forschung ‚Rentenmentalität' genannte Haltung sollte sich ab dem 2. Jahrhundert n. Chr. bei den Großgrundbesitzern immer mehr durchsetzen.

Der Umbruch zur spätantiken Wirtschaft

Es ist keine Frage – im 3. Jahrhundert veränderte sich die Struktur des Römischen Reiches grundlegend. Im späten 4. Jahrhundert ist in der Reichsverwaltung, in der Gesellschaft, im religiösen, philosophischen und kulturellen Bereich und eben auch in der Wirtschaft nichts mehr so, wie es in der hohen Kaiserzeit war. Über die Fragen, wann genau, wo, wie und weshalb dieser Wandel stattgefunden hat, ist sich die ältere und die neuere Forschung durchaus uneins. Es entsteht inzwischen ein außerordentlich vielschichtiges Bild von diesem generellen Wandel und es ist nicht leicht, dabei – auch was die Wirtschaftsgeschichte angeht – den Überblick zu behalten.

Seit Kaiser Marcus Aurelius (regierte 161–180 n. Chr.) geriet das Römische Reich zunehmend unter militärischen Druck. An der Donau bedrohten die Markomannen, Jazygen und Quaden die Grenze, im Osten die Parther. Im dritten Jahrhundert kamen die Germanen als Bedrohung hinzu: die Alemannen und Franken im Westen, die Goten an der unteren Donau. Und im Osten entstand mit dem Sasanidenreich ein neuer gefährlicher Gegner. Insgesamt verlangte diese Situation ungeheure, kräftezehrende und langanhaltende Verteidigungsmaßnahmen. Hinzu kamen seit dem Ende der Regierungszeit Marc Aurels verheerende und bis weit ins 3. Jahrhundert im ganzen Reich immer wieder aufflackernde Pestepidemien, die regional zu erheblichen demographischen Einbrüchen geführt haben. Diese Umstände hatten zwei strukturverändernde Folgen: Aufgrund der militärischen Bedrohung und der Epidemien wird in der Forschung von einem generellen Bevölkerungsrückgang im Reich ausgegangen. Zudem waren die zu führenden Kriege nun keine erfolgreichen Eroberungskriege mehr, sondern kräftezehrende Verteidigungskriege. Klar ist deshalb, dass nicht mehr, wie in früheren Zeiten, in ausreichendem Maße Kriegsgefangene als Sklaven zur Verfügung standen. Und es ist nicht klar, ob dieser Verlust durch hausgeborene Sklaven, durch Sklavennachzucht also, ausgeglichen werden konnte. Die Ausdehnung des Kolonats, verbunden mit der archäologisch nachweisbaren Aufgabe der intensiv – das heißt mit Sklaven – bewirtschafteten landwirtschaftlichen Betriebe lässt an einen Rückgang der Sklavenarbeitskräfte, zumindest in Italien, eventuell auch in Afrika, Gallien und Spanien denken. Doch die neuere Forschung macht zu Recht darauf aufmerksam, dass dies eine vielschichtige und regional sehr differenzierte Entwicklung war: So haben wir aus dem 3. Jahrhundert n. Chr. Nachrichten von einem ungebrochenen Sklavenhandel, und wir wissen von großen Gütern, die offenbar bis ins 5. Jahrhundert n. Chr. hinein mit unzähligen Sklaven betrieben wurden (vgl. etwa die Vita Melania – für Sizilien, Nordafrika und Spanien, Anfang des 5. Jahrhunderts n. Chr.).

Oft wird mit dem Bevölkerungsrückgang auch ein Mangel an Arbeitskräften überhaupt, insbesondere ein Mangel an Kolonen auf dem Lande in Verbindung gebracht. Doch einerseits waren die stärksten demographischen Einbrüche regional auf Gebiete kriegerischer Verluste oder auf Pestgebiete beschränkt, andererseits mögen diese Bevölkerungsverluste eventuell schnell wieder ausgeglichen worden sein. Gleichwohl kann man von einer Stagnation der landwirtschaftlichen Produktion – infolge fehlender Arbeitskräfte – ausgehen, allerdings regional sehr differenziert: in Italien schon ab Mitte des 2. Jahrhunderts, in Germanien ab 254, in Gallien und Spanien ab Ende des 3. Jahrhunderts, im Balkan, in Syrien und Ägypten erst ab dem 4. Jahrhundert. Im 4. Jahrhundert n. Chr. waren jedenfalls die *agri deserti* – das zeigen diverse staatliche Fördermaßnahmen, verlassene Ländereien wieder der Bebauung zuzuführen – ein reichsweites Phänomen. Und diese Verhältnisse auf dem Lande wirkten zurück auf die Städte, denn das Brachliegen weiter Teile nutzbaren Landes musste unweigerlich negative Konsequenzen für die Versorgung der Städte gehabt haben.

Die diversen Bedrohungen an den Grenzen hatten einen gewaltigen Machtzuwachs für das Militär zur Folge. Das Heer wurde sukzessive zu einem ausschlaggebenden Faktor der Politik, vor allem bei der Kaisererhebung. So erlebten die Jahre 235 bis 285 insgesamt 26 Kaiser, drei Mitregenten und 41 Usurpatoren – alle gestützt auf das Militär. Emporkömmlinge aus dem Militär bildeten nun oft einen neuen Amtsadel und verdrängten die großgrundbesitzende Senatorenschicht. Diese begannen sich zunehmend aus der Politik und aus den Städten zurückzuziehen und auf ihren Landgütern zu leben.

Da die Kaiser immer stärker von den Soldaten abhängig wurden, waren sie gezwungen, diese ständig an sich zu binden. Schon Kaiser Septimius Severus (regierte 193 – 211 n. Chr.) soll seinen Söhnen empfohlen haben, die Soldaten zu bereichern und sich um alles andere nicht zu kümmern (Cassius Dio 77,15,2). Ein Blick auf die Entwicklung der Militärausgaben zeigt uns, wie sich die Kaiser die Treue der Soldaten erkauften: Von Augustus bis ins Jahr 197 waren die Soldzahlungen an die römischen Soldaten – und zwar die Zahlungen pro Kopf – um 33,3 % gestiegen. Das macht eine durchschnittliche Erhöhung von ca. 0,17 % pro Jahr aus. In den darauffolgenden 40 Jahren stieg der Sold der einzelnen Soldaten um 300 % (= 7,5 % p. a.). Dabei möge man auch noch bedenken, dass sich die Zahl der insgesamt zu bezahlenden Soldaten in der ersten Hälfte des 3. Jahrhunderts n. Chr. deutlich erhöht hat.

Die Militärausgaben, schon in der hohen Kaiserzeit der bedeutendste Ausgabenposten im Haushalt des Römischen Reiches, explodierten geradezu. Diese Ausgaben mussten durch Einnahmen finanziert werden, immer stärker griff der Staat auf die Steuersubjekte zu. Die Haupteinnahmequelle des römischen Staates war die Grundsteuer, die die Provinzialen zu zahlen hatten. Wurden diese Steuern in Geld gezahlt, so wirkte sich eine schleichende Geldentwertung – und davon darf man spätestens ab Mitte des 3. Jahrhunderts ausgehen – sehr ungünstig auf die Staatseinnahmen aus. Die jeweils zu zahlenden Steuern konnten nicht ständig angepasst werden – der Steuerertrag verlor dadurch kontinuierlich an Wert. Es blieb nichts anderes übrig, als die Steuersubjekte zusätzlich zu belasten. Die lokalen Oberschichten wurden ab Ende des 2. Jahrhunderts n. Chr. für das gesamte Steueraufkommen der Gemeinde haftbar gemacht. Da zugleich durch Privilegien die Veteranen, Handwerker und Händler, die in Diensten der *annona* tätig waren, Priester, Ärzte und Wissenschaftler von der Verpflichtung zur Übernahme munizipaler

Lasten befreit wurden, erhöhte sich der fiskalische Druck auf diese Oberschichten enorm. Und zu den ‚normalen Steuern' kamen zusätzliche Abgaben hinzu: Da gab es die *munera*, aus denen lokale öffentliche Aufgaben, etwa der Straßenbau finanziert wurden, weiter das *aurum coronarium*, ab Anfang des 3. Jahrhunderts n. Chr. ein Geldgeschenk der Städte zu feierlichen Anlässen wie Thronbesteigungen, Thronjubiläen und so weiter, die *collatio lustralis*, eine alle fünf Jahre erhobene Steuer auf alle Arten von Handel und Dienstleistungen, und die *annona militaris*, eine Naturalsteuer zur Versorgung durchziehenden Militärs. Die Senatoren zahlten zusätzlich eine *collatio glebalis* und das *aurum oblatitium*, Geschenke des Senats bei Thronbesteigungen und -jubiläen.

Freilich versuchten die landbesitzenden Städter diese erhöhten Kosten auf ihre Kolonen abzuwälzen. Deren Lage verschlechterte sich dadurch rapide. Überhaupt wurde den mittleren und unteren Bevölkerungsschichten Kaufkraft entzogen, was sukzessive auch einen Rückgang in der gewerblichen Produktion und im Handel zur Folge haben musste. Und die lokalen Eliten versuchten sich dem Steuerdruck zu entziehen, indem sie sich auf ihre Güter auf dem Lande zurückzogen. Die Stadtkultur verlor dadurch rapide an Gehalt und Bedeutung, die Städte verarmten. Dies alles blieb wiederum nicht ohne Rückwirkungen auf das Steueraufkommen – eine Spirale nach unten!

Dennoch erwürgte der Steuerdruck nicht überall und gleichzeitig das städtische Leben. Obwohl die Quellen für das 3. Jahrhundert keineswegs mehr so reichlich auf uns gekommen sind wie für die vorhergehenden Jahrhunderte, haben wir etwa für Ägypten doch noch ausreichend Zeugnisse: Dort ist bis ca. 270 n. Chr. kaum ein unerträglicher Steuerdruck zu bemerken.

Wie verheerend sich die Steuerlast am Ende des 3. Jahrhunderts n. Chr. auswirkte, das schildert der christliche Autor Laktanz (ca. 250–325 n. Chr.) in seiner Beschreibung der Zustände unter Kaiser Diokletian (regierte 284–305 n. Chr.): „[Es] begann die Zahl der [Gehalts-]Empfänger die Zahl der [Steuer-]Gebenden zu übersteigen, so dass wegen der enormen Abgabenlast die Kräfte der Bauern erschöpft, Felder verlassen und Kulturland in Wald verwandelt wurden. [...] Viele Statthalter und zahlreiche Amtsträger lasteten auf den einzelnen Regionen und beinahe schon auf einzelnen Gemeinden, und ebenfalls viele Finanzbeamte, Verwaltungsleute und Stellvertreter von Präfecten; ziemlich selten kamen bei all diesen Leuten zivilrechtliche Handlungen vor, sondern nur Bestrafungen und zahlreiche Besitzkonfiskationen – und diese Eintreibungen unzähliger Dinge kamen nicht nur häufig vor – sie hörten nie auf" (Lactanz, de mort. pers. 7, 1–4). Freilich handelt es sich hierbei um eine heftige und übertriebene Polemik, die versucht, den heidnischen Kaiser Diokletian in möglichst schlechtem Lichte erscheinen zu lassen. Doch ohne einen realen Hintergrund, ohne einen sich verschärfenden Steuerdruck wäre diese Polemik sicher von den Zeitgenossen nicht verstanden worden.

Dabei war es doch Diokletian, der das völlig aus dem Ruder gelaufene Steuersystem reformierte und die staatlichen Einnahmen langfristig zu sichern versuchte. Die neue Steuerveranlagung für die Hauptsteuer – neben den weiterhin bestehenden diversen direkten und indirekten Steuern, Abgaben und Umlagen – sollte eine Kombination von Kopf und Grundsteuer sein. Alle Reichsbewohner – außer den Einwohnern der Stadt Rom – zahlten nun eine, nach dem individuellen Vermögen gestaffelte Kopfsteuer. Ebenfalls im ganzen Reich wurde eine Steuer auf Grundbesitz beziehungsweise auf bewegliche Vermögenswerte erhoben. Auch diese Steuer wurde der jeweiligen Leistungskraft angepasst, wodurch eine weitgehende Steuergerechtigkeit erreicht werden sollte. Schließlich wurden beide Steuerarten zusammen als Steuerbetrag den einzelnen Reichsbürgern auferlegt. Diese Art von Steuerveranlagung hatte zwar den Vorteil, dass sich das Steuersystem veränderten Geldwertrelationen wesentlich besser anpassen ließ: Ein *caput* (Kopf) und ein *iugum* (ein je nach der Bodenqualität beziehungsweise der Bebauung mehr oder weniger wertvolles Stück Land) waren nun nicht mehr feste Einheiten mit fixen Steuerabgaben, sondern nur noch immer wieder neu zu bewertende Steuermesseinheiten, für die immer wieder neu der jeweilige Geldbetrag je Einheit festgelegt wurde. Diese Neubewertungen der individuellen Steuerschuld fanden seit 287 im 5-jährigen Turnus, ab 312 im 15-jährigen Turnus statt. Zwar ist diese Steuerveranlagung im Idealfall gerechter und flexibler als die vorhergehenden, doch war sie eben auch lückenloser und es war zu ihrer Durchführung ein riesiger Apparat von Finanzbeamten nötig, die zudem nicht immer frei von Korruption gewesen sein mögen. Damit, dass der Fiskus einen großen Teil der Kaufkraft abgeschöpft hat, wird oftmals der Rückgang der Gewerbe- und Handelstätigkeit im Reich begründet. Einen Rückgang des Regionalhandels beobachten wir jedoch nur in Krisenregionen, also in Gebieten, wo Kriege oder die Pest wüteten. In Britannien oder in Ägypten scheint hingegen der innerprovinzielle Handel im 3. Jahrhundert nicht stagniert zu haben. Auch beim Fernhandel erkennt man einen deutlichen Rückgang der aufgefundenen Schiffswracks im Mittelmeer erst ab ca. 250 n. Chr. Und die Handelsstädte im Osten, insbesondere in Kleinasien, Syrien und Palästina prosperierten noch bis ins 6. Jahrhundert hinein (vgl. Expositio totius Mundi et Gentium – 4. Jahrhundert).

In der Gesamtschau erkennen wir ein Bündel von Krisenfaktoren, die sich gegenseitig bedingten:

- leichter Rückgang der Bevölkerung und regionaler Arbeitskräftemangel
- Rückgang der Wirtschaftstätigkeit in Landwirtschaft, Handel und Gewerbe
- zunehmender Abgabendruck des Staates
- Zahlenmäßig schwindende und verarmende städtische Oberschichten werden zunehmend zur Finanzierung der staatlichen Lasten herangezogen.
- Der fiskalische Druck wird auf die städtischen Mittelschichten und auf die Landbevölkerung abgewälzt.
- Durch die Steuern und Abgaben wird dem Markt Kaufkraft entzogen, weshalb die Nachfrage nach gewerblichen Gütern und Handelsgütern schwindet. Dies führte wiederum zu einem Rückgang der gewerblichen Produktion und der Handelstätigkeit.
- Die dadurch schwächer und weniger werdenden Steuersubjekte sind mit dem Steuerdruck überfordert.

Abb. 13: Ein *follis* Diokletians

Doch all diese Faktoren traten schleichend und regional phasenverschoben auf – von einer Reichskrise, von einer reichsweiten Wirtschaftkrise, von einer Krise, die den Zeitgenossen als solche bewusst war, kann man im 3. Jahrhundert kaum sprechen. Was die Krise, vor allem die Wirtschaftskrise allen Reichbewohnern vor Augen führte, war schließlich der Kollaps des Währungssystems Ende des 3. Jahrhunderts n. Chr.

Laktanz meinte dazu, Kaiser Diokletian habe „durch zahlreiche Ungerechtigkeiten eine maßlose Preissteigerung" (Laktanz 7,6) hervorgerufen. Tatsächlich wird in der neueren Forschung für die Jahre 293 bis 301 eine Inflationsrate von knapp 23 % angenommen. Die Gründe hierfür waren jedoch andere: Die in ihrem Metallwert schon längst nicht mehr den aufgeprägten Nennwert repräsentierenden Münzen verloren schlagartig das Vertrauen bei der Bevölkerung. Eine gravierende Entwertung des Geldes beziehungsweise massive Preissteigerungen waren die Folge. Um diese Entwicklungen in den Griff zu bekommen, unternahmen Diokletian und seine Mitkaiser diverse Anstrengungen. Vermutlich schon 292 n. Chr. wurde eine Währungsreform durchgeführt: Die Münzprägung wurde reichsweit vereinheitlicht und zentral gelenkte Reichmünzstätten wurden geschaffen. Die Sesterzprägung wurde eingestellt, der *follis*, eine mit Silber überzogene Bronzemünze, wurde nun zur Gebrauchsmünze der kleinen Leute (siehe Abb. 13).

Vor allem aber wurde der Versuch gemacht, die Leitmünzen, also die Gold- und Silbermünzen in ihrem Wert zu stabilisieren. Da die Inflation dennoch an Tempo zunahm, entschlossen sich die Tetrarchen im Jahre 301 zu einer neuerlichen Währungsreform (Inschrift im kleinasiatischen Aphrodisias aus dem Jahre 301 n. Chr. – JRS 61, 1971, 171–1777; AE 1973, 526b). Der *argenteus*, die Silbermünze, und der *follis* wurden – bei unverändertem Gewicht und Feingehalt – im Wert verdoppelt. Diese Wertveränderung sollte ab dem Stichtag 1. September 301 gelten, auch für staatliche oder private Schuldverhältnisse. Und der Staat garantierte die neuen Münzwerte – schließlich nahm er sie bei Steuerzahlungen ebenfalls an. Freilich hatte diese Reform für die Kaiser einen auf der Hand liegenden Vorteil: Die Soldaten wurden in Silbergeld bezahlt. Der Staat konnte nun die Soldzahlungen leisten und sogar erweitern, ohne mehr Silber in den Umlauf bringen zu müssen.

Unter normalen Marktverhältnissen hat eine solche Maßnahme, eine Münzverschlechterung um die Hälfte, mittelfristig eine Verdoppelung der Preise zur Folge. Und tatsächlich haben die freien Marktteilnehmer flexibel darauf reagiert, indem sie einfach auch ihre Preise verdoppelten. Anders ging es jedoch den staatlichen Gehalts- oder Soldempfängern. Ihr Einkommen wurde natürlich nicht verdoppelt – eine massive Preissteigerung hätte ihre Kaufkraft erheblich eingeschränkt. Doch gerade diese Gruppe durften die Tetrarchen keinesfalls verärgern.

„Denn wer ist so abgestumpft und der menschlichen Wahrnehmung entfremdet, daß er nicht erkennen kann, ja, nicht einmal gemerkt hätte, daß […] sich eine derartige Willkür der Preisbildung verbreitet hat, daß die ungehemmte Raffgier weder durch ein reiches Warenangebot noch durch die Überschüsse aus (früheren) Jahren gemildert würde? […] Wer also wüßte nicht, daß die Frechheit, die hinterhältige Nachstellerin des Gemeinwohls, überall, wohin auch immer unsere Heere um des gemeinsamen Wohlergehens aller geschickt werden […], mit der Absicht, Beute zu machen, begegnet; daß sie Warenpreise nicht nur in vierfacher oder achtfacher […] Höhe erpresst […]; und daß schließlich bisweilen der Soldat beim Kauf nur einer Sache seines Geldgeschenks und seines Soldes beraubt wird und daß die gesamten, zum Unterhalt der Truppen auf der ganzen Welt gesammelten Steuereinnahmen der abscheulichen Profitgier der Raffer zum Opfer fallen […]?" (Giacchero, Edictum Diokletiani et Collegarum de pretiis rerum venalium 10 und 14).

In dieser Situation entstand bei Diokletian und seinen Mitkaisern die Idee, noch im Jahre 301 n. Chr. Maximalpreise reichsweit staatlich festzulegen: „Über alle diese oben genannten Dinge sind wir mit Fug und Recht empört; weil bereits die menschliche Natur selbst um Abhilfe zu bitten scheint, sind wir zu der Auffassung gelangt, daß nicht Preise für Waren festzusetzen seien […] sondern eine [Ober-]Grenze" (Giacchero, Edictum Diokletiani et Collegarum de pretiis rerum venalium 15). Rund 1400 Maximaltarife sind uns aus den bislang aufgefundenen Fragmenten zu diesem Edikt bekannt.

Was dem heutigen Marktwirtschaftler die Zornesröte ins Gesicht treibt, was von vielen als der völlig untaugliche Versuch, eine strukturelle Inflation zu bremsen, abgetan wurde, das entpuppt sich bei näherem Hinsehen als eine vielleicht durchaus taugliche Maßnahme, um die durch die Währungsreform von 301 hervorgerufene spontane Inflationsmentalität ein wenig abzukühlen. Und um ein Ausweichen des Marktes in den Schwarzmarkt zu verhindern, wurde die Nichtbeachtung des Ediktes unter die Todesstrafe gestellt (Giacchero, Edictum Diokletiani et Collegarum de pretiis rerum venalium 18).

Dieses Konzept scheint aufgegangen zu sein: Für die Jahre 301 bis 306 geht die Forschung von einer wesentlich moderateren Inflationsrate von 6 bis 7 % aus. Langfristig ist es Diokletian und später Konstantin jedoch nicht gelungen, die Währung zu stabilisieren. Die Goldwährung sollte zwar bis zum Ende des Byzantinischen Reiches weitgehend stabil bleiben, die Silber- und die Scheidemünzen, auch der *follis*, erlebten im 4. Jahrhundert n. Chr. aber einen rasanten Verfall – teilweise sogar bis unter ihren Metallwert. Die Folge davon war, dass die stabilen Goldmünzen gehortet wurden, also nur noch als Wertaufbewahrungsmittel fungierten, die Scheidemünzen aber ihre Aufgabe als Wertbemessungs- und Tauschmittel nicht mehr voll erfüllen konnten. Ein partielles Ausweichen in den Naturaltausch darf, zumindest in ländlichen Gebieten, vermutet werden, auch wenn in den Zeugnissen aus dem 4. Jahrhundert n. Chr. bei Löhnen, Darlehen, Mieten und Steuern immer noch von Geld die Rede ist.

Diese geldpolitischen Maßnahmen Diokletians und seiner Mitkaiser sind hier in den Vordergrund gestellt worden, um einerseits zu zeigen, wie die Krise erst angesichts des Geldwertzerfalls offenkundig geworden war, andererseits wird hier deutlich, wie die Kaiser, wie der Staat auf die veränderten strukturellen Bedingungen zu reagieren begannen: durch allumfassenden Zwang. Ein Zwang, der die staatlichen Einkünfte sichern sollte, obwohl doch die landwirtschaftliche und die gewerbliche Produktion sowie der überregionale Handel stagnierten und obwohl die Reichsbevölkerung über immer weniger überschüssige Kaufkraft verfügte. Und um diesen Zwang durchsetzen zu können, musste in Kauf genommen werden, dass der nicht unmittelbar produktive Teil der Gesellschaft (Beamte, Soldaten) auf Kosten des produktiven Teils immer mehr zunahm.

Dieser staatliche Zwang zeigte sich in allen Bereichen des Wirtschaftslebens. Handwerks- oder Handelsberufe, die staatliche Interessen tangierten, durften nicht mehr verlassen werden, die Söhne mussten den Beruf des Vaters übernehmen, die Kollegien wurden zu Zwangsverbänden, die von der Verwaltung strengstens überwacht wurden. Seit Diokletian wurden sogar Teile der gewerblichen Produktion verstaatlicht. Die Waffen- und Uniformproduktion wurde auf arbeitsteilig betriebene Großmanufakturen, auf staatliche *fabricae*, übertragen. Die dortigen Arbeiter waren den Soldaten gleichgestellt und in die militärische Befehlskette eingebunden. Zumindest in der Weberei entstanden daraus Ansätze zu einem staatlichen Monopol.

Die Kolonen, deren Arbeit in der Landwirtschaft durch den Steuer- und Abgabendruck immer weniger rentabel war, zeigten immer stärker die Neigung, ihre Ländereien einfach zu verlassen. Um dieser reichsweit verbreiteten Flucht der Kolonen zu begegnen, wurden sie zwangsweise immer stärker an die Scholle gebunden. Die zahlreichen Hinweise auf verlassene Ländereien im 4. und 5. Jahrhundert n. Chr. zeigen allerdings, dass dies nicht immer gelungen sein mag. Eine gewisse Freiheit auf dem Lande konnte sich nur erhalten, wer reich und mächtig genug war, sich des fiskalischen Drucks zu erwehren. Der Großgrundbesitz breitete sich immer mehr aus, sog immer mehr freie Kleinbauern als Kolonen an. Diese Großgüter begannen sich allmählich nicht nur als autarke, sondern zunehmend auch als politisch autonome Einheiten zu gerieren. Und in den Städten setzte sich die Entwicklung aus dem 3. Jahrhundert n. Chr. geradlinig fort. Die Mittelschichten verloren an Gewicht, die Oberschichten wurden mit fiskalischen Pflichten so überfordert, dass viele das Weite suchten – mit der Konsequenz, dass die Lasten dann unter den immer weniger Verbliebenen aufgeteilt wurden.

All diese Entwicklungen hatten ihre Wurzeln – wie oben gezeigt – schon in der hohen Kaiserzeit, sie traten dort aber vereinzelt und phasenverschoben auf. Nun wurden sie jedoch zur vorherrschenden Realität und hatten ein vernetztes System des staatlichen Zwangs zur Folge, das von den Zeitgenossen auch so verstanden wurde. Dieser allumfassende Zwang des Staates sollte zum Kennzeichen der spätantiken Wirtschaft werden und er sollte – zumindest im Westen – die Wirtschaft immer mehr erdrücken.

Schluss: Die antike Wirtschaft und der antike *homo oeconomicus*

Ein zusammenfassender Rückblick auf die Wirtschaft der antiken Gesellschaften vom 8. vorchristlichen bis zum 4. nachchristlichen Jahrhundert macht zuallererst deutlich, dass die ‚antike Wirtschaft' mit der komplexen Wirtschaft in den Industrieländern der heutigen Zeit kaum vergleichbar ist (eher noch mit heutigen vorindustriellen Gesellschaften). Zu viele ganz elementare Qualitäten der modernen Wirtschaft fehlen in der Antike gänzlich, auch das Nachdenken über Wirtschaft war in der Antike bei weitem nicht so autonom wie dies heute der Fall ist, und eine Wirtschaftstheorie gab es nur in Ansätzen.

Doch wer diese in der Forschung eigentlich unbestrittenen Feststellungen verallgemeinert, sie geradezu verabsolutiert, der verstellt sich den Blick auf die dynamischen Tendenzen in der antiken Wirtschaft, ja manchmal sogar auf die antike Wirtschaft überhaupt. Die Sammlung von Fallbeispielen in diesem Buch konnte – so hoffe ich – zeigen, dass die Wirtschaft in der Antike einen nicht unbedeutenden Bereich der alltäglichen Lebenspraxis dargestellt und dass sich die Wirtschaft in der Antike durchaus entwickelt hat.

Aus der betriebwirtschaftlichen Perspektive sehen wir, wie sich aus dem weitgehend auf sich selbst bezogenen *oikos* zunächst in den Städten Handwerksbetriebe und Handelsunternehmen herausentwickelten, die auf die gesellschaftliche Arbeitsteilung, auf den vorhandenen Markt und die Geldwirtschaft eingegangen sind. Später, das zeigte die Untersuchung zu den römischen Agrarschriftstellern, verbreitete sich das spezialisierte und marktgerechte Wirtschaften auch auf dem Lande. Die Strategien zur Optimierung der Geldrenten auf das eingesetzte Kapital scheinen sogar in der Landwirtschaft am weitesten gegangen zu sein: Hier kam es zu einer starken Ausweitung der Betriebe, Großgrundbesitz entstand. Hier wurde die Produktivität durch die Intensivierung der Betriebsformen (ertragreiche Anbaufrüchte oder Tiere, neue Anbaumethoden und -technik, Sortenauswahl, rationelle Personalorganisation und so weiter) deutlich erhöht. Insbesondere durch die Spezialisierung auf eine marktgerechte Produktion konnten hier auch die Geldrenditen gesteigert werden.

In der gewerblichen Produktion blieben die Beispiele für Ausweitung der Einzelbetriebe, für Intensivierung und Spezialisierung weitgehend Einzelfälle. Zwar spezialisierten sich die einzelnen Handwerke immer stärker, es entstanden aber selten größere Betriebe, selten wurden die Möglichkeiten der Arbeitsteilung genutzt und noch seltener kam es zum Einsatz von nichtmenschlicher Arbeitskraft oder von Maschinen. Die Kleinräumigkeit der Märkte, die begrenzte Kaufkraft und das Vorwiegen von Handarbeit setzten hier die Grenzen. Dennoch waren Gewerbebetriebe – die Beispiele von Demosthenes' Vater, Pasion oder etwa von Cato zeigten dies – durchaus beliebte Anlageobjekte. Bei besonderen Produktions- und Vermarktungsbedingungen konnten solche Kleinbetriebe mit geringer Arbeitsteilung und fast gar keinem Maschineneinsatz aber dennoch größere Märkte versorgen. Eine solche Massenproduktion verlangte dann aber – man denke an die Beispiele in der römischen Keramik- oder Textilproduktion – eine rationale Organisation von vielen Einzelbetrieben am Ort. Bei der insgesamt doch eher überschaubaren Kaufkraft auf den Märkten waren solche Zusammenschlüsse von Kleinbetrieben offenbar die adäquate Alternative zu Großbetrieben.

Und der Kleinhandel erlebte in dem Maße, in dem sich die Bedarfsstruktur in den immer weiter wachsenden Städten ausdifferenzierte, eine starke Spezialisierung. Freilich ist in dieser Branche kein Beispiel bekannt, dass es dort zu Großbetrieben oder zu einer genossenschaftlichen beziehungsweise anderen Organisation von Einzelbetrieben gekommen ist. Und auf dem Lande sowie in kleinen Städten scheint hinsichtlich des lokalen Warenaustauschs ohnehin der Produzentenhandel vorgeherrscht zu haben.

Anders war dies beim Groß- oder Fernhandel, der – zumeist auf dem Wasser – den Warenaustausch im Großen und über weite Strecken durchführte. Handelsfahrten hatten in der ganzen Antike eher den Charakter von spontanen Einzelaktionen – sieht man einmal von den Unternehmungen innerhalb der hellenistischen Staatswirtschaft ab. Doch konnte durch längerfristige Kontakte zu Handelspartnern, durch Händlerkorporationen und eventuell durch staatliche Interventionen, etwa bei der Lebensmittelversorgung und so weiter, allmählich eine gewisse Stetigkeit und Dauerhaftigkeit der Handelsunternehmungen erreicht werden. Diese Verstetigung von Großhandelsunternehmungen beobachtet man etwa im klassischen Athen oder im römischen Kaiserreich. Und solche Großhändler konnten durchaus beträchtliche Vermögen erwerben, sie genossen auch – im Gegensatz zu den Lokalhändlern – ein gewisses Sozialprestige. Einige besonders erfolgreiche Großhändler schafften es sogar in die lokalen munizipalen Eliten.

Und schließlich beobachteten wir in der Geldwirtschaft eine Entwicklung vom Wechsel- zum Depositen- und Darlehensgeschäft. Im Zusammenhang mit dem Depositengeschäft kam es sogar zu Ansätzen des bargeldlosen Zahlungsverkehrs, und zumindest in Ägypten ist es hinsichtlich des Girogeschäftes nicht nur bei Ansätzen geblieben.

Also, in allen Bereichen der Wirtschaft von Einzelbetrieben erkennt man bei näherem Hinschauen in der gesamten Antike zwar keine sprunghafte, aber doch eine stetige strukturelle Weiterentwicklung.

Und die volkswirtschaftliche Perspektive, die Wirtschaftspolitik? Die Beispiele von Xenophons *poroi* von der hellenistischen Staatswirtschaft, von Tiberius Gracchus und von den römischen Kaisern ergeben hierzu ein aussagekräftiges Bild: Steuernde Eingriffe des Staates in das Wirtschaftsgeschehen, und zwar mit dem vorwiegenden Ziel, eben diesen Wirtschaftsprozess zu gestalten oder zu lenken, waren spätestens ab dem 4. Jahrhundert v. Chr. denkbar.

Im 3. Jahrhundert v. Chr. wurde eine solche Wirtschaftspolitik in den hellenistischen Reichen zur vielgestaltigen Praxis. Es spielt diesbezüglich auch überhaupt keine Rolle, ob dabei privatwirtschaftliche Verhaltensmuster auf ganze Territorialstaaten übertragen, ob orientalische Wirtschaftsstile adaptiert wurden oder ob wirtschaftspolitische Ziele anderen Politikfeldern untergeordnet waren. In den hellenistischen Reichen, insbesondere im ptolemäischen Ägypten, herrschte eine ausgeprägte Wirtschaftspolitik, mit empirischer Analyse des tatsächlichen Zustandes der Wirtschaft, mit klarer Formulierung des erstrebten Zustandes und mit einer fast lückenlosen gesetzlichen und verwaltungsmäßigen Operationalisierung des Vorgehens vor. Dass dabei, wenigstens in der Anfangsphase, die Schaffung von Anreizen zur Steigerung der Produktivität nicht außer Acht gelassen wurde, verstärkt den Eindruck einer durchdachten Wirtschaftspolitik.

Wieder anders lagen die Verhältnisse in Territorien, die in ihrem Inneren stadtstaatlich organisiert waren. Sowohl etwa im Attisch-Delischen Seebund als auch insbesondere im republikanischen Römischen Reich war die Organisation der Wirtschaft wenn überhaupt, dann eine Sache der jeweiligen bürgerstaatlichen Gemeinden. Dabei griff der übergeordnete Staat, ebenso wie bei allen anderen Selbstverwaltungsaufgaben, nur dann ein, wenn gesamtstaatliche Interessen berührt waren. Im Römischen Reich ist dies etwa daran erkennbar, dass in neu eroberten und als Provinzen ins Reich integrierten Gebieten oft das althergebrachte jeweilige Steuer- und Verwaltungssystem übernommen wurde und dass die lokale Gerichtsbarkeit, ja oft sogar das Recht zur Münzprägung bei den Stadtgemeinden beziehungsweise Völkerschaften verblieb.

Zumeist regulierten die lokalen Selbstverwaltungseinheiten die jeweilige Wirtschaft auch nicht aktiv, sondern griffen nur ein, wenn ein Versagen des Marktes soziale oder politische Probleme verursachte. Ein solches Systemversagen des Marktes lag etwa bei der Krise in der römischen Gesellschaft Ende des 2. Jahrhunderts v. Chr. vor, die ja Tiberius Gracchus zu seinen weit reichenden Reformvorhaben veranlasst hat. Ein weiteres Beispiel für Systemversagen des Marktes wäre die fortwährende Krise in der Nahrungsmittelversorgung Roms, die Kaiser Augustus und seine Nachfolger zwang, durchaus dirigistisch und nachhaltig in diesen Wirtschaftsbereich einzugreifen.

Bei den von einzelnen herausragenden Stadtgemeinden politisch und militärisch dominierten größeren Ansammlungen von Bürgergemeinden scheint es allerdings eine generelle Tendenz gegeben zu haben: die oft hemmungslose Abschöpfung von Ressourcen der ‚Untertanengemeinden' zugunsten der jeweils herrschenden Gemeinde in Form von Steuern und Abgaben. Dieses Ungleichgewicht zwischen etwa Athen und seinen Bündnern im Seebund oder zwischen Rom und seinen Provinzen würde ich nicht so ohne weiteres zur Kategorie Wirtschaftspolitik zählen.

Um aber noch einmal auf den Gedanken bezüglich der ökonomisch weitgehend selbstverwalteten ‚Untertanengemeinden' zurückzukommen: Ein solches Verhalten würde man heute mit dem Begriff Subsidiaritätsprinzip bezeichnen wollen: Das, was lokal geregelt werden kann, soll in der lokalen Obhut verbleiben. Nur wenn gesamtstaatliche Interessen berührt sind oder wenn die lokalen Selbstverwaltungssysteme versagen, muss die übergeordnete Einheit eingreifen. Und genau dieses Prinzip scheint auch in der hohen Kaiserzeit im Römischen Reich prägend gewesen sein. Die römischen Kaiser wirkten zwar im 1. und 2. Jahrhundert n. Chr. in den Bereichen Infrastruktur, Recht, Währung und Ordnungspolitik durchaus wirtschaftsfördernd, sie verschafften dem Untertanengebiet zunehmend auch Anreize und Chancen zu einer eigenen wirtschaftlichen Entwicklung, sie waren politisch auch durchaus in der Lage, reichsweit in die Wirtschaft einzugreifen, doch sie beließen es, wie ich meine wohlüberlegt, bei dem System der locker zusammenhängenden, sich selbst regulierenden wirtschaftlichen Einheiten.

Eines wäre an dieser Stelle aber nochmals zu betonen: Seit dem 7. Jahrhundert v. Chr. existierten *oikos*- und *polis*-Wirtschaft nebeneinander, keineswegs hat die Stadtwirtschaft den *oikos* auf dem Lande verdrängt. Ebenso hat die im 3. Jahrhundert aufgekommene Staatswirtschaft weder den ländlichen *oikos* noch die *polis*-Wirtschaft gänzlich verdrängt, sie gesellte sich lediglich neben die anderen beiden Wirtschaftsformen. Was sich veränderte, waren lediglich die Gewichtungen zwischen diesen drei Wirtschaftsformen. Und dies prägte den spezifischen ökonomischen Charakter der diversen antiken Epochen und Gesellschaften. Zugleich war die spezifische Art und Weise des Nebeneinanders dieser drei Wirtschaftsformen in der Antike besonders stark von den jeweiligen politischen und gesellschaftlichen Verhältnissen und Rahmenbedingungen abhängig.

Wenn nun zwar eine wirtschaftliche Entwicklung in der Antike stattgefunden hat, diese aber von der heutigen Wirtschaft aus vielen Gründen weit entfernt ist, wenn zudem eine Wirtschaftspolitik in der Antike durchaus zu bemerken ist, diese jedoch von der (im Idealfalle) theoriegestützten heutigen Wirtschaftspolitik ebenso weit entfernt ist – welchen Sinn hat dann eine Beschäftigung mit der antiken Wirtschaft? Ist am Ende nur ein eher antiquarisches Interesse an weit in der Vergangenheit liegenden Verhältnissen ausschlaggebend?

Oftmals wird in der Forschung die elementare Verwandtschaft heutiger westlicher mit den antiken Kulturen betont. Zugleich wird die zeitliche und räumliche Distanz zu eben jenen vergangenen Kulturen als hermeneutische Chance gesehen, das im Kern ‚Eigene' im ‚historisch Fremden' klarer erkennen zu können. Kann denn tatsächlich auch der Teilbereich der antiken Wirtschaft ein Modell darstellen, das es uns ermöglicht, Grundhaltungen und -strukturen unserer heutigen Wirtschaft klarer (wieder-)zuerkennen? Ich meine, dies ist durchaus möglich. Die Wirtschaft in der Antike ist zwar mit modernen Formen von Wirtschaft in vielerlei Hinsicht nicht vergleichbar, doch finden wir in der Antike durchaus elementare Gemeinsamkeiten mit unserem heutigen Wirtschaftsverhalten. Und weil uns die antike Wirtschaft so fern, so fremd erscheint, sind wir leichter in der Lage, die Verhältnisse zu objektivieren. Dadurch, dass es sich um einfache Strukturen handelt, können die Grundzüge klarer erkannt werden.

Ein Beispiel wäre die Konkurrenz von *oikos*-Wirtschaft und arbeitsteiliger marktgerechter *polis*-Wirtschaft: Noch im 19. und in ländlichen Gebieten sogar bis ins 20. Jahrhundert war auch in Europa der Gedanke vom Einzelhaushalt, der sich hinsichtlich der Produktion und der internen Verteilung an der Maxime der Autarkie orientierte, weithin verbreitet. Heutzutage ist in den Industriegesellschaften die Autarkie der Einzelhaushalte und -betriebe kein Thema mehr. Die gesellschaftliche Arbeitsteilung in der Produktion und in der Verteilung – und zwar vermittelt über den Markt – herrscht vor. Ein anderer Charakterzug der *oikos*-Wirtschaft, derjenige nämlich, dass Vermögen sicher thesauriert werden, statt sie einer Gewinn bringenden, aber riskanteren Investition zuzuführen, ist heute noch weit verbreitet. Das Bankgewerbe ist zum Beispiel überaus verdrossen über die Tatsache, dass große Teile der privaten Vermögen in wenig verzinsten Sparbüchern statt in weit rentableren Wertpapieren angelegt werden. Ist da nicht eine Spur des Denkens spürbar, wie wir es etwa von Hesiod überliefert haben?

Die Scheu vor dem unternehmerischen Risiko bei dem eben beschriebenen Wirtschaftsverhalten führt uns zu einem weiteren Beispiel: Nach der liberalen Theorie verhalten sich Marktteilnehmer – und zwar die Produzenten, Händler und Konsumenten – höchst rational. Hinsichtlich der Konsumenten bedeutet dies etwa, dass die Bedarfsstruktur genau analysiert wird, der Markt möglichst lückenlos beobachtet wird und schließlich das nach dem Preis-Leistungs-Verhältnis und nach dem Bedarf angemessenste Produkt ausgewählt wird. Wer einmal einen kurzen Augenblick über sein eigenes Konsumverhalten nachdenkt, kommt zu dem Schluss, dass er sich häufig nicht so verhält, wie es die liberale Theorie fordert. Man orientiert sich an Marken, man lässt sich – sehr zur Freude der Werbewirtschaft – von außerökonomischen Motiven leiten, und man hat bei alltäglichen Einkäufen weder die Zeit noch die Lust zu einer lückenlosen Marktbeobachtung. Kurz – aus vielerlei Gründen verhält man sich beim Konsum oft suboptimal, was den meisten Konsumenten letztendlich aber auch egal ist. In der modernen Konsumtheorie wird dieses weit verbreitete Verhalten mit dem Begriff „satisfyer-Mentalität" zu fassen versucht. Der „satisfyer" begnügt sich im Gegensatz zum „optimizer" mit einem nicht optimalen, dafür aber bequemen, zeitsparenden und risikoarmen Wirtschaftsverhalten. In der Antike fanden wir eine weit verbreitete Rentenmentalität vor: Wohlhabende Kreise hatten oft keine Zeit und keine Lust, ihre Einkommensgrundlagen zu optimieren, und zogen eine mäßige, aber stressfreie Rente vor. So etwa der jüngere Plinius. Er kannte mit Sicherheit die Konzepte der römischen Agrarschriftsteller zur Optimierung von Landgütern, er konnte auch einschätzen, welche Renten auf seinen Landgütern bei einer Optimierung möglich gewesen wären. Gleichwohl verzichtete er auf solch eine Optimierung und begnügte sich mit einer mittleren Rente aus seinen Gütern. Ist dieses Wirtschaftsverhalten der oben beschriebenen „satisfyer-Mentalität" nicht sehr ähnlich?

Ein anderes Beispiel aus dem wirtschaftspolitischen Bereich: Die Modelle ‚hellenistische Staatswirtschaft' oder ‚römische Kaiserzeit' erlauben doch die Analyse, inwieweit und in welchen Formen staatliche Infrastrukturmaßnahmen die Wirtschaft zu fördern imstande sind. Ebenso kann genauer untersucht werden, wie fiskalischer Druck entweder leistungsmotivierend wirkt, solange er moderat bleibt, oder die Wirtschaftstätigkeit abwürgt, wenn er die Rentabilität der Unternehmungen zu sehr einschränkt und wenn keine Anreize zu eigenwirtschaftlicher Tätigkeit mehr wirksam werden können. Denn selbst so weitgehend dirigistische Staatswirtschaften wie die ptolemäische kamen ohne Privatinitiative nicht aus, beziehungsweise, sobald die Privatinitiative durch Regulierungen zu sehr behindert wurde, kam es zu einem Niedergang der Gesamtwirtschaft. Ein ähnliches Schicksal erlitt ja in der Spätantike die antike Wirtschaft als Ganzes. Hier scheint ein elementares wirtschaftspolitisches Prinzip auf, das in heutigen wirtschaftspolitischen Debatten immer noch grundlegend sein sollte.

Auch die gesamtgesellschaftlichen Konsequenzen von wirtschaftlichen Fehlentwicklungen können in der Wirtschaftsgeschichte der Antike modellhaft studiert werden. So wurde etwa der innere Zusammenhang von Ausdehnung des Großgrundbesitzes und Kleinbauernschwund mit konkreten sozialen, militärischen und politischen Problemen in der späten römischen Republik sehr deutlich. Und die Weigerung der führenden gesellschaftlichen Schichten, dieses versagende System zu korrigieren, führte dann geradewegs in die politisch-soziale Katastrophe. In diesem Zusammenhang ist noch ein anderer Gedanke bedeutsam. Das politisch-ökonomische Ungleichgewicht zwischen den Provinzen und Italien beziehungsweise Rom führte zu einer ökonomischen Erschöpfung der Provinzen, während die Nutznießer dieser Strukturen im Überfluss eine Desintegration ihrer gesellschaftlichen und politischen Systeme erfahren haben. Es war dann die Leistung der römischen Kaiser, dieses Ungleichgewicht gemildert zu haben, was eine Erholung der östlichen Provinzen, eine ökonomische Aufholjagd der westlichen Provinzen und daraus folgend eine längere Phase der Prosperität und gesellschaftlichen Stabilität im gesamten Römischen Reich ermöglicht hat.

Man könnte die Aufzählung von Perspektiven, die einen aktuellen Nutzen der Beschäftigung mit der antiken Wirtschaft augenfällig machen, noch beliebig weiter fortsetzen. Inzwischen dürfte jedoch klar geworden sein, dass das Interesse an der antiken Wirtschaft keineswegs ein rein antiquarisches sein muss. Vielmehr kann es auch ein Interesse daran sein, wie am einfach strukturierten Modell die Grundkonstanten wirtschaftlicher Entwicklungen und die elementaren wirtschaftlichen Verhaltensweisen klarer studiert werden können, als dies bei den heutigen hochkomplexen Gesellschaften möglich ist. Und wer die so gewonnenen Erkenntnisse als ‚Binsenweisheiten' abtut, der hat leider nicht begriffen, wie einfach – und dabei dennoch den Meisten nicht bewusst – die elementaren Antriebe und Mechanismen der Wirtschaft im Grunde sind.

Einen Gedanken möchte ich zum Schluss noch äußern. Wir haben uns heute angewöhnt, das Primat der Ökonomie und von wirtschaftlichen Interessen in fast allen Bereichen des menschlichen Daseins zu akzeptieren. In der Antike war dies offenbar nicht so – was oft als die Begründung für die in der Forschung so bezeichnete ‚Primitivität' der antiken Wirtschaft dient. Die Antike bietet in der Tat Beispiele für Gesellschaften, in denen Menschen, ohne dabei die Interessen der Wirtschaft zu vernachlässigen, einen breiteren Horizont hatten als die vom ökonomischen Denken überwucherten heutigen Industriegesellschaften. Ein Nachdenken darüber, ob denn das menschliche Dasein auch mehr sein könnte als die bloße Funktion von ökonomischen Mechanismen, das kann durch die Beschäftigung mit der Antike eben auch angestoßen werden.

Antike Quellen und Literatur

Inschriftliche Quellen/Monumente

AE	L'Année Épigraphique
CIL	Corpus Inscriptionum Latinarum, 1863 ff.
IG	Inscriptiones Graecae, 1873 ff.
ILS	Inscriptiones Latinae Selectae, ed. H. Dessau. 3 Bde. in 5 Teilen. 1892–1916; ND 1974
JRS	Journal of Roman Studies
Dittenberger	Dittenberger, W., Sylloge inscriptionum Graecarum. 3. Aufl. 1915–1924
Freis	Freis, H., Historische Inschriften zur römischen Kaiserzeit von Augustus bis Konstantin. Darmstadt 1984
Giacchero	Giacchero, M., Edictum Diokletiani et Collegarum de pretiis rerum venalium. Genua 1974. (zitiert nach Brand [1998])
Waltzing	Waltzing, J., Étude historique sur les corporations professionelles chez les Romains. Bd. 1–4. 1895 ff.
Zimmer	Zimmer, G., Römische Berufsdarstellungen. Berlin 1982
Papyri:	P. Col. – Columbia Papyri, Payrussammlung der Columbia University
	P. Cair. Zen. – Papyrussammlung des Museums von Kairo, Zenonarchiv
	P. Mich. – Michigan Papyri, Papyrussammlung der Universität von Michigan
	P. Heid. – Veröffentlichungen aus der Heidelberger Papyrussammlung
	O. Heid. – Ostraka der Heidelberger Papyrussammlung
	P. Rev. Laws – Papyrus Revenue Laws
	Tebtynis-Papyri

Literarische Quellen

(Wenn ausführlicher zitiert, wird bei den jeweiligen Autoren die Übersetzung angegeben)

Andokides	Andokides (geb. um 440 v. Chr. in Athen, gest. nach 391 v. Chr.) – Reden
Appian	Appianos (geb. um 90 n. Chr. in Alexandria, gest. nach 160 n. Chr. in Rom)
b. c.	*bella civilia* – Bürgerkriege / Übers.: O. Veh
Aristophanes	Aristophanes (geb. um 450 v. Chr. in Athen, gest. nach 385 v. Chr.) – Komödien / Übers.: L. Seeger / H. J. Newiger
Ekkl.	*Ekklesiazusen* – Frauenvolksversammlung (393–391 v. Chr.)
Frösche	Frösche (405 v. Chr.)
Ploutos	*Ploutos* – Der Reichtum (388 v. Chr.)

180 Antike Quellen und Literatur

Ritter	Ritter (424 v. Chr.)
Wespen	Wespen (422 v. Chr.)
Aristoteles	Aristoteles (geb. 384 v. Chr. in Stagira, gest. 322 v. Chr. in Chalkis auf Euboia)
ath.	*athenaion politeia* – Staat der Athener / Übers.: M. Dreher
pol.	*politika* – Politik / Übers.: F. F. Schwarz
rhet.	*rhetorica* / Übers.: G. Krapinger
Pseudo-Aristoteles	(dem Aristoteles zugeschriebenes, aber vermutlich erst im 3. Jahrhundert von einem seiner Schüler verfasstes Werk)
oik.	*oikonomika* / zitiert nach Austin [1984] und nach nach Spahn [1984]
Athenaios	Athenaios von Naukratis (um 200 n. Chr.)
	deipnosophistai – Gelehrte beim Gastmahl
Caesar	Gaius Julius Caesar (geb. 100 v. Chr., gest. 44 v. Chr. in Rom)
bell. afr.	*de bello africo* – Der afrikanische Krieg
Cato	Marcus Porcius Cato Censorius (geb. 234 v. Chr. in Tusculum, gest. 149 v. Chr.)
agr.	*de agri cultura* – Belehrung über die Landwirtschaft / Übers.: P. Thielscher
Cicero	Marcus Tullius Cicero (geb. 106 v. Chr. in Arpinium, gest. 43 v. Chr. in Caieta)
Att.	*epistulae ad Atticum* – Briefe an den Freund Atticus / Übers.: H. Kasten
Cato maior	*Cato maior de senectute* – Cato der Ältere, über das Greisenalter
fam.	*epistulae ad familiares* – Briefe an die Familie und Freunde / Übers. M. Fuhrmann
off.	*de officiis* – Pflichtenlehre / Übers.: H. Gunermann
Rab. Post.	*pro C. Rabirio Postumo* – Rede für C. Rabirius Postumus / Übers.: M. Fuhrmann
Verr.	*in Verrem actio 1, 2* – Reden gegen Verres, erste und zweite Rede / Übers.: M. Fuhrmann
Columella	Lucius Iunius Moderatus Columella (1. Jahrhundert n. Chr., geb. in Gades/Cádiz)
rust.	*de re rustica* – Über die Landwirtschaft / Übers.: W. Richter
Demosthenes	Demosthenes (geb. 384 v. Chr. in Paiania/Attika, gest. 322 v. Chr. in Kalaureia)
	orationes – Reden / zitiert nach Hopper [1982] und Austin [1984]
Dion Chrysostomos	Dion Chrysostomos (geb. um 40 n. Chr. in Prusa/Bithynien, gest. nach 110 n. Chr.) – Reden / Übers.: W. Elliger.
Herodot	Herodotos von Halikarnassos (geb. um 484 v. Chr. in Halikarnassos, gest. um 424 vermutlich in Thurioi)
	historiai – Geschichtswerk / Übers.: Th. Braun, H. Barth
Hesiod	Hesiodos (um 700 v. Chr. aus Askra/Böotien)
erg.	*erga kai hemerai* – Werke und Tage / Übers.: O. Schönberger
Homer	Homeros (Mitte 8. Jahrhundert v. Chr.)
Ilias	*Ilias* / Übers.: J. H. Voß
Odyssee	*Odyssee* / Übers.: J. H. Voß
Isaios	Isaios (geb. um 420 v. Chr. vermutlich in Chalkis/Euboia, gest. nach 353 v. Chr., vermutlich in Athen) – Reden
Isokrates	Isokrates (geb. 436 v. Chr. in Athen, gest. 333 v. Chr. daselbst) – Reden / zitiert nach Hopper [1982]

Lactanz	Lucius Caecilius Firmianus Lactantius (geb. um 250 n. Chr., gest. um 325 n. Chr.)
de mort. pers.	*de mortibus persecutorum* – Über die Todesarten der Christenverfolger / zitiert nach Brand [1998]
Livius	Titus Livius (geb. vermutlich 59 v. Chr. in Patavium/Padua, gestorben 17 n. Chr. ebenda)
	ab urbe condita – Geschichte seit Gründung der Stadt (Rom) / diverse Übersetzer in der Ausgabe Reclam, Stuttgart 1981 ff.
epit.	*Epitome* – Auszüge/Kurzfassungen zu den verlorenen Büchern von *ab urbe condita*, durch Sekundärüberlieferung erhalten
Lukian	Lukianos (geb. um 120 n. Chr. in Samosata am Euphrat, gest. nach 180 n. Chr.)
somnium	*somnium* – Der Traum, autobiogr. Erzählung
Lysias	Lysias (geb. um 444 v. Chr. in Athen, gest. nach 380 v. Chr.) – Reden.
Petronius	Titus Petronius Niger (gest. 66 n. Chr. in Kampanien)
	satyrica – Schelmenszenen / Übers.: K. Müller und W. Ehlers
Platon	Platon (geb. um 427 in Athen, gest. um 347 ebenda)
nom.	*nomoi* – Über die Gesetze / Übers.: K. Schöpsdau
pol.	*politeia* – Der Staat / Übers.: Fr. Schleiermacher
Protagoras	*Protagoras* / Übers.: Fr. Schleiermacher
Plautus	Titus Maccius Plautus (geb. um 240 v. Chr. in Sarsina/Umbrien, gest. 184 v. Chr.)
aul.	*auluaria* – Die Topfkomödie / Übers.: W. Binder
Plinius der Ältere	Gaius Plinius Secundus (geb. 23/24 n. Chr. in Novum Comum/Como, gest. 79 n. Chr. in Stabiae, Kampanien)
n. h.	*historia naturalis* – Enzyklopädie des Wissens über die Natur / diverse Übersetzer in der Ausgabe Artemis 1981 ff.
Plinius	Gaius Plinius Caecilius Secundus (geb. 61/62 n. Chr. in Novum Comum/Como, gest. vermutlich 112 n. Chr.)
epist.	*epistulae* – Privatbriefe / Übers.: H. Kasten
Plutarch	L. Mestrios Plutarchos (geb. um 45 n. Chr. in Chaironeia/Boiotien, gest. ebenda 120 n. Chr.)
Cato maior	*bioi paralleloi* – Parallelbiographien (Übers.: K. Ziegler), hier *Cato maior* – Cato der Ältere
Tib. Gracchus	*bioi paralleloi* – Parallelbiographien (Übers.: K. Ziegler), hier *Tiberius Gracchus*
Lucullus	*bioi paralleloi* – Parallelbiographien (Übers.: K. Ziegler), hier *Lucullus*
Perikles	*bioi paralleloi* – Parallelbiographien (Übers.: K. Ziegler), hier *Perikles*
Solon	*bioi paralleloi* – Parallelbiographien (Übers.: K. Ziegler), hier *Solon*
Polybios	Polybios (geb. um 200 v. Chr. in Megalopolis/Peloponnes, gest. um 120 v. Chr. ebenda), *historiai* – Universalgeschichte
Seneca	Lucius Annaeus Seneca (geb. um Christi Geburt in Corduba/Spanien, gest. 65 n. Chr.)
epist.	*epistulae ad Lucilium* – Briefe an Lucilius
SHA	Scriptores Historiae Augustae – spätantike Sammlung von Kaisergeschichten
vita Marci	*vita Marci Antonini Philosophi Iuli Capitolini* – Marc Aurel

Sueton	Gaius Suetonius Tranquillus (geb. um 70 n. Chr., gest. um 130 n. Chr.), *De vita Caesarum – Kaiserbiographien* / Übers.: H. Martinet
Augustus	*Divus Augustus* – Augustus
Caesar	*Divus Iulius* – Julius Caesar
Claudius	*Divus Claudius* – Claudius
Domitian	*Domitianus* – Domitian
Tiberius	*Tiberius*
Vespasian	*Divus Vespasianus* – Vespasian
Thukydides	Thukydides (geb. 455 v. Chr. in Athen, gest. um 400 v. Chr.), *historiai* – Der Peloponnesische Krieg / Übers.: H. Vretska
Varro	Marcus Terentius Varro Reatinus (geb. 116 v. Chr. vermutlich in Reate, gest. 27 v. Chr.)
rust.	*de re rustica* – Lehrbuch über die Landwirtschaft / Übers.: D. Flach
Vergil	Publius Vergilius Maro (geb. 70 v. Chr. in Andes bei Mantua, gest. 19 v. Chr. in Brundisium)
georg.	*georgica* – Lehrgedicht über die Landwirtschaft
Xenophon	Xenophon (geb. zwischen 440 und 420 v. Chr. in Athen, gest. nach 355 v. Chr.)
mem.	*memorabilia* – Erinnerungen an Sokrates, philosophische Dialoge
oik.	*Oikonomikos* – Lehrbuch über die Hauswirtschaft / Übers.: K. Meyer
poroi	*Poroi* – Vorschläge zur Beschaffung von Geldmitteln oder über die Staatseinkünfte / Übers.: E. Schütrumpf

Verwendete und andere nützliche Literatur – eine Auswahl

Alföldy (1979)	Alföldy, G., Römische Sozialgeschichte. Wiesbaden 1979.
Andreau (1987)	Andreau, J., La vie financière dans le monde romain. Les métiers d'argent (IVe siècle av. J.-C. – IIe siècle ap. J.-C.). Rom 1987.
D'Arms (1981)	D'Arms, J. H., Commerce and Social Standing in Ancient Rome. 1981.
Astin (1978)	Astin, A. E., Cato the Censor. Oxford 1978.
Aubert (1994)	Aubert, J.-J., Business Managers in Ancient Rome. A Social and Economic Study of Institores 200 B. C. – A. D. 250. Leiden 1994.
Ausbüttel (1998)	Ausbüttel, F. M., Die Verwaltung des römischen Kaiserreiches. Darmstadt 1998.
Austin (1984)	Austin, M., Vidal-Naquet, P., Gesellschaft und Wirtschaft im alten Griechenland. München 1984.
Badian (1972)	Badian, E., Tiberius Gracchus and the Beginning of the Roman Revolution. ANRW I, 1. 1972, S. 668 ff.
Baier (1997)	Baier, T., Varro Reatinus, in: Metzler Lexikon antiker Autoren. Stuttgart 1997, S. 735 ff.
Baloglou (1996)	Baloglou, C. P., Peukert, H., Zum antiken ökonomischen Denken der Griechen (800–31 v. u. Z.). Eine kommentierte Bibliographie. Marburg 1996.
Beloch (1888)	Beloch, K. J., Die Bevölkerung der griechisch-römischen Welt. Leipzig 1888.
Beyer (1995)	Beyer, F., Geldpolitik in der römischen Kaiserzeit. Von der Währungsreform des Augustus bis Septimius Severus. Wiesbaden 1995.

Bleicken (1994,1)	Bleicken, J., Die athenische Demokratie. Paderborn 1994.
Bleicken (1994,2)	Bleicken, J., Verfassungs- und Sozialgeschichte des römischen Kaiserreiches. Bd. 2. Paderborn 1994.
Bleicken (1995)	Bleicken, J., Verfassungs- und Sozialgeschichte des römischen Kaiserreiches. Bd. 1. Paderborn 1995.
Boardman (1981)	Boardman, J., Kolonien und Handel der Griechen vom späten 9. bis zum 6. Jahrhundert v. Chr. München 1981.
Bogaert (1968)	Bogaert, R., Banques et banquiers dans les cités grecques. Leyden 1968.
Bogaert (1986)	Bogaert, R., Grundzüge des Bankwesens im alten Griechenland. Konstanz 1986.
Bogaert (1987)	Bogaert R., Banques et banquiers dans L'Arsinoïte à l'époque ptolémaïqie. ZPE 68 (1987) S. 35 ff.; ZPE 69 (1987) S. 107 ff.
Boren (1976)	Boren, H. C., Die Rolle der Stadt Rom in der Wirtschaftskrise der Gracchenzeit, in: Schneider, H. (Hg.), Zur Sozial- und Wirtschaftsgeschichte der späten römischen Republik. Darmstadt 1976, S. 79 ff.
Brandt (1998)	Brandt, H., Geschichte der römischen Kaiserzeit. Von Diokletian und Konstantin bis zum Ende der Konstantinischen Dynastie (284–363). Berlin 1998.
Bringmann (1985)	Bringmann, K., Die Agrarreform des Tiberius Gracchus: Legende und Wirklichkeit. Frankfurter Historische Vorträge, Heft 10, Stuttgart 1985.
Brockmeyer (1968)	Brockmeyer, N., Arbeitsorganisation und ökonomisches Denken in der Gutswirtschaft des römischen Reiches. (Diss.) Bochum 1968.
Brockmeyer (1974)	Brockmeyer, N., Sozialgeschichte der Antike. Stuttgart 1974.
Brockmeyer (1979)	Brockmeyer, N., Antike Sklaverei. Darmstadt 1979.
Brunt (1976)	Brunt, P. A., Die equites in der späten Republik, in: Schneider, H. (Hg.), Zur Sozial- und Wirtschaftsgeschichte der späten römischen Republik. Darmstadt 1976, S. 175 ff.
Brunt (1987)	Brunt, P. A., Italian Manpower 225 B. C. – A. D. 14. Oxford 1987.
Bücher (1893)	Bücher, Karl, Die Entstehung der Volkswirtschaft. Tübingen 1893.
Carcopino (1967)	Carcopino, J., Autour des Gracches. Paris ²1967.
Cartledge (1983)	P. Cartledge, ‚Trade and politics' revisited: Archaic Greece, in: Garnsey, P., Hopkins, K., Whittaker, C. R. (Hg.), Trade in the Ancient Economy. London 1983, S. 1 ff.
Casson (1984)	Casson, C., Ancient trade and society. Detroit 1984.
Christ (1964)	Christ, K., Die Griechen und ihr Geld, in: Saeculum 15 (1964), S. 214 ff.
Christ (1979)	Christ, K., Krise und Untergang der Römischen Republik. Darmstadt 1979.
Christ (1990)	Christ, K., Römische Geschichte. Einführung, Quellenkunde, Bibliographie. Damstadt ⁴1990.
Dahlmann (1935)	Dahlmann, Terentius (84), in: RE Suppl. 6. Stuttgart 1935, 1172 ff.
Dieter/Günther (1990)	Dieter, H., Günther, R., Römische Geschichte bis 476. Berlin 1990.
Dohr (1965)	Dohr, H., Die italischen Gutshöfe nach den Schriften Catos und Varros. Köln 1965.
Drexhage (2002)	Drexhage, H.-J., Konen, H., Ruffing, K., Die Wirtschaft des römischen Reiches (1.–3. Jahrhundert). Berlin 2002.
Duncan-Jones (1982)	Duncan-Jones, R., The Economy of the Roman Empire. Cambridge ²1982.
Duncan-Jones (1990)	Duncan-Jones, R., Structure and Scale in the Roman Economy. Cambridge 1990.

Duncan-Jones (1994)	Duncan-Jones, R., Money and Government in the Roman Empire. Cambridge 1994.
Earl (1963)	Earl, D. C., Tiberius Gracchus. Latomus 66, 1963.
Ebert (1984)	Ebert, J. (Hg.), Die Arbeitswelt der Antike. Köln 1984.
Ehrenberg (1965)	Ehrenberg, V., Der Staat der Griechen. Zürich–Stuttgart ²1965.
Ehrenberg (1973)	Ehrenberg, V., From Solon to Sokrates. London 1973.
Erbse (1993)	Erbse, H., Die Funktion des Rechtsgedankens in Hesiods Erga, in: Hermes 121 (1993), S. 12–28.
Fellmeth (1997,1)	Fellmeth, U., Palladius, in: Metzler Lexikon antiker Autoren. Stuttgart 1997, S. 496 f.
Fellmeth (1997,2)	Fellmeth, U., Cato, in: Metzler Lexikon antiker Autoren. Stuttgart 1997, S. 154 ff.
Fellmeth (1998)	Fellmeth, U., „Adsumo te in rei familiaris …" Ein Brief des jüngeren Plinius als Quelle für das ökonomische Denken der römischen Großgrundbesitzer bei Standortabwägungen, in: Alte Geschichte: Wege – Einsichten – Horizonte. Festschrift für Eckart Olshausen zum 60. Geburtstag (= Sudasmata 69). Hildesheim 1998, S. 49–61.
Fellmeth (1999)	Fellmeth, U., Landwirtschaft, in: Sonnabend, H. (Hg.), Mensch und Landschaft in der Antike – Lexikon der Historischen Geographie. Stuttgart 1999, S. 304–308.
Fellmeth (2001)	Fellmeth, U., Brot und Politik – Ernährung, Tafelluxus und Hunger im antiken Rom. Stuttgart 2001.
Fellmeth (2002)	Fellmeth, U., „Eine wohlhabende Stadt sei nahe …" Die Standortfaktoren in der römischen Agrarökonomie im Zusammenhang mit den Verkehrs- und Raumordnungsstrukturen im römischen Italien. St. Katharinen 2002.
Finley (1951)	Finley, M. I., Studies in Land and Credit in Ancient Athens, 500–200 B. C. New Brunswick, N. J. 1951.
Finley (1974)	Finley, M. I., Die Welt des Odysseus. Darmstadt 1974.
Finley (1977)	Finley, M. I., Die antike Wirtschaft. München 1977.
Flach (1990)	Flach, D., Römische Agrargeschichte. München 1990.
Flach (1996)	Flach, D., Marcus Terentius Varro – Gespräche über die Landwirtschaft. Buch I–III. Darmstadt 1996–2002.
Forbes (1955–64)	Forbes, R. J., Studies in Ancient Technology I–IX. Leiden 1955–64.
Frank (1933)	Frank, T., An Economic Survey of Ancient Rome. Bd. 1–6. Baltimore 1933 ff.
Frederiksen (1984)	Frederiksen, M., Campania (hg. von N. Purcell). Rom 1984.
Fuhrmann (1995)	Fuhrmann, M. (Hg.), Übersetzung und Erläuterung), Cicero, Die Reden gegen Verres. Bd. I und II. Zürich 1995.
Fuhrmann (1997)	Fuhrmann, M. (Hg.), Übersetzung und Erläuterung), Cicero, Die Prozeßreden. Darmstadt 1997.
Garnsey (1983,1)	Garnsey, P., Hopkins, K., Whittaker, C. R. (Hg.), Trade in the Ancient Economy. London 1983.
Garnsey (1983,2)	Garnsey, P. und Whittaker, C. R., Trade and Famine in Classical Antiquity. Cambridge 1983.
Garnsey (1989)	Garnsey, P., Saller, R., Das römische Kaiserreich – Wirtschaft, Gesellschaft, Kultur. Hamburg 1989.
Gehrke (1990)	Gehrke, H. J., Geschichte des Hellenismus. München 1990.
Gelzer (1939)	Gelzer, M., Tullius (29). RE 7A/1 (1939) 827 ff.

Gelzer/Helm (1953)	Gelzer, M., Helm, R., M. Porcius Cato Censorius. RE 22 (1953), 108 ff.
Gelzer (1960)	Gelzer, M., Caesar, der Politiker und Staatsmann. Wiesbaden 1960.
Greene (1986)	Greene, K., The Archeology of the Roman Economy. Berkeley 1986.
Gschnitzer (1981)	Gschnitzer, F., Griechische Sozialgeschichte, Von der mykenischen bis zum Ausgang der klassischen Zeit. Wiesbaden 1981.
Gummerus (1979)	Gummerus, H., Der römische Gutsbetrieb als wirtschaftlicher Organismus nach den Werken des Cato, Varro und Columella (Neudruck von Klio Beiheft V., Leipzig 1906). Aalen 1979.
Habermehl (1958)	Habermehl, C., Verres. RE 8A/2, 1958, Sp. 1561 ff.
Hasebroek (1920)	Hasebroek, J., Zum griechischen Bankwesen, in: Hermes 55 (1920), S. 113 ff.
Hasebroek (1928)	Hasebroek, J., Staat und Handel im alten Griechenland. Tübingen 1928.
Hasebroek (1931)	Hasebroek, J., Griechische Wirtschafts- und Gesellschaftsgeschichte bis zur Perserzeit. Tübingen 1931.
Heichelheim (1969)	Heichelheim, F. M., Wirtschaftsgeschichte des Altertums. 3 Bde. Leiden 1969.
Heitland (1921)	Heitland, E., Agricola. A Study in Ancient Agriculture from the Point of Labour. Cambridge 1921.
Herz (1988)	Herz, P. Studien zur römischen Wirtschaftsgesetzgebung. Die Lebensmittelversorgung. Stuttgart 1988.
Heuss (1976,1)	Heuss, A., Hellas, in: Mann, G., Heuss, A. (Hg.), Propyläen Weltgeschichte Bd. 3,1, S. 69–400. Frankfurt a. M. 1976.
Heuss (1976,2)	Heuss, A., Römische Geschichte. Braunschweig ^{4}1976.
Hodges (1989)	Hodges, R., Primitive and Peasant Markets. Oxford 1989.
Hopper (1982)	Hopper, R. J., Handel und Industrie im klassischen Griechenland. München 1982.
Jaczynowska (1976)	Jaczynowska, M., Die wirtschaftliche Differenzierung der römischen Nobilität am Ende der Republik, in: Schneider, H. (Hg.), Zur Sozial- und Wirtschaftsgeschichte der späten römischen Republik. Darmstadt 1976, S. 214 ff.
Jahn (1975)	Jahn, J., Zur Geld- und Wirtschaftspolitik Diokletians. JNG 25 (1975), S. 91–105.
Jones (1974)	Jones, A. H. M., The Roman Economy. Studies in Ancient Economic and Administration History (hg. von P. A. Brunt). Oxford 1974.
Jongman (1988)	Jongman, W. M., The economy and society of Pompeii. Amsterdam 1988.
Kaltenstadler (1978)	Kaltenstadler, W., Arbeitsorganisation und Führungssystem bei den römischen Agrarschriftstellern. Stuttgart 1978.
Kaltenstadler (1986)	Kaltenstadler, W., Betriebsorganisation und betriebswirtschaftliche Fragen im opus agriculturae von Palladius, in: Kalcyk, H. et al. (Hg.), Studien zur Alten Geschichte, Festschrift S. Lauffer zum 70. Geburtstag. Rom 1968, S. 501–557.
Kehoe (1988)	Kehoe, D. M., The Economics of Agriculture on Roman Imperial Estates in North Africa. Göttingen 1988.
Kienast (1954)	Kienast, D., Cato der Zensor. Heidelberg 1954.
Kloft (1992)	Kloft, H., Die Wirtschaft der griechisch-römischen Welt. Darmstadt 1992.
Kloft (2001)	Kloft, H., Cicero und die Wirtschaft seiner Zeit, in: Schefold, B. (Hg.), Vademecum zu einem Klassiker des römischen Denkens über Staat und Wirtschaft. Düsseldorf 2001.
Kloft (2006)	Kloft, H., Die Wirtschaft des Imperium Romanum. Mainz 2006.
Kolb (1984)	Kolb, F., Die Stadt des Altertums. München 1984.
Kopcke (1990)	Kopcke, G., Handel. Göttingen 1990.

Landels (1989)	Landels, J. G., Die Technik der antiken Welt. München 1989.
Lewis (1983)	Lewis, N., Life in Egypt under Roman Rule. Oxford 1983.
Martin (1971)	Martin, R., Recherches sur les agronomes latins et leurs conceptions économiques et sociales. Paris 1971.
De Martino (1991)	De Martino, F., Wirtschaftsgeschichte des alten Rom. München 1991.
Meißner (1997)	Meißner, B., Berufsausbildung in der Antike (Rom und Griechenland), in: Liedtke, M. (Hg.), Berufliche Bildung – Geschichte, Gegenwart und Zukunft. Bad Heilbrunn 1997, S. 55–99.
Meißner (1999)	Meißner, B., Die technologische Fachliteratur der Antike. Berlin 1999.
Meißner (2000)	Meißner, B., Über Zweck und Anlaß von Diokletians Preisedikt. Historia 49 (2000), S. 79–100.
Meyer (1924)	Meyer, Ed., Kleine Schriften. Bd.1, Halle 1924.
Michell (1957)	Michell, H., The Economics of Ancient Greece. Cambridge ^{2}1957.
Mommsen (1868)	Mommsen, Th., Römische Geschichte. Bd 1–3, Berlin ^{5}1868 f.
Neesen (1989)	Neesen, L., Demiourgoi und Artifices: Studien zur Stellung freier Handwerker in antiken Städten. Frankfurt a. M. 1989.
Nickel (1979)	Nickel, R., Xenophon. Darmstadt 1979.
Oertel (1975)	Oertel, F., Kleine Schriften zur antiken Wirtschaftsgeschichte. Bonn 1975.
Parkins (1998)	Parkins, H., Smith, C. (Hg.), Trade, Traders and the Ancient City. London 1998.
Pekáry (1979)	Pekáry, T., Die Wirtschaft der griechisch-römischen Antike. Wiesbaden 1979.
Pestman (1981)	Pestman, P. W. et al., A Guide to the Zenon Archive. I–II. Leiden 1981.
Pleket (1990)	Pleket, H. W., Wirtschaft, in: Vittinghoff, F. (Hg.), Europäische Wirtschafts- und Sozialgeschichte in der römischen Kaiserzeit (= Bd. 1 Handbuch der europäischen Wirtschafts- und Sozialgeschichte). Stuttgart 1990, S. 25–160.
Pöhlmann (1925)	Pöhlmann, R., Geschichte der sozialen Frage und des Sozialismus in der antiken Welt. München 1925.
Polanyi (1964)	Humphreys, S. C., History, Economics and Anthropology: The Work of Karl Polanyi. History and Theory 8, 1964, S. 165–212.
Polanyi (1968)	Polanyi, K., Primitive, Archaic and Modern Economics: Essays of Karl Polanyi. Garden City 1968.
Polanyi (1979)	Polanyi, K., Ökonomie und Gesellschaft. Dt. Frankfurt 1979.
Ramsay (1924)	Ramsay, W., Studies in the Roman Province Galatia, in: JRS 14, 1924, S. 179–184.
Rich (1991)	Rich, J. (Hg.), City and Country in the Ancient World. London 1991.
Richter (1968)	Richter, W., Die Landwirtschaft im homerischen Zeitalter. Göttingen 1968.
Richter (1981)	Richter, W. (Hg. und Übers.), Lucius Iunius Moderatus Columella, Zwölf Bücher über Landwirtschaft, Buch eines Unbekannten über Baumzüchtung. Bd. 1–3, München 1981–83.
Riechle (1987)	Riechle, A., Handwerk und Berufe in der römischen Stadt. Bonn 1987.
Roebuck (1984)	Roebuck, C. A., Economy and Society in the Early Greek World. Chicago 1984.
Rostovtzeff (1922)	Rostovtzeff, M., A Large Estate in Egypt in the Third Century B. C. Madison 1922.
Rostovtzeff (1929)	Rostovtzeff, M., Gesellschaft und Wirtschaft im römischen Kaiserreich. Leipzig 1929. 2 Bde.

Rostovtzeff (1987)	Rostovtzeff, M., Capitalisme et économie nationale dans l'antiquité [verfasst 1899]. Pallas 33 (1987), S. 19–40.
Rostovtzeff (1998)	Rostovtzeff, M., Gesellschafts- und Wirtschaftsgeschichte der hellenistischen Welt. Bd. 1–3, Darmstadt 1998 (Nachdruck der Ausgabe Darmstadt 1955).
Rougé (1966)	Rougé, J., Recherches sur l'organisation du commerce maritime en Méditerranée dans l'Empire romain. Paris 1966.
Schefold (1981)	Schefold, B., Wirtschaftsstil und Wirtschaftstheorie, in: Meyer-Abich, K. M., Schefold, B., Wie möchten wir in Zukunft leben? München 1981, S. 112–121.
Schefold (1989)	Schefold, B., Platon und Aristoteles, in: Starbatty, J., Klassiker des ökonomischen Denkens. Bd. 1, München 1989.
Schefold (1994)	Schefold, B., Wirtschaftsstile. Bd. 1, Frankfurt a. M. 1994.
Schinzinger (1977)	Schinzinger, F., Ansätze ökonomischen Denkens von der Antike bis zur Reformationszeit. Darmstadt 1977.
Schneider (1981)	Schneider, H. (Hg.), Sozial- und Wirtschaftsgeschichte der römischen Kaiserzeit. Darmstadt 1981.
Schneider (1997,1)	Schneider, H., Columella, in: Metzler Lexikon antiker Autoren. Stuttgart 1997, S. 182 f.
Schneider (1997,2)	Schneider, H., Landtransport und Schiffahrt, in: Hägermann, D., Schneider, H. (Hg.), Propyläen Technikgeschichte. Bd. 1, Berlin 1997.
Schütrumpf (1982)	Xenophon, Vorschläge zur Beschaffung von Geldmitteln oder über die Staatseinkünfte. Eingeleitet, herausgegeben und übersetzt von Schütrumpf, E. Darmstadt 1982.
Schwabl (1971)	Schwabl, H., Hesiodos, in: RE Suppl. 12, 1971, Sp. 434–486.
Shatzman (1975)	Shatzman, I., Senatorial Wealth and Roman Politics. Brüssel 1975.
Simovicová (1971)	Simovicová, E., Zur Erkenntnis der Warenproduktion in Catos Schrift „De agricultura" vom Standpunkt der herrschenden Wirtschaftstheorien, in: Graecolatina et Orientalia. Bd. 3, Bratislava 1971, S. 3–36.
Simovicová (1972)	Simovicová, E., Der Warenaustausch und die Marktformen in Catos Schrift De agri cultura, in: Graecolatina et Orientalia. Bd. 4, Bratislava 1972, S. 3–18.
Spahn (1984)	Spahn, P., Die Anfänge der antiken Ökonomik. Chiron 14 (1984), S. 301–323.
Spahn (1992)	Spahn, P., Wirtschaft – Antike, in: Geschichtliche Grundbegriffe. Bd. 7, Stuttgart 1992, S. 513–526.
Starr (1977)	Starr, C. G., The Economic and Social Growth of Early Greece 800–500 B. C. New York 1979.
Thielscher (1963)	Thielscher, P. (Hg. und Übers.), Des Marcus Cato Belehrung über die Landwirtschaft. Berlin 1963.
Tibiletti (1976)	Tibiletti, G., Die Entwicklung des Latifundiums in Italien von der Zeit der Gracchen bis zum Beginn der Kaiserzeit, in: Schneider, H. (Hg.), Zur Sozial- und Wirtschaftsgeschichte der späten römischen Republik. Darmstadt 1976, S. 11 ff.
Ulf (1990)	Ulf, Ch., Die homerische Gesellschaft. München 1990.
Weber (1891)	Weber, M., Die römische Agrargeschichte in ihrer Bedeutung für das Staats- und Privatrecht. Stuttgart 1891.
Weber (1924)	Weber, M., Agrarverhältnisse im Altertum, in: Gesammelte Aufsätze zur Sozial- und Wirtschaftsgeschichte. Tübingen 1924, S. 1–288.
Weber (1976)	Weber, M., Wirtschaft und Gesellschaft (hg. v. J. Winckelmann). Tübingen ^{5}1976.

Weber (1981)	Weber, M., Wirtschaftsgeschichte. Berlin ⁴1981.
Westermann (1955)	Westermann, W. L., The Slave Systems of Greek and Roman Antiquity. Philadelphia 1955.
Will (1954)	Will, E. L., Trois quarts de siècle de recherches sur l'économie grecque antique, in: Annales E. S. C. 9, S. 7–22.
Wolters (1995)	Wolters, R., Nummi Signati. Untersuchungen zur römischen Münzprägung und Geldwirtschaft. München 1995.
Ziebarth (1929)	Ziebarth, E., Beiträge zur Geschichte des Seeraubs und Seehandels im alten Griechenland. Hamburg 1929.
Zimmer (1982)	Zimmer, G., Römische Berufsdarstellungen. Berlin 1982.
Zimmer (1985)	Zimmer, G., Römische Handwerker, in: ANRW II 12, 3, 1985, S. 205–228.

Literaturauswahl zu den einzelnen Kapiteln

Einleitung – Zitate zur Wirtschaftsferne der antiken Menschen: Finley (1977) S. 12, 14, 183 f.; Austin (1984) S. 8.; Kloft (1992) S. 1 ff.; Bleicken (1994) Bd. 2, S. 49.

Der moralische Standpunkt der klassischen Philosophen gegenüber der Wirtschaft – Schefold (1994) S. 113 ff.; Hopper (1982); Kloft (2001); Spahn (1984, 1992); Baloglou (1996).

Wirtschaft bei Odysseus und den anderen Helden – Hasebroek (1931) S. 6 ff., Finley (1974), insbes. S. 44 ff. und 72 ff.; Austin (1984) S. 28 ff.; Ebert (1984) S. 13 ff.; Heitland (1921) S. 16 ff.; Hopper (1982) S. 27 ff.; Kloft (1992) S. 98 ff.; Kopke (1990) S. 90 ff.; Pekáry (1979) S. 7 ff.; Richter (1968); Schefold (1994) S. 181 ff.

Die archaische Wirtschaft von unten gesehen: Hesiod – Ebert (1984) S. 25 ff.; Heitland (1921) S. 22 ff.; Kloft (1992) S. 100 f.; Kopke (1990) S. 91 ff.; Schefold (1994) S. 204 ff.

Entstehung der klassischen griechischen *polis*-Wirtschaft aus der archaischen *oikos*-Wirtschaft – Heuss (1976,1) S. 71 ff.; C. Roebuck (1979) S. 43 ff.; Pekáry (1979) S. 11 ff.; Hopper (1982) S. 27 ff.; Cartledge (1983); Austin (1984) S. 39 ff.; Kloft (1992) S. 98 ff.

Perikles und die „attische Ökonomie" – Spahn (1984); Schefold (1989), (1994) S. 175 ff.

Pasion – und die Bankiers in Athen – Hasebroek (1920); Bogaert (1968) S. 63 ff.; Heichelheim (1969) Bd. 1, S. 294 ff., 349 ff.; Finley (1977) S. 168 f.; Pekáry (1979) S. 35 ff.; Hopper (1982) S. 139 ff.; Austin (1984) S. 122 ff., Text Nr. 103; Bogaert (1986); Kloft (1992) S. 124 ff.; Bleicken (1994) S. 110 ff.

Demosthenes' Vater – und die Geldanlagen der Vermögenden – Hopper (1982) S. 142; Austin (1984) S. 311 f.; Kloft (1992) S. 124 ff.

Xenophon – Ansätze zu einer Wirtschaftspolitik in Athen? – Hasebroek (1928) S. 102 ff.; Heichelheim (1969) I S. 404 ff., III S. 1058 ff. (dort die ältere Literatur im Überblick); Finley (1977) S. 179 ff.; Schinzinger (1977) S. 8 ff.; Pekáry (1979) S. 30 ff.; Hopper (1982) S. 127 ff.; Schütrumpf (1982); Austin (1984) S. 97 ff.; Bleicken (1994) S. 98 ff., 246 ff.

Staatswirtschaft am Beispiel des ptolemäischen Ägypten – Rostovtzeff (1922); Heichelheim (1969) Bd. 2, S. 420–676; Pekáry (1979) S. 43–75; Pestman (1981); Bogaert (1986); Bogaert (1987); Gehrke (1990) S. 46–70, 172 ff.; Kloft (1992) S. 127–144; Rostovtzeff (1998) S. 196–329.

Entwicklung der Wirtschaft in der römischen Republik – Frank (1933); Forbes (1955–64) passim; Heichelheim (1969) Bd. II, S. 420 ff.; Pekáry (1979) S. 76 ff.; Landels (1989) S. 9 ff., 241 ff.;

De Martino (1992) S. 75 ff.; Kloft (1992) S. 153 ff.; Meißner (1996) S. 99 ff., 161 ff.; Fellmeth (2001) S. 49 ff.; Fellmeth (2002) S. 51 ff., 129 ff.

Wirtschaftsfeindlichkeit und versierte Geschäftstüchtigkeit – Marcus Porcius Cato Censorius – Gelzer/Helm (1953); Kienast (1954); Thielscher (1963); Heichelheim (1969) S. 502 ff., 624 ff.; Shatzman (1975) S. 256 ff.; Fellmeth (1997,1) S. 154 ff.; Meißner (1997) S. 109 ff.; Fellmeth (2002) S. 15 ff. Zu den ökonomischen Konzeptionen Catos als Landwirt: Dohr (1965); Brockmeyer (1968) S. 72 ff.; Heitland (1970) S. 164 ff.; White (1970) passim; Martin (1971) S. 81 ff.; Simovicová (1971 und 1972); Kaltenstadler (1978); Gummerus (1979); Flach (1990) S. 184 ff.

Volkswirtschaftliche Probleme + Politik = Wirtschaftspolitik? – Tiberius Gracchus – Mommsen (1868) Bd. 2; Earl (1963); Carcopino (1967); Badian (1972); Brockmeyer (1974) S. 81 ff.; Heuss (1976,2) S. 130 ff.; Boren (1976); Brunt (1976); Jaczynowska (1976); Tibiletti (1976); Christ (1979) S. 117 ff.; Brockmeyer (1979) S. 156 ff.; Bringmann (1985); Christ (1990) S. 115 ff.; Flach (1990) S. 29 ff.; De Martino (1991) S. 75 ff.

Die Ressourcen des Römischen Reiches – Verres und Rabirius Postumus – Gelzer (1939); Habermehl (1958); Gelzer (1960) S. 68, S. 133, Anm. 193; Brunt (1976); Heuss (1976,2); Jaczynowska (1976); Fuhrmann (1995, I) S. 461 ff., (1995, II) S. 617 ff.; Fuhrmann (1997) S. 856 ff.

Die betriebswirtschaftlichen Konzeptionen der Agrarschriftsteller – Heitland (1921) S. 151 ff.; Dohr (1965); Brockmeyer (1968); White (1970) S. 332 ff.; Martin (1971); Simovicová (1971/1972); Kaltenstadler (1978); Gummerus (1979); Pekáry (1979) S. 86 ff.; Duncan-Jones (1982) S. 333 ff.; Flach (1990) S. 123 ff.; De Martino (1991) S. 105 ff., 256 ff.; Kloft (1992) S. 153 ff., 205 ff.; Potter (1992) S. 121 ff.; Meißner (1999) S. 170 ff., 194 ff.; Fellmeth (2002) S. 13 ff. Zu Cato: Kienast (1954); M. Gelzer, R. Helm, RE 22 (1953) 108 ff.; Thielscher (1963) S. 3 ff.; Fellmeth (1997,1). Zu Varro: Dahlmann (1935); Flach (1996) Bd. 1, S. 3 ff.; Baier (1997). Zu Columella: Richter (1981), Bd. 3, S. 569 ff.; Schneider (1997).

Die kaiserzeitliche Wirtschaft – Blüte und Probleme – Heichelheim (1969) S. 677 ff.; Duncan-Jones (1982); Garnsey (1989) S. 65 ff.; Pleket (1990); Duncan-Jones (1990); De Martino (1991) S. 246 ff.; Kloft (1992) S. 186 ff.; Duncan-Jones (1994); Bleicken (1994,1) S. 49 ff.; Wolters (1995); Beyer (1995); Fellmeth (1999); Fellmeth (2001) S. 39 ff.; Drexhage (2002); Kloft (2006).

Selbstdarstellung römischer Handwerker und Händler in Inschriften und Bildern – Zimmer (1982); Ebert (1984); Zimmer (1985); Neesen (1989); Drexhage (2002) S. 101 ff.; Kloft (2006) S. 42 ff.

Die Kaiser und die Lebensmittelversorgung der Stadt Rom – Rostovtzeff (1929), Bd. 2, S. 70 ff.; Finley (1977) S. 179 ff.; Bleicken (1994) S. 49 ff.; Fellmeth (2001) S. 49 ff., 129 ff., 162 ff.; Drexhage (2002) S. 27 ff.

Das wirtschaftliche Denken beim Hausvater Plinius dem Jüngeren – Heitland (1921) S. 317 ff.; Brockmeyer (1968) S. 192 ff.; White (1970) S. 41, 406 ff.; Martin (1971) S. 344 ff.; Duncan-Jones (1982) S. 17 ff.; Flach (1990) S. 177 ff.; Pleket (1990) S. 90 ff.; De Martino (1991) S. 270 ff., 445 ff.; Kloft (1992) S. 205 ff.; Fellmeth (1998).

Der Umbruch zur spätantiken Wirtschaft – Jahn (1975); Brandt (1998); Bleicken (1994,1); Bleicken (1995) S. 77 ff.; Drexhage (2002) S. 193 ff.; De Martino (1991) S. 391 ff.; Wolters (1995); Meißner (2000).

Register

Orte

Afrika 10, 83, 88, 98, 100, 109, 121, 126–127, 133–135, 140, 152, 156–157, 161–162, 166
Ägypten 11–12, 14, 31, 48, 59, 60–61, 63–77, 83–84, 107–109, 127, 134–135, 137, 140, 142–143, 152, 156–157, 159, 161, 167–169, 174–175
Aigina 36, 39
Alba 111
Alexandria 63, 70, 72, 75–76, 108–109, 121, 133, 140, 143
Amphipolis 48
Antiochia 121, 154
Aquileia 143
Arabien 69, 136
Arelate/Arles 148, 152
Arezzo/Arretium 84, 131–132
Arsinoe 61, 74
Arsinoites 152
Asia 82, 137
Askra 25
Athen 10–11, 13–14, 16, 32–33, 36, 39–43, 45–55, 58, 78, 137, 154, 174–175
Augsburg 150
Augst/Kaiseraugst 135, 152
Avenches 135, 152

Berytos 135
Böotien 25–26, 53
Brindisi 103, 134
Britannien 69, 71, 131, 134, 169
Budapest 135, 152

Byblos 135
Byzantion 51

Caere 111
Carsioli 111
Chios 33
Cremona 131

Dacien 137
Delos 40
Dyrrhachium 111

Ephesus 142

Faijum 12, 61
Fossano 144

Gades 111
Gallien 84, 121, 123, 126, 130–135, 137, 152, 156, 162, 166–167
Germanien 123, 126, 131, 133–134, 136–137, 167
Griechenland 10, 13–14, 17–19, 26, 31–33, 35, 39, 42, 49, 52–53, 60, 68–69, 71, 77, 80, 82, 84, 134, 159

Herculaneum 11
Hierapolis-Laodikeia 135–136, 150

Illyrien 134
Indien 60, 85, 136
Italien 31, 35, 69, 80–85, 87, 94–96, 98–99, 103, 111, 114–115, 117, 120–121, 127, 130–132, 134–136, 140, 142–144, 156–157, 161–162, 166–167, 178

Judäa 123

Kampamien 117, 121
Karien 71
Karthago 69, 82, 97, 121, 152
Kilikien 69, 103, 104, 111
Kleinasien 35, 60, 81, 103, 123, 134–137, 142, 169
Köln 135, 142
Korinth 21, 33, 36, 39, 53
Korsika 152
Kymai 31
Kyrenaika 60, 134

La Graufesenque 131
Laodikeia (syr.) 135
Laureion 11, 50
Lemnos 23
Leuktra 40, 53
Lezoux 131
Lybien 31
Lydien 35
Lykien 19–20, 23, 69, 71
Lyon 133, 135, 136, 152

Mailand 133, 135, 152
Mainz 135
Makedonien 32, 48, 60, 97
Malaga 152
Massalia 31, 35, 69, 71, 102
Mauretanien 134

Megara 33
Milet 33
Montegrotto 131

Naukratis 31, 63
Noricum 134
Nubien 11, 69

Olbia 39
Ostia 9, 11, 134–135, 148–149, 152, 156
Oxyrhynchos 12

Palästina 69, 71, 169
Pannonien 134
Philadelphia 61, 64, 66, 68
Phoenikien 11, 23–24, 69, 71
Phokaia 31
Pisidien 154
Pithekussai 31

Pompeij 11, 131, 133, 142, 149, 151
Ptolemais 63
Puteoli/Puzzuoli 131, 134, 149, 150

Raetien 134
Reate 111
Rom 9, 18, 80, 82–85, 92–94, 97, 100, 102–104, 106–109, 111, 117, 120–121, 128, 130, 133–135, 142, 146, 150, 152–154, 156, 159, 169, 175, 178

Sabratha 152
Samos 33
Sardinien 82–83, 90, 152
Sizilien 31, 48, 69, 83, 95, 97–98, 103–106, 127, 131, 159, 166

Skandinavien 136
Skythopolis 135
Spanien 31, 69, 91, 96–98, 111, 120–121, 126, 131, 134–135, 137, 152, 156, 162, 166–167
Südrussland 48, 85, 136
Syrien 32, 60, 69, 97, 108–109, 111, 123, 135–137, 142, 150–152, 167, 169

Tebtynis 72, 152
Thrakien 31, 48, 60
Trier 135
Troia 23
Tusculum 86
Tyros 135

Umbrien 163

Zypern/Cypern 60, 69, 80

Namen antiker Personen (incl. Quellenautoren)

Achill/Achilleus 24
Aemilius Paulus 104
Agesilaos 52
Agrasius, P. 110
Agrius, G. 110
Aischines 41
Alexander d. G. 12, 60, 63, 71, 77
Andokides 47
Antisthenes 40
Antistius Rusticus 154
Antonius, M. 111
Apollonios 61–65, 68, 70–73, 78
Appian 95, 98–100
Appius Claudius Pulcher 99, 101
Apronius 105
Archelaos 48
Archestratos 40
Aristophanes 13, 15–16, 48

Aristoteles 7, 8, 13–16, 36, 38, 42–43, 48, 51, 57
Aristoteles, Pseudo- 8, 36, 51
Artemidoros 105
Athenaios 16
Attalos Philometor (König von Pergamon) 99, 100
Atticus, T. Pomponius 80
Augustus, Kaiser 120, 137, 140, 152–153, 156, 167, 175
Auletes, Ptolemaios XII 107–109

Caecilius Iucundus, L. 142
Caesar, G. Julius 107, 109, 111
Calvisius 163–164
Candidus Benignus, Q. 148
Cato, M. Porcius Censorius 86–93, 111–119, 126, 128, 164, 174
Celsus, C. 111

Cicero, M. Tullius 17–18, 80, 85–86, 102–110, 127, 149
Claudius, Kaiser 9, 154–155
Claudius, Q. 89
Columella 17, 110–112, 114–116, 118–119, 126–129, 135, 165
Curtius, C. 106

Demomeles 44
Demon 44
Demosthenes 40–47, 50, 89, 174
Diokletian, Kaiser 10, 166, 168, 170–172
Dolabella, Cn. Cornelius 103
Doryphoros, Cn. Haius 149
Drakon 32

Euangelos 36–37
Euergetes, Ptolemaios III. 69
Eumaios 20–21

Euneos 23–24
Euphrates, Ti. Claudius 150
Euripides 38
Eurysaces, M. Vergilius 146–147

Flaccus, L. Valerius 86
Flavius Zeuxis 136
Fundanius, G. 110
Furius Cresimus 126, 128

Gaberius 114
Gabinius, A. 108–109
Gracchus, G. 99, 101
Gracchus, T. 93–94, 98–102, 174–175

Herodot 14, 31, 33
Hesiod 25–32, 177
Homer 19–27, 29
Hortensius, Q. Hortalus 105

Isaios 46
Isokrates 13, 42, 57
Italicus Verecundus 136

Kallias 42
Kleitarchos 74
Kyros 33
Kyros d. J. 52

Lactanz 168
Laelius, G. 99–100
Licinius Crassus Dives Mucianus, P. 99
Licinius Stolo, G. 110
Livius 86, 89–90, 94, 100
Lucullus, L. Licinius 81–82, 109
Lukian 18
Lysias 41, 51

Mago 110–111
Manius Curius 87
Marcus Aurelius, Kaiser 157, 166
Marius, C. 84, 97, 103
Miltiades 50
Minicius, Q. 144
Mithradates von Pontos 103
Mucius Scaevola, P. 99

Nepos 86
Nero, Kaiser 11, 153
Nestor 22
Nikias 42

Octavius, M. 100
Odysseus 19–22, 24

Pasion 39–44, 46–47, 174
Patroklos 24
Perdikkas II 48
Perikles 16, 18, 36–38, 50, 52
Perses 26, 28–29
Pertinax, Kaiser 157
Petronius 142, 150–151
Philadelphos, Ptolemaios II. 61, 67, 69, 74, 77
Phormion 40
Platon 13, 15–16, 37–38, 43
Plautus 84
Plinius d. Ä. 86, 110, 112, 114, 120, 126, 135–136
Plinius d. J. 121, 142, 157, 159, 163–165, 177
Plutarch 18, 32, 36–37, 50, 81–82, 86–91, 98–100, 112
Polybios 81–82
Pompeius, Cn. Magnus 107, 111
Pylades 44

Pyrrhos 87

Rabirius Postumus 102, 106–110
Rabirius, C. 106–107

Sarpedon 20
Scipio Africanus 88, 104
Scipio Nascia Serapio, P. 101
Seneca 18
Septimius Severus, Kaiser 167
Sokrates 14, 52
Solon 29, 32–33
Spartacus 95
Stratokles 46–47
Sueton 7, 104, 106–107, 140, 153–155, 157–158
Sulla, L. Cornelius 81, 103

Themistokles 52
Thukydides 16, 38, 51
Tiberius, Kaiser 104, 136–137, 140, 153
Traian, Kaiser 137, 157
Tremelius Scrofa, G 110–111
Trimalchio 142, 143, 150

Valerius Placidus, T. 144
Varro 86, 110–111, 113–115, 117–119, 126–128, 164
Vergil 111
Verres 94, 102–106, 109
Vespasian, Kaiser 7, 136, 158

Xenophon 14–15, 47, 51–59
Xouthos 44

Zenon 61–62, 69, 73, 78